U0560915

华侨大学 HUAQIAO UNIVERSITY 哲学社会科学文库·教育学系列

中国体育用品企业成长性评价研究

STUDY ON THE GROWTH EVALUATION OF SPORTS SUPPLIES COMPANIES IN CHINA

黄亨奋　著

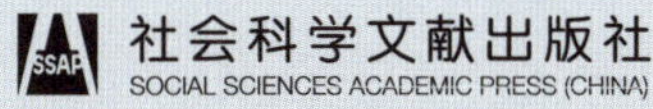
社会科学文献出版社
SOCIAL SCIENCES ACADEMIC PRESS (CHINA)

发展哲学社会科学　推动文化传承创新

——《华侨大学哲学社会科学文库》总序

哲学社会科学是研究人的活动和社会历史发展规律、构建人类价值世界和意义世界的科学，是人类文化的核心组成部分，其积极成果有助于提升人的素质、实现人的价值。中国是世界文明古国，拥有丰富的文化历史资源，中华文化的发展是世界文化发展进程中不可或缺的重要一环。因此，努力打造具有中国特色的哲学社会科学，全面继承和发展中华文化，对于推进中华文明乃至世界文明进程具有深远的意义。

当代中国，全面深化改革已经进入关键时期，中国特色社会主义建设迫切需要对社会历史发展规律的科学认识，需要哲学社会科学发挥其认识世界、传承文明、创新理论、资政育人和服务社会的作用。因此，深化文化体制改革、繁荣哲学社会科学，不仅是建设社会主义文化强国、丰富人民精神世界的需要，也是实现中华民族伟大复兴的中国梦的必由之路。中共中央高度重视哲学社会科学在实现中华民族伟大复兴的历史进程中的重要作用，先后出台《中共中央关于进一步繁荣发展哲学社会科学的意见》《中共中央关于深化文化体制改革　推动社会主义文化大发展大繁荣若干重大问题的决定》《中共中央办公厅　国务院办公厅转发〈教育部关于深入推进高等学校哲学社会科学繁荣发展的意见〉的通知》《高等学校哲学社会科学繁荣计划（2011—2020年）》等一系列重要文件，全面部署繁荣哲学社会科学、提升中华文化软实力的各项工作，全面深化教育体制改革，为我国哲学社会科学事业的繁荣和发展创造了前所未有的历史机遇。

高等学校是哲学社会科学研究的重要阵地，高校教师和科研人员是哲学社会科学研究的主要承担者。因此，高校有责任担负起繁荣哲学社会科学的使命，激发广大教师和科研人员的科研积极性、主动性和创造性，为哲学社会科学发展提供良好的制度和环境，致力于打造符合国家发展战略和经济社会发展需要的精品力作。

华侨大学是我国著名的华侨高等学府，也是中国面向海外开展华文教育的重要基地，办学55年以来，始终坚持“面向海外、面向港澳台”的办学方针，秉承“为侨服务，传播中华文化”的办学宗旨，贯彻“会通中外，并育德才”的办学理念，坚定不移地走内涵发展之路、特色兴校之路、人才强校之路，全面提升人才培养质量和整体办学水平，致力于建设基础雄厚、特色鲜明、海内外著名的高水平大学。

在这个充满机遇与挑战的历史时期，华侨大学敏锐洞察和把握发展机遇，贯彻落实党的十七大、十七届六中全会、十八大、十八届三中全会、十八届四中全会精神，发挥自身比较优势，大力繁荣哲学社会科学。

一方面，华侨大学扎根侨校土壤，牢记侨校使命，坚持特色发展、内涵发展，其哲学社会科学的发展彰显独特个性。“为侨服务，传播中华文化”是华侨大学的办学宗旨与神圣使命，其办学活动及其成果直接服务于国家侨务工作与地方经济社会发展。为此，华侨大学积极承担涉侨研究，整合、利用优势资源，努力打造具有侨校特色的新型智库，在海外华文教育、侨务理论、侨务政策、海上丝绸之路研究、海外华人社团、侨务公共外交、华商研究、海外宗教文化研究等诸多领域形成具有特色的研究方向，推出了以《华侨华人蓝皮书：华侨华人研究报告》《世界华文教育年鉴》等为代表的一系列标志性成果。

另一方面，华侨大学紧紧抓住国家繁荣哲学社会科学的时代机遇，积极响应教育部繁荣哲学社会科学的任务部署，颁布实施《华侨大学哲学社会科学繁荣计划（2012—2020）》，为今后学校哲学社会科学的发展提供发展纲领与制度保证。该计划明确了学校哲学社会科学发展的战略目标，即紧抓国家繁荣发展哲学社会科学的战略机遇，遵循哲学社会科学的发展规律，发挥综合大学和侨校优势，通过若干年努力，使华侨大学哲学社会科学学科方向更加凝练，优势更加突出，特色更加鲜明，平台更加坚实；形成结构合理、素质优良、具有国家竞争力的高水平学术队伍；研究创新能力显著增强，服务国家侨务工作的能力明显提升，服务经济社会发展的水平不断提高，适应文化建设新要求、推进文化传承创新的作用更加凸显；对外学术交流与合作的领域不断拓展，国际文化对话与传播能力进一步增强。到2020年，力争使华侨大学成为国内外著名的文化传承与知识创新高地，国家侨务工作的核心智库，提供社会服务、解决重大理论和现实问题的重要阵地。

为切实有效落实《华侨大学哲学社会科学繁荣计划（2012—2020）》，学校先后启动了“华侨大学哲学社会科学青年学者成长工程”“华侨大学哲学社会科学学术论文专项资助计划”“华侨大学哲学社会科学学术著作专项资助计划”“华侨大学哲学社会科学百名优秀学者培育计划”“华侨大学人文社会科学研究基地培育与发展计划”五大计划，并制定了相应的文件保证计划的有效实施，切实推进学校哲学社会科学的繁荣发展。

“华侨大学哲学社会科学学术著作专项资助计划”作为《华侨大学哲学社会科学繁荣计划（2012—2020）》的重要配套子计划，旨在产出一批在国内外有较大影响力的高水平原创性研究成果，打造学术精品力作。作为此资助计划的重要成果——《华侨大学哲学社会科学文库》将陆续推出一批具有相当学术参考价值的学术著作。这些著作凝聚着华大文科学者的心力、心气与智慧：他们以现实问题为导向，关注国家经济社会发展；他们以国际视野为基础，不断探索开拓学术研究领域；他们以学术精品为目标，积聚多年的研判与思考。

《华侨大学哲学社会科学文库》按学科门类划分系列，共分为哲学、经济学、法学、教育学、文学、历史学、管理学、艺术学八个系列，内容涵盖哲学、应用经济、法学、国际政治、华商研究、旅游管理、依法治国、中华文化研究、海外华文教育等基础理论与特色研究，其选题紧跟时代问题和人民需求，瞄准学术前沿，致力于解决国家面临的一系列新问题、新困境，其成果直接或间接服务于国家侨务事业和经济社会发展，服务于国家华文教育事业与中华文化软实力的提升。可以说，该文库的打造是华侨大学展示自身哲学社会科学研究力、创造力、价值引领力，服务中国特色社会主义建设事业的一次大胆尝试。

《华侨大学哲学社会科学繁荣计划（2012—2020）》已经实施近两年，经过全校上下的共同努力，华侨大学的文科整体实力正在逐步提升，一大批高水平研究成果相继问世，一批高级别科研项目和科研成果奖成功获评。作为华侨大学繁荣哲学社会科学的成果，《华侨大学哲学社会科学文库》集中反映了当前华侨大学哲学社会科学的研究水平，充分发挥了优秀学者的示范带动作用，大力展示了青年学者的学术爆发力和创造力，必将鼓励和带动更多的哲学社会科学工作者尤其是青年教师以闽南地区“爱拼才会赢”的精神与斗志，不断营造积极向上、勇攀高峰的学术氛围，努力打造更多造福于国家与人民的精品力作。

当然，由于华侨大学面临的历史和现实等主客观因素的限制以及华大哲学社会科学工作者研究视野与学术积累的局限性，《华侨大学哲学社会科学文库》在研究水平、研究方法等方面难免存在不足之处，我们在此真诚地恳请各位读者批评指正。

最后，让我们共同期待《华侨大学哲学社会科学文库》付梓，为即将迎来55岁华诞的华侨大学献礼！让我们一起祝福华侨大学哲学社会科学事业蒸蒸日上！让我们以更大的决心、更宽广的视野、更精心的设计、更有效的措施、更优质的服务，培育华大社科的繁花硕果，以点滴江河的态势，加速推进华侨大学建设成基础雄厚、特色鲜明、海内外著名的高水平大学，更好地服务海外华侨华人，支持国家侨务工作，配合国家发展战略！

华侨大学校长、教授、博士生导师　贾益民

2015年4月28日于华园

摘　要

随着我国经济的快速发展，体育产业在国民经济中的地位得到大幅度提升，体育产业的政策支撑体系基本形成。2014 年国务院发出明确指示，到 2025 年，我国体育产业将成为推动社会经济发展的重要力量，总规模将超过 5 万亿元。体育产业想要成为国民经济的支柱产业，必须有一批成长能力强的企业引领潮流。体育用品企业是体育产业的重要组成部分，但整体规模不大，还处于初级发展阶段，存在创新能力弱和人才匮乏等问题。目前针对体育用品企业的研究主要集中在体育用品产业的现状及发展对策、品牌建设和产业集群等问题上，而体育用品企业成长性及其评价研究还十分缺乏。因此，体育用品企业成长性评价是一个前沿而重要的研究领域，对其进行研究分析具有重要的理论价值和现实意义。

首先，本书系统梳理和评价相关文献研究，阐述体育用品企业成长性相关基础理论，构建中国体育用品企业成长性“RAE－G”（资源－能力－环境－成长性）评价理论模型；其次，采用专家访谈法、问卷调查法以及结构方程模型等方法，从理论角度和统计角度，分别验证体育用品企业成长性评价指标体系的合理性，最终确定体育用品企业成长性评价指标体系；再次，以我国 19 家体育用品上市公司为样本，运用结构方程模型对样本企业进行实证分析，综合评价体育用品企业的成长性，并对体育用品企业 2014 年和 2015 年的成长性情况进行预测；最后，在对全书研究结果进行分析的基础上，提出促进体育用品企业健康成长的对策建议。

本书取得如下创新性成果：①提出中国体育用品企业成长性“RAE－G”评价理论模型。企业成长资源和成长能力形成企业的竞争优势及战略，并和企业所处的成长环境交互影响（支撑）共同决定企业成长性，该评价理论模型更具科学性和合理性。

②开发并验证体育用品企业成长性评价指标体系。严格按照问卷开发流程，经过专家调研、预调研和正式调研等步骤，对收集的研究数据进行结构方程模型验证，筛选及确定体育用品企业成长性评价指标体系，为评价实证研究奠定坚实基础。

③实证分析体育用品企业成长性综合得分与排名。收集19家体育用品上市企业130个样本数据，运用多层次因子结构方程模型方法，计算体育用品企业成长性指标权重，得出样本企业2009～2013年5年的成长性综合得分与排名，并进行静态、动态成长评价及个案分析，有利于助推体育用品企业乃至整个体育产业的健康发展。

④引入灰预测模型预测体育用品企业成长性。引入灰预测模型对体育用品企业2014年和2015年的成长性进行预测，并分析其成长性发展趋势，为体育用品企业发展提供前瞻性决策参考。

Abstract

With China's rapid economic development, the importance of sports industry in the national economy has been substantially growing and the policy – supporting system of sports industry has basically taken shape. In 2014, the State Council specifically instructed that by 2025, the sports industry in China will become an important force to promote socio – economic development, totaling over RMB 5 trillion. In order to become a pillar industry of the national economy, there must be a quantity of companies, with great growth potentials, which have the capability to lead the trend. Sports supplies companies are an essential part of the sports industry. However, with a small scale, the sports supplies companies are still at an early stage of development, confronting such problems as low innovation capacities, personnel shortages and the like. A lot of researches concerning sports supplies companies mainly have focused on such issues as the current situations and development strategies of sports goods industry, brand building, and industrial clusters, while researches regarding the growth and evaluation of sports supplies companies are yet to be conducted. Therefore, study on the growth and assessment of sports supplies companies is a frontier and significant research, which is of great theoretical value and practical significance.

This paper systematically combs and evaluates the related literature, elaborates relevant theories concerning the growth of sports supplies companies and attempts at constructing "RAE – G" (resources – aptitude – environment – growth) evaluation model. Secondly, from the theoretical and statistical perspectives, the paper respectively validates the rationality of the evaluating indicator system of the growth of sports supplies companies by employing methods like expert interview, and questionnaire, and structure equation model, and the evaluating indicator system is eventually confirmed. Moreover, taking the 19 listed sports supplies companies for samples, by using structural equation model, the paper conducts empirical study on sample companies and comprehensively evaluates their growth, and at the same time, predicts their growth in 2014 and 2015. Finally, growth strategies of the sports supplies companies are promoted, which helps to realize the goal of healthy sustainable growth.

Main conclusions of the study are as follows:

①Construction of "RAE – G" evaluation model for the growth of Chinese sports supplies companies. Company growth resources and growth aptitude make the competitive edges and strategies, which, together with interaction of the growth environment, jointly determine the growth of the companies. Therefore, the model is much more scientific and rational.

②Development and verification of the evaluating indicator system of the growth of sports supplies companies. In strict accordance with the questionnaire development process through expert survey, pre – survey, formal survey, and other steps, the research data collected are validated by structural equation model, and screened so as to determine the evaluating indicator system of the growth of sports supplies companies, which lay a solid foundation for empirical research on evaluation.

③Empirical analysis of the scores and rankings in terms of the growth of sports supplies companies. 130 sample data from 19 listed sports supplies companies are collected. By applying structural equation modeling of multi – level factor to the calculation of the index weights, the growth scores and rankings of the sample companies in 2009 – 2013 are obtained. Meanwhile, the paper conducts static and dynamic growth evaluation and case analysis, which helps to boost the healthy development of the sports supplies companies and even the whole sports industry.

④Introduction of grey prediction model to predict the growth of sports supplies companies. Grey prediction model is introduced to predict growth of sports supplies companies in 2014 and 2015 and analyze their growth trend, which can provide proactive reference for decision makers in terms of the deve-lopment of sports supplies companies.

目 录

表目录

图目录

第1章　绪论

本章论述体育用品企业成长性评价的研究背景与意义，从体育用品企业发展成效和存在问题两个角度，阐释本书的研究缘由，并阐述本书的研究内容、研究方法及思路。

1.1　研究背景与意义

1.1.1　研究背景

（1）国际经济形势

全球复苏周期未变，外围经济处于复苏大周期，经济政策出现分化，经济恢复欠平衡。2008年金融危机后，外围经济进入复苏大周期。2010年欧债危机重创下，经济走入小低谷，2012年中期后才重新拾回涨势。陷入经济衰退泥淖中的欧盟国家及美国等发达经济体艰难复苏，2013年外围经济处于复苏大周期，但经济恢复不平衡，美国和日本经济增速有所上升，欧元区国家恢复脆弱。在复苏大周期中，欧美延续2012年的“紧财政、宽货币”政策对经济进行微调，为经济增长注入动能。截至2013年12月19日美联储负债规模已经升至纪录高点4.04万亿美元，绝对规模增长了1.22万亿美元，增长率高达43%，占到美国GDP的24%。其中MBS购买量达到1.48万亿美元，2012年8月1日余额仅有8534亿美元。欧元区国家尤其是葡萄牙、西班牙、爱尔兰、希腊和意大利这五个重债国，在债务危机爆发后缩减财政的压力一直不减。欧盟统计局公布的数据显示，2012年欧元区财政赤字约3530亿欧元（4600亿美元），较2011年3910亿欧元的规模有所下降，财政赤字占GDP比重也由 2011 年的 4.2% 降至 3.7%。在货币政策的选择上，欧洲央行维持低利率政策不变，面对恢复脆弱的经济，2013 年连续两次降息，将基准利率维持在历史低点。而日本则大胆实施宽松财政和超宽松货币政策对经济进行刺激，通过加速日元贬值尽快摆脱通货紧缩。日本政府于 2013 年 12 月 5 日又敲定 5 万亿日元的经济刺激计划。2013 年在超常规货币宽松和大手笔财政投入形势下，日本经济温和复苏，连续四个季度实现 GDP 正增长。[①]

2013 年全球经济复苏步伐逐步减缓，新兴经济体总体增长较快，但增速有所放缓，发达国家则更加缓慢。据联合国经社部测算，2013 年全球 GDP 增长仅有 2.1%，低于许多机构的原有预期。从地区看，美国和日本经济增速有所上升，欧元区国家恢复脆弱，主要发展中国家正逐渐恢复增长动力。增长动力不足使世界经济低速增长仍是 2013 年的主要表现。2014 年全球经济情况是，欧元区经济进入复苏低谷期、俄罗斯经济动荡卢布大跌、日本经济增速连续两个季度出现负值，一度劲头强势的新兴经济体也出现了增速放缓的现象，国际货币基金组织三次下调全球经济增长预期。上述情况表明世界经济形势风云变幻，错综复杂，世界经济处于复苏大周期且是曲折而漫长的。

（2）国内经济形势

据中华人民共和国国务院官方网站，中国 2014 年国民经济在新常态下平稳运行，全年国内生产总值为 63.6 万亿元，比上年增长 7.4%。分产业看，第一产业增加值为 58332 亿元，比上年增长 4.1%；第二产业增加值为 271392 亿元，比上年增长 7.3%；第三产业增加值为 306739 亿元，比上年增长 8.1%。新产业、新业态、新商业模式不断涌现，城镇新增就业 1322 万人。中国经济已经进入中高速增长阶段，经济增速保持 7% 左右或成为新常态，但目前经济处在增长速度换挡期、结构调整阵痛期、前期刺激政策消化期，这“三期”叠加会显得更痛苦。当前中国经济虽开始企稳，但投资乏力、内生动力不足，房地产业继续下行，潜在风险逐步显现，经济不具备明显回升反弹的条件。此外，中国经济正

① 参见 http://finance.sina.com.cn/money/future/20140114/125017947468.shtml。

发生结构性变化，第三产业增速已经连续两年超过第二产业，外贸进入个位数增长期，且由于出口竞争力下降，劳动力人口绝对数量也开始下降。

2014 年国务院发出明确指示，到 2025 年，我国体育产业将成为推动社会经济发展的重要力量，总规模将超过 5 万亿元。据《2014 年中国体育用品产业发展白皮书》可知，2014 年我国体育用品行业（运动服、运动鞋、运动器材及相关体育产品的制造和销售）增加值达到 2418 亿元，同比增长 15.89%，在连续 8 年保持行业规模持续扩大的同时，自 2011 年后首次实现两位数增长，占 GDP 的比重为 0.38%。2014 年中国体育用品行业进出口总额首次突破 200 亿美元大关，达到 200.85 亿美元，实现贸易顺差 178.59 亿美元。进口额为 11.13 亿美元，同比增长 1.81%；出口额为 189.72 亿美元，同比增长 8.29%。体育用品产业是体育产业的重要组成部分。尽管我国体育用品产业发展迅速，但产业层次低，主要由出卖资源型、劳动密集型和来料加工型三种类型构成，产品附加值低，产业利润薄，呈以下发展趋势：体育用品产业整体规模扩大，但增长速度放缓；制造成本上涨，品牌核心竞争力面临挑战；产业转型，品牌集中度提升；产业集群效应加强，区域经济带动效应明显。

（3）体育产业政策法规支撑体系

随着我国经济的快速发展，体育产业在国民经济中的地位得到大幅度提升，体育产业的政策支撑体系基本形成。从 1995 年至 2015 年的 20 年里，国务院、国家体育总局、中国足球协会等部门颁布 10 多项政策法规，为中国体育产业的发展提供政策支撑，大幅度提升体育产业在国民经济中的地位，体育产业的政策支撑体系基本形成，见表 1－1。

表 1－1　近 20 年体育产业的政策支撑体系内容

颁布年份	颁布机构	事件/文件	主要内容
1995	全国人民代表大会常务委员会	《中华人民共和国体育法》	新中国第一部体育法律，全面总结体育事业发展成功经验和存在问题，阐述体育工作的原则、方针、任务及措施等

续表

颁布年份	颁布机构	事件/文件	主要内容
1995	国家体育总局	《体育产业发展纲要（1995—2010）》	中国体育产业要用15年时间逐步建成适合社会主义市场经济体制、符合现代体育规律、门类齐全、结构合理和规范发展的现代体育产业体系
1999	国家体育总局	《关于加快体育俱乐部发展和加强体育俱乐部管理的意见》	阐述体育俱乐部发展及管理的必要性和紧迫性，加快体育俱乐部发展和加强体育俱乐部管理的目标、任务及政策措施
2000	国家体育总局	《2001—2010 年体育改革与发展纲要》	目标在于21世纪中叶基本实现体育现代化，促进中国体育的科学化、社会化、产业化和法制化
2006	国家体育总局	《体育事业“十一五”规划》	基本建成中国特色全民健身体系，实现公共体育设施多、体育组织健全、群众健康素质增高的目标
2009	国务院	《全民健身条例》	指定8月8日为全民健身日，体育主管部门定期举办全国性群众体育比赛活动，开展公民体质监测和健身活动调查；国务院其他有关部门、全国性社会团体等举办全国性群众体育比赛活动；地方政府定期举办群众体育比赛活动。单项体育协会应将普及体育项目和组织全民健身活动列入工作计划
2010	国务院	《关于加快发展体育产业的指导意见》	加大投融资力度、完善税费优惠政策等多项具体政策和措施，支持有条件的体育企业进入资本市场融资，鼓励民间及境外资本投资体育产业
2011	国务院	《全民健身计划（2011—2015年）》	发展体育健身设施，丰富全民健身活动内容，健全全民健身组织网络，扩大志愿服务队伍，壮大全民健身服务业，从而提高城乡居民身体素质，增加经常参加体育锻炼的人数
2011	国家体育总局	《体育产业“十二五”规划》	体育产业平均增速15%以上，产值超4000亿元，占GDP比重超0.7%，从业人员超400万人；培育有竞争力的企业，打造国际品牌；优化产业结构，提高服务业比重，加快区域协调发展；基本建成规范有序、繁荣发展的体育市场
2012	中国足球协会	《中国足球职业联赛管办分离改革方案（试行）》	足球职业联赛管办分离改革，改变其既办赛又监管现状，设立“职业联赛理事会”，授权负责职业联赛的相关事宜，撤销中超、中甲联赛委员会

续表

颁布年份	颁布机构	事件/文件	主要内容
2014	国务院	《关于推进文化创意和设计服务与相关产业融合发展的若干意见》	积极培育体育健身市场，引导大众体育消费，支持地方举办特色体育赛事，建立赛事版权交易平台，推动赛事版权开发和保护，加强体育品牌建设，促进体育衍生品创意和设计开发等
2014	国务院	《部署加快发展体育产业、促进体育消费推动大众健身》	坚持改革创新，依靠市场力量发展体育产业，促进体育消费，推动大众健身。一要简政放权、放管结合；二要盘活、用好现有体育设施；三要优化市场环境，支持体育企业成长壮大
2014	国务院	《国务院关于加快发展体育产业促进体育消费的若干意见》	基本目标：到2025年，体育产业总规模超过5万亿元，基本建成布局合理、功能完善、门类齐全的体育产业体系
2015	国务院	《国务院办公厅关于印发中国足球改革发展总体方案的通知》	调整改革中国足球协会；改革完善职业足球俱乐部建设和运营模式；改进完善足球竞赛体系和职业联赛体制；改革推进校园足球发展；改进足球专业人才培养发展方式；推进国家足球队改革发展

资料来源：本研究整理。

1.1.2　研究意义

（1）理论意义

与传统企业成长性评价相比，体育用品企业成长性评价还没有形成具有一定实践指导意义的理论体系，是一个新鲜而重要的研究领域，本研究成果可以为《国务院关于加快发展体育产业促进体育消费的若干意见》中的“实现体育大国向体育强国转变”这一战略提供理论基础，也可以为体育用品企业研究其成长性提供理论借鉴和参考，故研究体育用品企业成长性评价具有重要的理论意义。

（2）实践意义

随着外部环境不确定性增强、竞争加剧等客观条件的变化，体育用品企业也遭遇到成长危机。因此，本书的研究可以从微观层面丰富人们对体育用品业的认识，继续深化国内体育用品业实证研究。结合我国实际情况，本研究尝试建立一套有效的体育用品企业成长性评价体系，为体育用品企业的健康成长和发展提供客观的衡量标准和评价依据，为政府相关部门或机构、企业自身以及投资者全面客观地了解和把握体育用品企业成长状况提供有益的参考。

1.2 研究缘由

1.2.1 体育用品企业发展的主要成效

中国经济的迅速发展，各大体育盛事的举办，精神文化生活需求的提高，促进人们不断追寻身心健康、休闲向上的生活方式，这些因素都为体育用品产业的发展提供大好机遇。目前，我国体育用品企业所有制结构呈现多元化，包括国有企业和私有企业（传统家族企业和民间股份制企业），生产产品种类丰富繁多，包括鞋服体育用品、健身器械和运动器材等，产品出口量快速增长，浙江、福建和广东等地区已形成颇具规模的体育用品产业集群。国家体育总局《体育产业“十二五”规划》明确提出增加值以平均每年 15% 以上的速度增长，到“十二五”末期，体育产业增加值超过 4000 亿元，占国内生产总值的比重超过 0.7%，从业人员超过 400 万人，体育产业成为国民经济的重要增长点之一。

我国体育用品产业规模在不断扩大，对国民经济发展的贡献逐步增大。据统计，中国体育用品企业上市公司①年产值超过 300 亿元，占年度体育用品行业产值的 40%，平均产值超过 30 亿元，领先于行业平均水平。在生产能力上中国体育用品业具有较强的竞争优势，企业达 400 余万家，全球市场 65% 的体育用品由中国生产，像阿迪达斯、耐克等国际品牌的生产线早已搬到中国。《2013 年中国体育用品产业发展白皮书》显

① 上市公司是指所发行的股票经国务院或国务院授权的证券管理部门批准在证券交易所上市交易的股份有限公司。上市公司可利用证券市场发行股票进行融资，广泛吸收社会闲散资金，从而迅速扩大企业规模，增强产品的竞争力并提高市场占有率。因此，股份有限公司发展到一定规模后，往往将公司股票在交易所公开上市作为企业发展的重要战略步骤。

示，2013年中国体育用品业增加值首次超过2000亿元，产业规模达到新的高度。

总之，体育用品产业是开展体育活动的基本物质条件，是体育产业的重要组成部分，需要一批成长能力强的体育用品企业引领，通过转型升级和经济环境的改善，体育用品产业前景广阔。因此，对我国体育用品企业上市公司成长性评价进行深入研究，可以为体育用品产业及其企业的整体发展提供参考。

1.2.2 体育用品企业成长存在的问题

我国体育用品企业起步晚，体育用品企业成长具有脆弱性，主要存在以下四方面的问题。

（1）体育用品产业结构问题

许玲（2011）认为，我国体育用品产业结构存在的问题，一是档次低、整体老化，处于市场生命周期的中晚期，与市场需求结构不吻合，产业经济效益低；二是随着中国"人口红利"的逐渐丧失，劳动力比较优势减弱，体育用品制造业优势削弱；三是对外依存度大，处于全球价值链低端，效益低下；四是空间布局不合理，主要集中于广东、江苏、浙江和福建等省，技术溢出效应受限，不利于区域合作和均衡发展；五是产业技术水平低，产业结构低度化，企业集中度不高，处于模仿向创新过渡时期。

（2）体育用品企业创新能力问题

我国体育用品企业创新意识普遍较弱，注重短期效益。重销售、轻创新的经营理念，注重眼前利益，忽视企业长远效益，创新不足导致企业竞争力弱、经济效益低下。尤其是大量体育用品民营中小企业和家族企业，在激烈的市场竞争中，风险承受能力差，维持生存成为第一要务，无暇顾及创新，创新投入普遍不足。即使创新，也主要集中在服务特色和产品特点上，有利于提升企业价值和竞争力的工艺和技术创新不足，技术创新成果和发明专利缺乏，组织创新和管理创新更为稀缺。

（3）体育用品企业品牌建设问题

生产企业数量多、规模小，企业基本在中低档市场争夺，具备强势增长和高度创新的企业为数不多。产品科技含量低，缺乏具有国际竞争力的知名品牌，高端体育用品市场几乎被国外品牌占领；大多数体育用品企业处于卖产品阶段，品牌意识淡薄，不重视品牌建设和品牌资产的培育；行业品牌处于整体弱势地位，品牌营销理念落后，品牌渠道建设力度不足；品牌文化和核心价值缺乏，品牌资产价值不高；偏低的产品品质、模糊不清的目标市场定位，难以突出品牌个性，从而导致我国体育用品品牌的美誉度、知名度和忠诚度普遍低于国外体育品牌，产品价格低，市场占有率不高，国际竞争力处于弱势。

（4）体育用品企业竞争能力及产业集群问题

我国运动鞋服等体育用品的产量虽然位居全球前列，但中小体育用品企业产业集群在耐克等国际品牌全球分工体系中，主要处于接单加工生产（OEM）的加工制造环节，产品附加值低，企业竞争力不足。从纵向分工来看，既缺乏上游研发设计、品牌构建等环节，又缺少下游渠道拓展、销售服务及其他衍生品的开发；从横向分工来看，虚拟经营组织、战略联盟等柔性企业网络欠缺，外包与下包制的柔性生产系统网络也不足，集群内企业的产品同质化严重，存在拼成本、拼价格的恶性竞争现象。

此外，还存在体育用品产品单一、市场竞争优势缺乏，行业管理制度不健全、标准不统一，缺乏体育产业专业人才、体育产业经营管理水平低等问题。

1.3 研究内容、思路与方法

1.3.1 研究内容

本书共分为 8 章，主要研究内容如下。

第 1 章，绪论。本章论述体育用品企业成长性评价的研究背景与意义，从体育用品企业发展成效和存在问题两个角度，阐释本书的研究缘由，并阐述本书的研究内容、研究思路与方法。

第 2 章，文献综述。本章对体育用品产业理论应用研究、产业集群与品牌建设研究、企业国际竞争力与产业政策研究、体育用品企业评价及企业成长性评价研究进行综述，并简要评述现有研究存在的不足及对本书的启示。

第3章，体育用品企业成长性理论基础及评价理论模型构建。本章界定体育用品及其产业、体育用品企业及其成长性等相关概念，简述体育用品发展史，重点评析体育用品企业成长性理论基础，并构建体育用品企业“资源－能力－环境－成长性”评价理论模型，简称体育用品企业成长性“RAE－G”评价理论模型。

第4章，体育用品企业成长性评价指标体系构建及合理性验证。本章在第3章体育用品企业成长性“RAE－G”评价理论模型的基础上，构建体育用品企业成长性评价指标体系，并从理论和统计两个角度，分别验证评价指标体系的合理性，最终确定体育用品企业成长性评价指标体系。

第5章，体育用品企业成长性评价实证研究。收集中国19家体育用品上市企业130个样本数据，运用多层次因子结构方程模型方法，计算体育用品企业成长性指标权重，并得出19家体育用品上市企业2009～2013年5年的成长性综合得分与排名，对体育用品企业成长性进行静态、动态评价及个案分析。

第6章，体育用品企业成长性预测。第5章体育用品企业成长性实证研究得出19家样本企业2009～2013年的成长性排名，在此基础上，本章引入灰预测模型，对体育用品企业2014年和2015年的成长性进行预测，并分析体育用品企业的成长性发展趋势。

第7章，结果分析与对策。深入分析实证研究结果，并以实证研究结论为依据，提出促进体育用品企业健康持续成长的对策。

第8章，主要结论与研究展望。总结本书理论研究的主要结论、实证研究的主要结论和创新之处，并指出本书存在的不足及未来研究展望。

1.3.2 研究思路

本书的研究思路如图1－1所示。

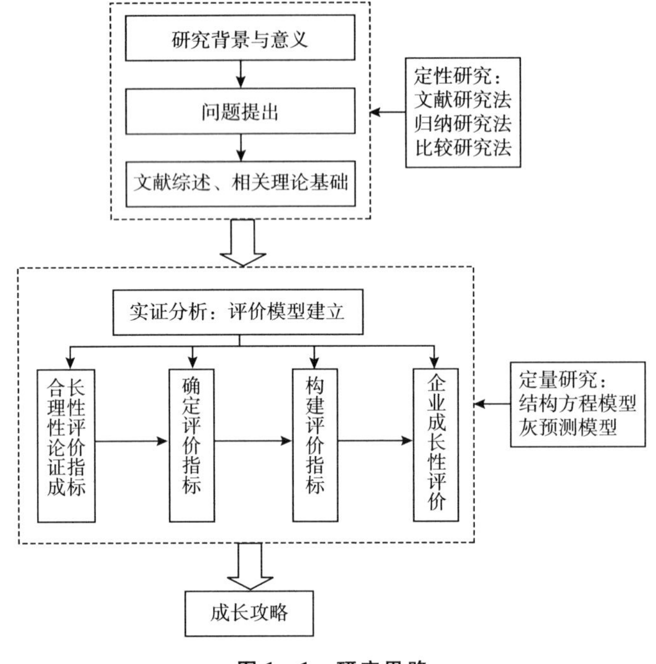

图 1－1　研究思路

1.3.3　研究方法

（1）文献研究法

深入探讨体育用品企业成长性评价的相关概念和理论基础，建立本书的理论研究框架。

（2）问卷调查法

为探讨体育用品企业成长性指标的合理性，首先，本书应用理论研究设计出专家问卷，向高校和科研机构等领域的相关体育用品企业或产业专家咨询意见，根据专家提供的意见和建议，修改和增减问卷中的题项，形成预调研问卷。其次，历时半个多月，分别走访泉州、厦门、漳州等地体育用品企业的管理者，以及研究体育用品企业成长的专家，访谈并当场发放预调研问卷，在预调研数据采集之后，运用软件 SPSS 18.0 分析预调研数据，并检验测量题项的信度和效度，在此基础上形成正式调研问卷。最后，向 7 个地区体育用品企业的员工发放问卷，获取大样本调研数据，利用结构方程模型（SEM）对调研数据展开定量研究，分析调研数据，得出体育用品企业成长性指标。

（3）实证研究法

本书主要利用结构方程模型（SEM）对调研数据展开定量研究，验证体育用品企业成长性指标的合理性，并构建体育用品企业评价模型；对体育用品上市企业成长性进行综合评价，为体育用品企业成长策略提供实证依据。

（4）灰预测法

在评价结果基础上，以体育用品企业2009～2013年的评价结果预测及分析为基础，用灰预测模型预测体育用品企业2014年和2015年成长性的发展趋势。

（5）比较研究法

静态与动态比较各体育用品企业的评价结果，并对典型体育用品企业进行案例分析，揭示体育用品企业实施的有效管理，探索持续成长性能力的基本规律。

第 2 章　文献综述

本章对体育用品产业理论应用研究、产业集群与品牌建设研究、企业国际竞争力与产业政策研究、体育用品企业评价及企业成长性评价研究进行综述，并简要评述现有研究的不足及对本书的启示。

2.1　理论应用研究

2.1.1　SCP 产业组织理论视角的应用

产业组织理论的主旨为解决“马歇尔冲突”难题，即产业内企业的规模经济效应与企业之间的竞争活力的冲突。采用产业组织结构主义 SCP（结构 - 行为 - 绩效）范式，综述体育用品产业组织理论及其政策研究。

（1）市场集中度、进入与退出壁垒及产业结构

德托佐斯（Dertouzos and Solow，1989）针对体育用品产业市场结构、市场行为及市场绩效问题，通过大规模专题调研，分析动荡的体育用品产业市场结构格局，出版了《美国制造——如何从渐次衰落到重振雄风》一书，认为体育用品产业的未来发展，可以借鉴以耐克公司为代表的企业集团市场战略模式。

蔡宝家（2006）分析发现，体育用品产业主要集中在沿海开放地区，其中五个省市（广东、福建、江苏、浙江和上海）的集中度就超过 85%。刘建刚和连桂红（2007）分析销售收入居于前 8 位的体育用品制造业企业，以山东 17 地市为研究对象，实证分析发现体育用品制造业的市场集中度属于中（下）集中寡占型，进入和退出壁垒偏高。王莉（2007）指出，制造业企业数量过多、规模过大、产能过量，是导致体育用品产业集

中度低的主要原因；蔡宝家（2006）则认为，充分的市场需求、劳动力及技术自由流动、产业内资本快速集中、价值链整合和产业政策支持等，是市场集中度形成的原因。整体上看，我国体育用品产业进入壁垒的两个条件——绝对成本优势和规模经济——都不具备，退出壁垒的两个条件——沉淀成本和资产专用性——也不具备，因此我国体育用品企业市场进入和退出壁垒都比较低。

童莹娟等（2012）构建体育产业发展的“外环境”指标，采用区位商、生产率上升率和需求弹性等指标选择主导产业，运用因子分析法评价我国东部省份体育产业结构，运用偏离－份额分析法研究行业结构，研究结果显示，环渤海、长三角和珠三角三个地区的区位优势特征显著，体育产业行业结构布局不同，主导产业选择各异，政策建议也各不相同。

（2）市场价格行为、政府行为与产品创新

体育用品市场高度开放，有助于应对市场变化、提升市场竞争力的市场行为策略研究，成为体育用品产业研究的重点。约瑟夫（Joseph，2005）出版的《力量与全球运动》一书，研究了体育用品业的全球化问题，指出体育用品业需要通过各主体的相互配合，整合多种资源和运用多种模式。世界体育用品知名品牌公司如阿迪达斯、耐克等，从实践的角度十分注重国际品牌的长期运作，都纷纷建立独立的市场部，专门调查分析市场竞争变化格局，定期发表研究报告，来提高企业的市场应变能力，并及时制定市场竞争对策、抢占市场先机。

许敏雄（2009）认为，我国体育用品产业市场的价格行为是企业间选择的竞争性行为。我国体育用品同质化严重，价格竞争存在无序现象，无差异性低价竞争盛行，其主要原因是创新不足和低价争夺中低档市场。李骁天和王莉（2008）认为，体育用品企业的电视广告范式雷同、语言贫乏和内容空洞，原因在于企业广告行为失序、营销理念不清和广告定位不明。

罗赤平和郑志强（2004）认为，我国体育用品产业的快速发展，有赖于政府产业管理供给、行业标准制定和产业政策执行等，因此严格界定和规范各级政府行为十分重要。王莉、吴伟（2008）分析体育用品产业市场协调行为认为，体育用品产业协会林立，多头管理，市场集中度低，卡特尔组织不易形成，价格行为模式处于串谋领导定价和晴雨表式领导定价二者之间。

杨明、李留东（2008）构建体育用品产业自主创新能力指标体系，从企业家特质、自主创新投入、研究开发、创新产出、潜在技术创新资源、创新环境支持、市场开发、创新基础保障等八个维度着手研究，认为体育用品企业不仅要提高自主创新能力，而且要努力营造创新环境，包括建立自主创新投入机制、发挥政策法规支持和保障机制以及积极探索合作创新机制。

（3）资源配置效率、规模结构与体育用品产业绩效

经济规模小、技术创新水平低、消费者满意度下降和行业利润水平低等，是我国体育用品产业绩效的基本特征。黄海燕、杨丽丽（2011）采用全国体育及相关产业专项调查数据和资料，综合运用区位熵、产业结构多样化指数以及偏离－份额分析法等对我国体育产业结构的基本情况进行定量分析，并提出进一步优化我国体育产业结构的政策和建议。李骁天（2006）以康威、361度及李宁为例，分析资源配置效率与体育用品产业利润率的关系，认为中国体育用品产业绩效存在以下特征：经济规模小，技术创新能力差，消费者满意度低，以及行业利润水平低。陈颇（2009）收集2003～2007年5年体育用品制造业经营数据，运用区域差异的测度方法，分析我国22个地区经营绩效差异，得出东部经营绩效高而中西部绩效整体偏低的结论。

2.1.2 相关学科理论视角的应用

从价值链、社会资本、博弈论和产业链等理论视角，对体育用品产业发展问题及其对策进行研究。

周云涛等（2010）基于全球价值链理论，分析体育用品产业转型升级问题。他们通过全国68家体育用品企业的调查分析，认为体育用品产业转型升级主要包括两条路径：提升研发能力——靠与上游领导厂商合作；加大集约化程度——靠组建大型企业集团。潘四凤（2010）从全球价值链理论视角分析认为，后危机时代的体育用品产业必须明确企业战略

定位，建立并实施企业分级制度，实施地区体育用品产业链总体升级战略。谢洪伟、张红艳（2009）也从全球价值链理论视角，通过深入调研晋江体育用品制造业认为，嵌入全球价值链和参与国际价值链分工，加大研发投入和技术创新力度，实施品牌战略和较强营销传播，是我国体育用品产业获得国际竞争优势的主要途径。

易剑东（2002）从社会资本理论视角研究中国体育用品企业的成长性，认为在企业诞生、生存、成熟和蜕变的不同阶段，社会资本对体育用品企业成长的作用各不相同。中国体育用品企业获取社会资本的途径，一是行政管理部门和行业协会的纵向依属；二是和科教、商贸部门的横向连带；三是通过与体育运动队联系，以及通过对运动竞赛的广告、赞助和宣传等多向辐射。

刘玉兰等（2009）基于博弈论分析体育用品国际贸易情况，认为促进我国体育用品国际贸易的措施，在于发展产业集群、加大自主创新、提高管理水平等。江亮、饶平（2010）从产业链理论视角，研究体育用品产业安全问题。认为从产业链角度看，生存与发展风险、融资风险和创新风险等，是体育用品产业主要潜在风险。企业可以通过生存开发整合和供应链整合，来化解生存与发展风险；通过拓展融资渠道、提升资金利用率及提高融资能力，来规避融资风险等；通过产业集群区域品牌优势的形成，来解决创新风险。

2.2 产业集群与品牌建设研究

2.2.1 体育用品区域产业集聚

1980 年，著名经济学家马歇尔在著作《经济学原理》中提出“产业区”的概念，指代众多中小企业集聚在一起，共同经营的现象和状态。企业集聚可以降低公共成本，促进形成学习型组织，提高企业和行业整体竞争力。迈克尔·波特（Porter，1990）和保罗·克鲁格曼（Krugman，1991）进一步将此类现象界定为产业集群。克里斯蒂亚诺（Cristiano and Christian，2002）发表《意大利运动鞋产业集群新产品造就了车手成功》

一文，分析意大利蒙特贝卢纳运动鞋产业集群的成功经验，认为其启示有二：一是企业创新机制激发了竞争活力；二是中间组织的媒介作用，使得整个体育用品产业集群充满活力和持续成长。

国外体育用品产业集群的发展，注重对政府和中介组织的推动作用，如美国政府推行 Carol M. White 体育教育计划，大约花费 6 亿美元购买相关的体育用品，为全美体育素质教育尤其是学校和社区提供资金保障。另外，2009 年美国国会通过《2009 年美国当今个人健康投资法案》，美国体育用品产业协会大力支持和推广该法案，极力号召更多美国公民参与各项体育活动，从而间接推动了体育用品产业市场的发展。极限运动产业是一个高速增长的行业，吸引着利润丰厚的 Y 一代[①]市场。尽管有越来越多的文献从消费者极限运动的角度研究 Y 一代市场的特性和特征，却少有文献从极限运动产业的供应方角度切入并展开研究。Kellett Pamm 和 Russell Roslyn（2009）通过滑板运动集群例子，从供应方角度阐明 Y 一代市场的特性和特征，认为与主流体育运动产业显著不同，滑板运动集群以一种几乎混乱的方式在有机的发展中演变。由于开放式系统缺乏明确的边界以及市场上充斥着热爱自然的冒险，极限运动成为利润可观的行业，而企业家们已经开始利用开放式系统的这些优势。文章还详细阐述了极限运动与主流运动在设施供给、方案制定和实施途径、供应商、理事会以及程序开发人员等诸多方面的差异。

体育用品产业是体育产业发展的重要形态，属于劳动和资本密集型产业，可充分依托规模经济实现低成本扩张。产业集群生成是体育用品业发展过程中的必由之路。当前，我国已形成区域性明显的体育用品产业集群现象。学者们依据我国体育用品产业集群特点，从省份和产量角度分析江苏、浙江、福建、广东、北京和上海等省市，这些地区体育用品市场集中度超过全国剩余大部分地区。根据各大类体育用品制造业竞争力调查，长

---

① Generation Y：Y 一代。美国人通常把 1978 年到 1995 年间出生的人称作“Y 一代”。Y 一代的特点是只想做有意义和有用处的事情。爱玩，并从玩中思考，爱好挑战极限，达到专业玩家水平，从而在玩中发现商机，这是 Y 一代创业投资的一个特点。Y 一代的前一代是 X 一代。X 一代是继婴儿潮一代在美国社会中出现的，这个概念来自 20 世纪 90 年代初的一部小说 *Generation X*。

三角、环渤海、泛珠三角以及东中部地区的体育用品制造业竞争力存在较大的行业和产业差异性。

周毅、刘常林（2013）基于生态位理论，认为体育产业区域性发展问题可视为体育产业组织依据自身客观条件以及所处的生态环境，通过战略选择协调二者间关系的动态发展过程。席玉宝等（2005）研究发现，企业一般围绕某一产品从事研发和生产经营，形成“一镇（乡）一品”的生产经营格局。我国体育用品产业集群呈现以下特点：产业布局专业化、生产协作社会化以及产品生产集约化；形成以下竞争优势：产业与市场优势、区域和品牌优势、规模和成本优势、信息和创新优势以及政策与环境优势。

蔡宝家（2006）从企业聚集密度及产品类别上分析，认为体育运动休闲鞋产地主要集中在福建晋江、浙江慈溪、广东东莞和江苏昆山等地；体育运动服产地主要集中在福建石狮、浙江海宁以及广东中山等地；体育运动器材产地主要集中于浙江富阳和苍南、江苏江都以及河北沧州等地；篮球、排球和足球这三大球类用品，生产场地主要集中在上海、天津、浙江富阳以及福建漳州等地。杨明、郭良奎（2007）从政策角度研究认为，体育用品产业集群包括原生型、嵌入型和共生型三种类型，以及市场诱发型、政府引导型和混合型三条发展路径。促进体育用品产业集群发展的途径，一是完善体育用品产业集群政策体系，培育引领集群发展的品牌企业和龙头企业；二是规范政府管理行为，制定完善的法律法规；三是加强人力资源开发，政产学研合作，引进高端创意人才；四是建设体育用品产业园区，培育大型企业，促使产业集群升级；五是提高体育用品产业集群协同和带动效应，整合和完善体育用品产业链。

以上研究涉及体育用品区域产业集群形成的原因主要分两类。一类是市场诱发型或称企业自主型，即存在充分市场需求的前提下，企业集中资本、整合价值链和供应链，加上当地充分的劳动力供给，从而形成产业集群和区域性优势。一是集群的竞争优势，即集群内的企业，特别是中小企业可以通过共同的生产设备、灵活的管理机制和共同的学习机制，有效降低成本、提高生产效率并形成产品规模优势和竞争优势；二是集群的企业优势，即龙头企业形成区域品牌优势，促进产业特色形成，如福建晋江运动鞋产业集群拥有诸多运动鞋知名品牌，促成该集群形成“中国鞋都”的美誉（杨明、陶娟，2014）。另一类是政府引导型，由于体育用品产业集群可以促进区域经济发展，政府部门十分注重为其营造良好的制度环境，即政府制定符合区域特色的体育产业发展策略并提供政策和环境优势，不断优化和升级产业结构，打造具有市场影响力的体育用品产业集群品牌。

总之，体育用品产业区域和集群研究，主要创新点在于采用实证分析法或案例分析法，数据分析结果具有一定说服力，但研究模式创新性不足，大多为对策性研究，重在提出问题和解决问题，结论比较宏观。

2.2.2 体育用品品牌建设

世界知名体育用品企业品牌建设的成功之道在于创新，往往通过以下一些方式建设和提升品牌形象，如赞助重大体育赛事树立品牌标杆形象，充分利用现代媒体推广品牌，拓展全球市场，积极投入体育文化建设以及参与体育健康公益活动等（Nicholls et al.，2011）。作为我国体育用品产业发展迅速的福建和广东等区域，也有不少学者从品牌角度分析探讨如何提升区域体育用品竞争力问题，如周岩松（2014）通过构建体育用品企业创新与品牌竞争力的关联性及协调性理论模型，探讨区域体育用品品牌竞争力提升路径，其研究结果显示不同地区体育用品企业应借助当地体育用品集群优势，以消费者需求为导向，建立创新能力和品牌竞争力协同机制，进而提升产品市场竞争力。

尽管我国体育用品品牌发展迅猛，但仍存在科技含量低、自主创新能力较差、国际品牌营销能力不足以及知名品牌缺乏等问题。学者们主要从以下三个层面提出对策。一是政府层面，政府大力支持体育用品企业品牌建设，出台品牌扶持政策，加大知识产权保护力度，打击危害体育用品企业品牌效益的违法行为，注重品牌文化民族化和国际化相结合。

二是企业层面，体育用品企业要加强品牌保护意识，以市场为导向，依据自身特点，扩大企业规模，建立健全品牌营销体系，开展细分市场和定位品牌，培育品牌核心竞争力，把握国内市场并继而进军国际市场

（李斌、刘志华，2007）。吴诚和朱晓东（2006）指出，体育用品企业名牌建设的重点包括品牌（品牌定位、名称及文化内涵）、产品（产品质量、新产品开发）和渠道（体育赞助、媒体广告等营销活动）三个方面。王静一（2015）通过研究消费者参与对体育品牌企业社会责任活动的影响，认为消费者参与体育品牌企业社会责任活动有助于改善其品牌态度和提升其购买意向，消费者企业社会责任认同在其中起到中介作用，而这一中介作用又受到消费者对企业社会责任活动与体育品牌之间感知匹配度的调节。可见，体育用品企业实施品牌战略，必须认真履行企业社会责任，并让消费者积极参与和认同企业社会责任。

三是企业领导者和员工层面，树立品牌是企业核心无形资源的战略意识，实施品牌战略，加强企业员工队伍建设，加强品牌文化建设，树立良好的品牌形象（谢丽娜等，2008）。通过企业合并及资产重组，优化资源，形成合理的产业规模，打造中国的国际名牌。李屹峰和杨丽芳（2006）也指出，我国体育用品产业发展必须更新经营管理理念，开展技术创新，创建和塑造我国体育用品企业品牌，关注顾客的满意度，培养品牌的忠诚度。

2.3 企业国际竞争力与产业政策研究

2.3.1 体育用品企业国际竞争力

体育用品企业国际竞争力研究，主要探讨面临风云变幻的国际市场和强势竞争对手，体育用品企业如何突破自身瓶颈，借助全球化优势，拓展全球市场份额。自加入世界贸易组织（WTO）以来，中国体育用品产业和世界体育用品产业发展联系紧密。体育用品外贸出口依存度一直居高不下。2008～2010 年，我国体育用品外贸出口依存度平均达到 63.1%，出口额占当年体育产业总体增加额的 48% 左右（姜同仁、刘娜，2014），体育用品外贸依存度非常高，行业整体处于外需拉动型，因而国际经济形势和体育产业发展动态均会对我国体育用品产业产生重大影响。2009～2011 年中国体育用品外贸出口商品结构情况见表 2－1。

表 2-1　2009~2011 年中国体育用品外贸出口商品结构

单位：亿美元，%

年份	出口总额	资本技术密集型产品		劳动密集型产品	
		金额	比例	金额	比例
2009	127.95	12.51	9.78	115.44	90.22
2010	149.50	10.52	7.04	138.98	92.96
2011	162.52	13.34	8.21	149.18	91.79
年　均	146.66	12.12	8.26	134.53	91.73

资料来源：依据姜同仁、刘娜（2014：23~27）一文以及海关信息网相关统计数据整理。

由表 2-1 可知，近年来，劳动密集型产品占我国体育用品外贸出口商品比例在 90% 以上，资本技术密集型产品份额不足 10%。一旦全球金融危机爆发，体育用品产业链面临极大的危险，危机会影响体育用品出口订单数额，进而打击以体育用品出口为主的企业经营绩效，造成工厂倒闭和工人失业。而且，陈颇（2010）涉及全国 31 个省区市的调研结论显示，我国长三角、环渤海、泛珠三角、东部与中部地区之间，五大类体育用品制造业竞争力存在较大差异，中部地区明显缺乏国际竞争力。总体而言，中国体育用品产业在国际分工中仍然处于产业价值链低端，主要依靠低廉的劳动力价格参与国际体育产品制造业竞争。

李长鑫、张玉超（2012）从知识产权已成为我国科技创新的重要支点入手，分析如何提升我国体育用品产业国际竞争力问题，认为我国体育用品业仍以代工为主、知识产权创造和运用水平低，提升国际竞争力的主要对策为：加大政策支持力度和加强行业自律，通过知识产权的保护和运用，促进体育用品企业集约化发展，提高自主知识产权和核心技术的研发能力。总之，知识产权与体育用品业在研发、生产和销售等方面存在联系，在增强企业实力、创立行业标准、提升企业形象及加快推进世界名牌战略的步伐等方面发挥了重要作用（李长鑫等，2013）。

黄亨奋等（2014）构建体育用品企业出口能力影响因素理论模型，并提出假设进行实证研究。研究结果表明，影响体育用品企业出口能力的关键因素是：企业经营管理、企业品牌、企业成本和竞争企业。因此，增强我国体育用品企业国际竞争力的措施，一是加强出口企业间经营管理，开展企业并购重组，合理配置企业资源；二是实施企业品牌战略，加强品质监管；三是加大研发投入，提高产品功能，降低成本，提高企业竞争优势。

2.3.2　体育用品产业政策

（1）体育用品产业政策影响因素

首先，体育用品产业政策制定的影响因素。Chu（1989）研究东亚新兴工业国 1970～1980 年的产业结构政策差异，发现东亚新兴工业国产业政策制定的影响因素，主要是政府与私人部门的关联特性和政府意识形态、决策集中性及其政策工具。荷兰学者丁伯根（1988）认为，政策的制定主要受政策制定者个体偏好、社会利益集体偏好和一般政策原则三个因素的影响。韩国学者李汶纪（2003）认为，产业政策制定不可忽视的重要因素是国家、市场与社会三者互动所形成的政策网络。杨京钟等（2012）运用因子分析法，采用福建泉州的大样本调查数据，研究发现体育用品产业政策效率的关键影响因素有三个：一是体育用品产业特征；二是政策本身有效性；三是体育用品企业行为。另外，根据公共选择理论，政策制定者个人动机影响不容忽视。

其次，体育用品产业政策执行的影响因素。T. B. 史密斯认为影响政策执行的主要因素分别是理想化的政策、执行机构、目标群体和环境因素。尤金·巴达奇基于博弈论方法，建立政策执行理论模型，认为博弈各方的动态策略选择决定政策执行的成功与否。M. 麦克拉夫林认为，执行者与影响者之间的行为调适状况，从根本上决定政策执行效果。Okimoto 指出，中间组织网络关系在日本产业政策实施中起关键作用，中间组织主要有官僚审议会、政党政策委员会、社会行业协会、金融机构、劳动组织、言论机构及学术界等（Daniel，1989）。

江小涓（1996）从理性经济人假说出发，研究地方政府执行产业政策行为，认为产业政策能执行除了取决于政策本身的有效性，还取决于地方政府的成本收益比，产业政策得到有效执行的前提条件在于地方政府执行产业政策的收益大于成本，否则就会执行受阻。刘南昌（2006）认为，传导机制状况、性质及完善程度三者，决定体育产业政策的实施效果。曾洪萍（2007）运用博弈论方法进行分析，认为企业行为以及中央与地方政府之间的行为博弈最终影响产业政策执行绩效。

（2）体育用品产业政策具体内容

第一，体育用品产业规模发展政策。张青（2003）认为，建立以资本为纽带的企业联盟，实施大集团战略，是体育用品产业组织结构战略发展方向。体育用品企业可以通过并购重组，提高行业集中度，扩大产业规模，增强行业竞争优势。翁彪等（2009）调研福建9个地市的体育用品产业发展现状，指出要做大做强体育用品产业，政府应通过财税、土地、金融、人才等政策手段，鼓励企业扩大经营规模，实施并购重组策略，发挥产业规模经济优势。刘瑾、王新平（2009）通过调研认为，民营科技型体育企业的政府政策扶持，应该由硬性资金扶持转变为软性政策扶持，如技术支持与税收优惠等；从资金需求上，由国家贷款转变为体育产业基金投入；形成政策法规支持体系，包括法律法规、财政税收政策和金融支持政策等。邢尊明和周良君（2015）调查研究显示，我国8个省、自治区和直辖市实施并累计投入体育产业引导资金近50亿元，实施地区及资金规模呈加剧趋势。地方体育产业引导资金有力推进了地方体育产业布局及发展，但在评审管理制度、项目结构投向和资金资助方式等环节也存在问题，影响引导资金配置风险，必须加强地方体育产业引导资金政策制度管理。

第二，优化体育用品产业结构政策。张林玲、戴朝（2012）基于钻石模型研究我国体育产业政策体系，认为我国体育产业结构发展不健全，竞争力不足，需要政府的大力支持和调整。林建君、李文静（2013）基于体育产业统计数据，采用投入产出法，评价我国东部、中部和西部地区体育产业政策优势倾斜度和产业政策实施超前发展程度，研究表明三个地区产业政策存在差异，发展程度不一，应依据各地资源配置情况，因地制宜，优化体育用品产业结构。

第三，体育用品产业标准化建设政策。实践证明，体育用品产业标准化工作关乎提升质量，关乎发展方式。截至2014年9月已正式颁布实施包括体育用品、场馆建设和服务、体育信息等在内的6类体育标准共364项。这些体育标准的颁布和实施，对体育用品产业的发展起到巨大的推动作用。但与国际先进国家和国内先进行业相比，我国体育用品产业标准化工作，如标准数量、质量及实施效益等，都还有很大的提升空间。杨明、王新平（2008）认为，实施标准化战略、加强标准检测和监督体系建设是中国制造的必由之路，可以通过技术专利化、专利标准化、标准许可化等方法建立高效的技术标准组织管理体系，加强标准公共服务体系建设。周云涛（2009）认为，体育用品企业应与国际体育用品标准政策接轨，积极参与国际鞋业贸易规则和技术标准的制定。国务院2014年10月发布《国务院关于加快发展体育产业促进体育消费的若干意见》（国发〔2014〕46号），为推动我国体育用品产业发展和经济转型升级提出要求，也向体育用品产业标准化工作提出更高要求。因此，应加强国际交流与合作，借鉴国际标准化工作先进经验，加快我国体育用品产业标准化进程，充分发挥其积极作用。

第四，体育用品产业科技含量提升政策。周征（2000）认为，满足人们物质精神生活需求，是体育用品设计和制造的出发点和归宿，应把先进复合材料、电子和智能等先进技术充分地运用到产品的设计和制造过程中。闽健、朱道辉（2010）认为，要强化企业自主创新意识、大胆创建世界级品牌、不断提升企业科技创新能力以及加强知识产权保护等。

第五，体育用品产业基地和国际化品牌建设政策。大力促进体育用品产业基地、产业园区及龙头企业的健康发展，是体育用品产业转型升级的关键。[①] 楼小飞、张林（2007）认为，集中有限优势资源，清晰定位发展若干个国家级体育用品科技园区，是一种比较可行的发展模式。王雪（2014）指出，为了更快地扩展海外市场和抢占国内市场份额，国内高端体育用品龙头企业必须以阿迪达斯、耐克等国际著名企业为标杆，在产品专业化、品牌知名度提升、品牌个性发展上努力；中低档品牌应在产品质量和品牌形象提升上有所作为。总之，国内体育用品企业要想占据一定的

---

① 晋江国家体育产业基地初步确立了“一带二地一中心”战略布局，“一带”就是在沿海大通道（晋南段）两侧20多平方公里的地域规划和建设具有国际一流水准的，集大众健身、竞赛表演、运动训练、商贸会展、体育生活化社区和旅游休憩于一体的滨海运动休闲产业带；“二地”就是打造全球体育装备制造业基地和国家级运动训练基地；“一中心”就是打造全国体育赛事中心城市。资料来源：丁志民、郑翔等，2007，《鞋都晋江国家体育产业基地规划解密》，《晋江经济报》12月26日。

市场份额，进入市场竞争格局的上方，就必须提高产品品质、重视品牌形象、增强产品社会属性并提升服务质量。

2.4 企业评价及企业成长性评价研究

2.4.1 体育用品企业评价

吴延年等（2010）综合提炼出企业竞争力影响因素，以中国动向、李宁、特步和安踏四家体育用品上市公司为例，构建其品牌竞争力评价指标体系，运用主成分分析方法，收集四家上市公司 2006～2008 年 3 年财务数据，计算其财务指标评价函数得分，获得各上市公司之间的竞争力差距及竞争优势。各上市公司资金运用效率和盈利能力都很理想，说明我国体育用品产业正处于高速发展阶段。研究还为中国体育用品企业品牌竞争力的提升提出相关对策建议。

魏德祥等（2012）通过收集和整理 16 家中外体育用品上市公司 2010 年年报财务数据，运用最小二乘回归（PLS 回归）等方法，分析 16 家中外体育用品上市公司的盈利能力特征，并构建预测模型。詹新寰（2013）运用多元回归分析方法，探讨营运资金结构对企业绩效的影响。反映上市公司绩效水平的评价指标是净资产收益率，反映营运资金结构状况的指标共 6 项：流动资产比、流动负债比、流动比率、现金流动负债比、流动资产周转率及公司规模。研究结果显示，营运资金结构对我国体育产业上市公司绩效有显著影响，流动资产比和流动资产周转率与体育产业上市公司绩效呈显著正相关。

杨光（2013）构建上市公司业绩评价指标体系，收集 13 家企业 2008～2010 年的财务数据，运用因子分析法计算其经营业绩得分，并横向比较分析纺织业 18 个标杆上市公司的行业地位。聚类分析 13 个体育用品上市公司结果显示，体育用品上市公司盈利能力最强，资产运营能力较差。

未小刚（2013）通过我国 9 家体育用品上市公司对外公布年报的财务指标数据，运用 DEA - Malmquist 指数法对其经营效率进行动态评价。

研究结果表明，2011 年 66.7% 的体育用品上市公司的综合效率都不佳，其主要原因在于纯技术效率和规模效率都没有达到最优状态；2007 ~ 2011 年，纯技术效率和规模效率间的关系没协调好，导致技术效率作用不佳，因而大部分企业出现技术退步现象，全要素生产率呈下降趋势，降幅为 5%。

体育用品企业评价研究成果见表 2 - 2。

表 2 - 2　体育用品企业评价研究成果

内容	主要指标	作者	主要观点	实证方法
品牌竞争力	盈利能力、偿债能力、营运能力、现金流量	吴延年等（2010）	提升品牌竞争力需规避债务风险，提高盈利水平；加强创新，实现品牌多元化；整合改造优化供应链	主成分分析
盈利能力	资本结构、偿债能力、营运能力	魏德祥等（2012）	中外体育用品上市公司盈利能力具有 3 种模式：利用财务杠杆的多品牌运营型、财务保守型及小规模成长型	最小二乘回归（PLS 回归）
经营绩效	公司规模、流动比率、流动资产比、流动负债比、流动资产周转率、现金流动负债比	詹新寰（2013）	流动负债比、流动比率对体育产业上市公司的绩效水平具有显著负面影响，流动资产比、流动资产周转率具有显著正向作用，但公司规模和现金流动负债正向影响不显著	多元回归分析
	盈利能力、资产运营能力、债务风险能力和成长能力	杨光（2013）	体育用品上市公司应加大研发投入，调动科研人员积极性，产学研结合，积极引进科技人才，加强对知识产权的保护和管理工作等	因子分析法和系统聚类法
	投入指标（总资产、主营业务成本）和产出指标（净利润、存货周转率、主营业务收入）	未小刚（2013）	对于体育用品上市公司而言，当务之急是提高技术的利用效率，提升管理效率，从而发挥技术效率对全要素生产率的拉动作用，加强自主知识产权的建设，提高自主创新的能力	DEA - Malmquist 指数法

资料来源：本研究整理。

总之，体育用品企业评价研究主要集中于盈利模式、竞争力、投融资以及业绩考核等方面，很少涉及体育用品企业成长性及其评价研究。研究方法上侧重理论推演和调查分析，案例研究较少，运用数理统计方法的实证研究更少。体育用品企业成长的规律、影响因素、成长性评价与预测等将成为新的研究课题，本书专注于我国体育用品企业成长性及其评测研究。

2.4.2 企业成长性评价指标

国内外学者根据不同区域、行业、规模、性质等，探索建立多个成长性评价指标体系。Hugo 和 Garnsey（2005）运用 AHP 法，构建了包括市场潜力、政府支持程度、技术专利和基础设施等指标的企业成长性评价体系。Lopez 和 Puente（2007）研究认为，餐饮企业规模不同其成长性也不同，餐饮企业应根据自身条件和成长性状况规划制定发展战略。Fagiolo 和 Roventini（2008）选择单一托宾 Q 比率指标衡量跨国企业成长性，具有单一指标研究的代表性。[①] Phillips（2009）深入调研日本 100 多家高技术企业，构建动态成长性评价体系，该评价指标体系由业务流程、价格、营销策略、资本规模及周边环境等指标构成。Campello 等（2010）构建的成长性评价指标体系，包括市场占有率、资产增长、主营业务收入、管理水平和员工规模五个维度。

吴世农等人最早界定了企业成长性的概念，并提出企业成长性的财务管理评价指标体系及模型。范柏乃等（2001）调研了几十家风险企业，构建了风险企业成长性评价指标体系，包括管理层素质、员工素质、产品技术特征及市场销售能力四个维度。王竹（2005）梳理综述企业成长性研究，也构建了企业成长性评估指标体系和模型。汤学俊（2006）建立两个层次的成长性评价指标体系模型，将企业成长性指标划分为生产能

① 单一评价指标是相对简单的测量指标，具有代表性的企业成长性单一指标主要有雇佣人数指标、销售额指标、就业评价指标和托宾 Q 值。胡荛荛（2008）分析上市公司 2007 年财务报表数据，认为我国上市公司 Q 值反映出的特点与美国成熟市场不同，平均 Q 值远远高于经验水平 2，并且在采掘业和传播与文化产业这两个行业，Q 值远远高于我国上市公司的平均值，Q 值越大，现有的投资率也越高。

力、技术、制度和市场四个维度。鲍新中、李晓非（2010）分析高技术企业原始数据，运用突变级数法构建企业成长性系数，测评结果显示高成长性伴随着高风险性。

王娜、赵湘莲（2008）从生态学理论视角，构建商业生态系统评价指标，指出健康的商业生态系统讲求企业多样性，可以用企业的多样性（新企业数量）和产品与技术的多样性（创造新产品方案、新技术开发效率、新业务增加数量等）两个指标，来评价多样性维度的生态系统健康状况。杨宜苗（2010）采用零售上市企业财务分析报告常用的主营业务收入增长率、净利润增长率、总资产收益率增长率、股东权益增长率和主营利润增长率五个指标来测量零售企业成长。王忠云、张海燕（2011）引入生态位理论，研究民族文化旅游产业演化发展，把其生态位整合因子分为需求生态位因子、资源生态位因子、技术生态位因子和制度生态位因子四大类。丛茂国（2013）研究认为，形成企业非常规成长的原因主要是市场需求拉动、技术机会把握等。

综上，企业成长性评价指标体系多采用综合指标和财务指标，尚未形成公认的评价指标体系和理论模型，定性指标设计和分析明显不足。

2.4.3　企业成长性评价方法

企业成长性评价方法主要涉及二维判断模型、β 调和系数法、GEP 法、模糊综合评价法、突变级数法、主成分分析法、层次分析法、因子分析法、BP 神经网络法以及结构方程模型等，此外还有案例研究法①等。

雷勇等（2005）运用二维判断模型实证研究宁波高科技企业成长性，二维判断模型方法从时空双重角度，考察企业成长性变动特征。李柏洲、孙立梅（2006）运用 β 调和系数法，评价中小型高科技企业成长性，该方法以熵权法确定权重，依据客观数据赋权，从环境支持率、竞争力和成

① 案例研究法，即选择并剖析典型企业持续成长路径特征。如罗秋菊、陈可耀（2011）以广州光亚展览公司为例，运用扎根理论研究方法，收集与整理企业成长历程、发展趋势以及利益相关者对企业成长的评价资料，分析得出广州光亚展览公司企业成长路径——“先收后放，柔道运势”，以及广州光亚展览公司快速、质变式和跨越式三个成长阶段的具体影响因素。

长潜力三个维度设立指标体系，选取 20 个样本收集数据，分析结果显示，中小型高新技术企业成长性主要受环境支持率影响。

汤捷和张运生（2008）运用 GEP 法，实证分析知识型企业成长性，GEP 法既有动态综合特征，又有指标设置灵活的特点。以 20 家创业板上市公司为对象，GEP 法研究结论显示，知识型企业与产业成长性密切相关，政府应重点扶持。王学琢等（2008）运用模糊综合评价法，选取 24 个识别指标（综合杠杆、资产自然对数和边际利润率等）进行成长性评价。陈晓红等（2004）运用突变级数法对中小企业成长性进行评价。突变级数法考虑指标的相对重要性，不设置指标权重，客观性较强。该文选取成长能力、资金营运能力、盈利能力、市场预期和企业规模五类指标，对 2002 年 40 家中小型企业成长性进行综合排名，得出平均评价有效率达到 74% 的结论。

王瑛芳（2010）应用主成分分析法，分析环保行业上市公司的成长性。主成分分析法通过降维、抓主要矛盾，有利于简化问题和提高效率。文章抽取 14 个指标评价环保企业，认为其成长性还处于市场化早期阶段。刘晓柏（2011）运用主成分分析法评价农业上市企业成长性。吕庆华和余丹丹（2013）构建由盈利能力、运营能力、偿债能力和发展能力四个维度构成的指标体系，运用因子分析法，分析得出我国 40 家上市百货企业 2011 年成长性的综合得分及排名，并列出 2002 ~ 2011 年 10 年的综合指标排名，揭示了我国上市百货企业成长的类型特征，分别有平 I 型、W 型、M 型、U 型、倒 U 型和 N 型。实证分析还表明，我国上市百货企业成长具有经济区域差异性和上市年限差异性特征。

崔璐和钟书华（2011）运用层次分析 - 灰色关联度综合评价法，实证了 55 家高新技术中小企业的成长性测度。吕淑金（2009）运用 BP 神经网络法评价中小企业成长性，BP 神经网络法可以减少评价的随机性。文章选取主营业务收入增长率、每股收益增长率等指标作为输入层进行模拟，评价 30 家上市中小企业的成长性，论证了该方法用于评价中小企业成长性的适应性。李超等（2014）以三元、蒙牛、伊利和光明四家乳品上市企业为例，构建企业成长性评价指标体系，运用层次分析法对具体财务指标进行赋权，给出综合得分排名，并提出完善乳品企业成长性发展的对策建议。

吕庆华和任磊（2013）运用结构方程模型方法，评价我国文化上市企业成长性。文章构建我国文化企业成长性评价指标体系，以 34 家文化上市公司为研究对象，收集 2008 ~ 2010 年 3 年的数据，对其成长性进行评价，结果显示资源成长性、能力成长性、战略 - 绩效成长性三者对文化企业成长都具有正向影响，其中能力成长性驱动作用最大，三年中文化企业成长性总体稳步提升，成长性良好；文化企业间成长性差异不大并不断缩小，分布日趋均衡。

2.5 简要评述

2.5.1 现有研究存在的不足

通过研读文献可知，当前，我国学术界对体育用品产业的研究提出一些新见解，丰富了体育产业研究的内容，但还存在研究深度不足和研究方法不够规范等问题。

（1）研究深度有待拓展

首先，应加强体育用品上市公司成长性研究。我国体育用品产业取得丰硕的成绩，但也面临转型升级的挑战。目前，对体育用品上市公司的研究成果较少，大多集中在盈利模式和营销分析研究、竞争力研究、融资与业绩考核研究等方面，对体育用品上市公司成长性评价研究很少涉及。在研究内容上，缺乏对体育用品企业内生因素与外生因素的结合，从而揭示体育用品企业持续成长机制的深层次研究。在研究方法上，侧重于理论推演和调查研究，个案研究涉及得较少。体育用品上市公司成长性评价将成为新的研究课题，本书将构建并深入论证我国体育用品企业成长性评价指标体系和预测其未来成长性发展趋势。

其次，应加强体育用品产业发展环境因素研究。现代产业经济学以竞争、垄断和规模经济三者之间的关系为中心，围绕企业、行业和市场三个层次展开分析，重点研究产业内部企业垄断与竞争的关系结构，为政府公共政策供给提供理论依据。现代人既生活在事实时代，也生活在从生产性社会到消费社会转型的消费时代。在消费社会逻辑的时代里，体育用品消费文化以线上线下多样化载体，共同创造消费文化氛围，形成独特的现代营销模式，从而持续产出多样化的时尚与品位，因此，基于生态学视角的体育用品企业成长性评价，值得重视。此外，体育用品企业成长性评价，不能忽视具有调节效应的外部影响因素，如企业规模、企业年龄、经济区域以及嵌入式社会网络等变量。

（2）研究方法有待规范

早期质性研究较多，实证研究较少。实证研究指标体系建构，强调体现企业整体状况的绝对性指标，忽视相对指标；侧重于选择盈利能力、企业扩张等财务指标，而忽视企业内在风险、学习、多样性等潜在因素；大部分属于横截面实证研究，缺少纵向研究，更缺乏体育用品上市公司面板数据的实证分析。总体上看，研究者多从理论上论证品牌建设、营销模式、产业集群及园区建设、企业竞争力以及人才队伍建设等问题，联系企业实际情况的实证研究较少。

现阶段研究方法呈现多样化特征，除传统文献资料法外，数理统计方法得到一定的运用，出现实证研究与规范研究相结合的综合研究方法，实证研究日益受到重视。体育产业研究中若能有效结合质性研究和实证研究，则有助于解释研究结果。但是，关于体育用品业的实证研究，多以抽样调查方式获得资料，取样方式和样本总体界定等存在不少问题，影响研究的信度和效度，一定程度上影响研究结果的科学性。

2.5.2 现有研究对本书的启示

进一步探寻把握体育用品企业成长性评价体系，科学合理界定、筛选和验证体育用品企业成长性指标，建构符合我国体育用品企业成长性评价体系框架，力求运用科学合理的评价方法，评价和预测中国体育用品企业成长性及其未来发展趋势，以便企业和社会准确评价和掌握体育用品企业成长轨迹，是当前学术界的重要任务，也是本书力图研究的主旨和目标。

在研究方法上，本书主要利用结构方程模型（SEM）对调研数据展开定量研究，构建体育用品企业成长性评价理论模型，开发研究体育用品企业成长性评价指标体系，对体育用品上市企业成长性进行综合评价，划分体育用品企业成长性类别、评价其地区性差异，以及解释不同类别体育用品企业的成长性特征等，还运用灰预测模型预测体育用品企业成长性发展趋势，为体育用品企业成长策略提供实证依据。

在研究内容上，本书建构的体育用品企业成长性评价指标体系涉及成长环境因素，特别是成长环境维度下的科技环境支持力、融资环境支持力、社会环境支持力、经济环境支持力和环境适应力等指标，能够较好地体现体育用品企业成长的差异性特征，客观反映其生存能力和成长潜力，有助于形成体育用品企业评价研究框架。

第3章 体育用品企业成长性理论基础及评价理论模型构建

本章界定体育用品及其产业、体育用品企业及其成长性等相关概念，简述体育用品发展史，重点评析体育用品企业成长性理论基础，并构建体育用品企业“资源－能力－环境－成长性”评价理论模型，简称体育用品企业成长性“RAE－G”评价理论模型。

3.1 相关概念界定

3.1.1 体育用品

美国学者马修·D. 尚克从广义和狭义两个角度，给体育用品下定义。他认为广义上的体育用品是指体育运动中所涉及的装备、器材和所有配件，包括服装、鞋帽、包袜、护具、器械、仪器以及场地设施等；狭义上的体育用品是指人们在日常生活、运动和休闲活动中较多使用到的非专业性运动产品，包括服装、鞋帽、包袜、护具以及一些轻便的球拍和球类等。

国内学者吴诚（2005）认为，体育用品是指被生产和分销并在体育产业范围内交易的有形产品，包括体育运动鞋服、体育器材以及其他能够满足消费者需求的产品，如特许商品、纪念品和收藏品。王胜利（2014）认为，体育用品是人们进行体育教育、竞技运动及身体锻炼所使用的所有物品的统称，如体育运动鞋服、场地、器材及设备等，体育用品既具有价值和使用价值一般属性，又具有体育专业特性和较高消费属性。

席玉宝和金涛（2006）界定体育用品狭义概念为：专门用于体育运动并符合体育运动项目要求的一种特殊生活消费品，该类体育用品经过产品质监部门或体育运动专业协会等组织检验和认证，必须达到一定产品标准，并符合运动项目比赛规则要求。其界定的体育用品广义概念为：主要用于体育活动并符合体育活动要求的一种特殊生活消费品的总和，包括用于大众体育健身和学校体育活动的所有体育物品，主要分为体育器材、运动鞋和运动服三大类。

本书根据研究对象和写作需要，借鉴席玉宝等界定的体育用品广义概念，以及国家体育总局和国家统计局共同制定的《体育及相关产业分类（试行）》标准，将体育用品定义为在体育活动中使用的各种专门物品的总称，包括体育器材设备、体育服装与鞋帽及相关体育产品。

3.1.2 体育用品产业

体育用品产业，是体育产业的一个重要组成部分。席玉宝等依据产品关联用途分类法，认为体育用品产业是生产体育活动专用物品的企业集合，包括体育用品制造业和体育用品销售业，涵盖运动服装、鞋帽和箱包、体育运动器材以及体育健身器材等的生产和销售，而其他体育服务行业如体育传媒、体育竞赛表演、体育健身娱乐、体育培训和中介等行业的发展，都离不开体育用品产业的基础性支撑（席玉宝、金涛，2006）。

体育用品产业分类，大致存在以下三种方法。

一是国家标准分类法。随着我国加入 WTO，融入经济全球化和信息化大潮，我国工业生产管理逐渐和国际接轨，主动采用国际标准和国外先进标准。2011 年，国家统计局修订《国民经济行业分类》，形成新的国家标准（编号为 GB/T4754 - 2011）。为了与国际标准产业分类（第三版，ISIC/Rev. 3）兼容，新标准严格根据国际通行的经济活动同质性原则，对我国国民经济行业进行划分。体育用品制造业（242），列于制造业门类（C）中，归属于文教体育用品制造业（24）大类。因此，我国官方统计的体育用品经济指标数据，也限于这一部分，包括球类制造，体育器材及配件制造，训练健身器材制造，运动防护用具制造，以及其他体育用品制造。

二是国际标准分类法。1992 年，联合国统计署修订《国际标准产业分类法》（International Standard Industrial Classification），编号为 ISIC Rev. 3. 1 Code 92，体育用品业（3693 - Manufacture of Sports Goods）被列入制造业（D）家具制造和不另分类制造业（36 - Manufacture of Furniture; Manufacturing n. e. c. ）之中，包括体育、室外和室内游戏器材设备制造。

三是轻工业系统分类法。体育用品在我国绝大多数属于轻工产品，行业管理归属于轻工系统，有经民政部批准的国家一级行业协会——中国文教体育用品协会，该行业协会是全国性行业组织，业务上接受轻工总会领导，并由政府委托开展工作，会员包括从事文化教育类、体育休闲类生产经营的企业。2004 年，中国轻工业信息中心《中国体育及健身休闲用品行业指南》行业分类目录显示，体育用品产业的分类，包括体育用品、健身器材、游艺器材和旅游休闲用品等制造业。

3.1.3 体育用品企业

（1）体育用品企业的概念

基于体育用品及其产业的界定，本书认为，体育用品企业是指以体育用品的生产销售为主要内容的企业或近似组织。也就是说，体育用品企业是生产销售满足体育竞赛、运动训练、休闲健身以及体育教学等体育运动所需物品的组织集合。

从社会再生产角度，企业分为工业企业和商业企业两大类。工业企业是从事工业性生产的经济组织，它利用科学技术和合适的设备，加工原材料使其改变形状或性能，为社会提供需要的产品，同时获得利润。商业企业则是专门从事商品交换的经济组织，它以营利为目的，直接或间接向社会提供产品或服务，以满足消费者需求。当前多数体育用品工业企业尤其是上市体育用品企业，都以体育用品生产为主，并涵盖其商业贸易，拥有自己的销售部门或销售公司。因此，本书选取体育用品上市工业企业作为研究对象，其成长性评价具有典型性和实际价值。

（2）体育用品企业的特征

体育用品企业主要包括以下五个方面的特征。

一是体育性。体育用品是人们从事体育活动所使用的专门物品，除了具有满足人们体育运动所必需的理化性质等自然属性，还具有满足人们体育活动需要的社会属性。因此，从产品设计制造到消费者购买使用，体育用品企业都要从体育活动实际要求出发，产品性能与结构等都要符合体育活动的特殊需要，有助于人们运动肢体及愉悦心情，满足人们身体活动、心理活动和情感活动的需要，从而提高体育运动绩效和增强体育锻炼的实际效果。

不同的运动项目对体育用品有不同的要求，各个运动项目都有其专用品，包括运动器具、运动服和运动鞋等，如田径运动径赛项目中，有跑鞋、跳鞋和马拉松鞋。为了让企业运转顺畅，设计、生产等环节都需要体育专业人才加盟，特别是在设计环节，只有体育专业人才才擅长根据不同运动项目特点及消费人群的实际需要，设计出更有特性、更适合人体健康的体育用品。

二是消费性。人类生活离不开体育运动，体育用品企业生产的体育用品本质上属于享受型和发展型生活资料消费品。随着经济社会的发展以及体育运动的生活化和休闲化，体育运动成为人们健康的生活方式，越来越多的体育用品如运动休闲鞋和服装成为日常生活用品，进入寻常百姓日常生活中。另外，体育用品企业的不少产品具有集团消费和定向消费的特点，企业往往需要与学校、体育部门、机关和事业单位等组织联络，获得集团消费的购买订单，以拓宽销售渠道、提高企业经济效益。

三是越界性。越界性是体育用品企业的外部特征之一。在知识经济时代，新型的体育用品企业与传统的体育用品企业在互动中渗透，高新技术和信息化催生的新型体育用品企业以极强的生命力，越界到传统体育用品企业当中，具有跨部门协力合作的特质。此外，我国的体育用品出口量越来越大，要求体育用品企业注意培育和提升国际竞争力，拓展国际市场。随着中国体育用品联合会加入世界体育用品联合会，部分中国体育用品企业已成为世界体育用品联合会的会员，不少体育用品企业纷纷走出国门，参加在海外举行的各类体育用品博览会，开展广泛深入的国际交往及经贸合作。

四是劳动密集性。我国体育用品企业尤其是鞋服制造企业，所生产的产品大多属于劳动密集型产品，其人力资本规模比一般的企业大，这就要求体育用品企业管理者要加强人力资源开发和管理，注意企业内外人际关系管理，妥善处理员工之间、员工与企业之间以及企业与社会之间的关系。

五是安全性。体育用品企业生产的产品安全性要求较高，其质量好坏直接关系到消费者的人身安全，具有较大的风险性，如运动护具的防身性、运动器械的贴身性以及运动服装鞋帽的近身性等，都与人体紧密关联，要求安全可靠。体育运动尤其是竞技运动，其运动形式、强度等都超出日常生活的活动范围，对体育用品的规格、结构、外观、理化性能等有一些特殊的要求，如专业运动鞋的拉伸强度要求大于普通鞋的3倍，体育用品的产品质量要符合国家标准和行业标准等，用于正式比赛的体育用品要符合各运动项目的规则要求，还须经专项运动协会的审定等。

（3）体育用品企业的分类

本书采用产品“用途关联分类法”，把具有相同或相似商品用途的企业经济活动组成一个集合，界定和划分体育用品企业。

体育用品企业是一个混合型产业系统，横跨轻工、纺织、电子、化工和兵器等工业领域。该用途关联分类以我国国家标准《国民经济行业分类》、《国际标准产业分类法》、《商品名称及编码协调制度》（国际贸易中使用）以及《中国海关税率税则查询表》为基础，兼顾国际体育用品组织通行分类方法，划分形成我国三大类体育用品企业，分别是体育器材制造企业、运动服装制造企业和运动鞋制造企业，每一类又包含三层内容，参见表3-1。

第一层，以《国民经济行业分类》的中小类为划分标准，将纺织服装制造（1810）中的单件和成套运动服装企业，单列为运动服装制造企业；将皮鞋制造（1921）中的运动跑鞋、足球鞋、运动鞋和旅游鞋，胶靴鞋制造（2960）中的类似运动鞋、滑雪靴以及越野滑雪靴等企业，合并单列为运动鞋制造企业；其他体育用品生产企业一律归入体育器材制造企业，如把制造企业（2452）中的游艺用品及室内游艺器材归属体育用品企业，单列为娱乐体育用品制造企业。

表3-1　用途关联分类法划分的体育用品企业类型

企业大类型	企业小类型	体育用品类别	体育用品品种
体育器材制造企业	球类制造企业	三大球	足球、篮球、排球
		其他可充气用球	手球、橄榄球、水球
		其他运动用球	高尔夫球、网球、羽毛球、门球、棒垒球、保龄球等
	竞技运动制造企业	一般运动项目器材	体操、举重、击剑、田径、射箭、武术、登山等器材
		冰上运动器材	滑雪器材、滑冰器材
		水上运动器材	划艇、赛艇、帆船
		赛车器材	场地自行车、山地自行车及越野自行车、小轮车
	健身康复器材制造企业	专业训练器材	各运动项目专业训练器材
		健身器材	多功能训练器、健身车、健骑机
		康复器材	牵引机
	娱乐体育用品制造企业	钓鱼用品	钓鱼竿、鱼钩、绕线轮、鱼漂、捞网及其他用具
		棋牌用品	象棋、围棋、跳棋、麻将等
		其他用品	飞镖、射击、狩猎、秋千、悬梯、台球
	辅助体育用品制造企业	运动护具	拳击、棒球手套等；棒球、垒球、冰球帽等；护腿、护膝、护腕、护肘、击剑面罩、垒球护具、冰球护具
		运动场馆专用设备	塑胶地面、运动地板
		体育教学科研用品	体质测定仪器、体育教学用具
运动服装制造企业	针织或钩编服装类企业	游泳衣 运动衣	棉制针织或钩编男女式运动套装、棉制针织或钩编男女式游泳服、化纤针织或钩编男女式滑雪套装等
	非针织运动服制造企业	滑雪服	棉制男女式游泳服、化纤男女式运动套装、棉制滑雪套装
运动鞋制造企业	皮革制面鞋制造企业	运动休闲鞋	运动鞋靴
	橡胶靴鞋制造企业	专项运动鞋	滑雪靴、越野滑雪靴及滑雪板靴
	其他运动鞋制造企业		其他运动鞋靴

资料来源：根据《国民经济行业分类》、《国际标准产业分类法》以及席玉宝等《中国体育用品产业与市场实证研究》（北京体育大学出版社，2006）一书整理。

第二层，以生产使用性能为依据划分体育用品类别，如把竞技运动制造企业细分为一般运动项目器材、冰上运动器材、水上运动器材和赛车器材制造企业，这一层次的划分有利于体育用品市场细分和营销策略实施。

第三层，划分体育用品类别的具体品种，可以统一统计范围和统计口径，有利于体育用品产业统计指标体系的构建，对我国体育用品业的定量分析，整体把握体育用品整个行业的运行状况，也有利于体育运动项目的选用。

上述界定和划分兼顾我国国情、部门管理和体育运动自身特性，也与目前国际上通行分类方法一致，便于与世界体育用品联合会等世界同业组织之间的交流与合作。①

3.1.4 体育用品企业成长性

早在20世纪80年代，学界对成长、发展和演进等概念就有趋同的看法，在管理学界，多用成长一词，如成长战略、成长曲线。成长性一词，源于生物学。马歇尔最早把企业比作生物有机体，② 他借用生物有机体发展机制过程来描述企业发展的一种存续状态，将成长视为有机体的演进，并认为组织演进与企业成长相互依存。Ford 和 Schellenberg（1982）认为，一个成长的组织也是一个有效率的组织。彭罗斯（2007）认为，企业成长是一个过程，企业成长性可表现为产出、营业收入和规模等量的增加，以及结构、能力和效率等质的提升。

体育用品企业的成长因其体育特性，而体现出与其他企业成长的不同特征。③ 体育用品企业成长性是体育用品企业质量互变、螺旋上升的可持

① 世界体育用品联合会、欧洲体育用品联合会以及美国体育用品制造商协会，一般都将体育用品业划分为运动装备（Sports Equipment）、运动服装（Sports Apparel）和运动鞋（Athletic Footwear）三大类，与我国用途关联分类法划分的体育用品企业类型基本一致。

② 马歇尔在《经济学原理》一书中，通过森林树木生长规律来阐述企业成长的原理，指出企业成长是一个适者生存、自然淘汰的过程。

③ 唐诺·凯斯撰写的《耐克如何缔造运动王国》一书，介绍了耐克公司针对 Reebok、Adidas、AVIA 和 L. A. GEAR 等企业的竞争战略；《中国体育企业名家》一书介绍了百余位企业家及其企业；《世界体育用品博览》《文体用品与科技》等杂志，连续报道了成功体育用品企业的经营管理经验，如重大赛事赞助、企业文化塑造、人力资源管理、质量管理以及国际市场营销等成功经验及启示。从以上描述体育用品企业成长的资料可以看出，体育用品企业成长既离不开整个体育业的发展，又离不开体育用品企业及其领导人与体育界的交往，这些都是影响企业成长的重要因素。

续成长行为，既包括有形资源的增加、员工数量的增加和利润的提高等外延式的成长，又包括无形资源的扩展、创新能力、环境适应力等内涵式的成长。体育用品企业成长，是一个质与量交互作用的动态发展过程，即一种从无序到有序，或从有序结构到另一种有序结构的演化过程。

体育用品企业成长性的典型特征，主要包括以下三点。

①从成长规模上看，体育用品企业成长对体育资源具有依赖性。体育用品企业成长有赖于体育资源禀赋、区位等先天性条件。体育用品企业成长资源包括无形资源、有形资源和品牌资源等。不断挖掘现有体育资源潜力，大力开发新的体育资源，提供创新增值服务，发展衍生产品等，进一步满足和吸引广大消费者的需求，可以给体育用品企业创造新的商机与成长空间。

②从成长机制上看，体育用品企业健康持续成长离不开良好的成长环境。体育用品企业成长环境包括科技、社会、经济环境支持力以及环境适应力。随着经济社会的进步，体育产业的快速发展，体育用品企业竞争越来越激烈，体育人才尤其是创意人才将成为企业发展的主要依靠力量，最富创造性的高端创意人才对体育用品企业成长非常重要。

③从成长效果上看，体育用品企业为市场提供专门性体育用品，需要同时注重经济效益和社会效益。体育用品企业所生产的产品，富有安全与康乐内涵，应同时具有经济和社会双重效益，其中，经济效益是其成长的必要条件，而社会效益是其成长的充分条件。因此，对其成长能力如管理能力、盈利能力、营运能力和偿债能力等，提出较高的要求。实现体育用品生产的社会效益，还要靠体育产业政策调节。对经济效益好但社会效益差，又存在安全隐患的低端体育用品企业，要依法取缔；对社会效益好但经济效益差，且具有潜在市场需求的高端体育产品企业，要通过土地、金融、财税等优惠政策，促成其健康持续成长。

3.2　我国体育用品演进历史[①]

只有了解体育用品发展历史，才能更好地研究体育用品企业成长性问

① 本节参考席玉宝等《中国体育用品产业与市场实证研究》（北京体育大学出版社，2006）一书整理。

题。我国是一个历史悠久的文明古国，有着丰富和灿烂的民族传统体育。体育用品是与体育运动项目相伴产生的，我国最早的体育用品弓箭、刀、枪、剑、围棋、象棋、秋千、毽球等，就是与我国这些民族传统体育运动相伴产生的。传统农业社会，以自给自足的自然经济为条件，体育用品的生产制造，起初多数是自己动手制作，随着运动项目的普及，参加运动的人越来越多，社会需求越来越大，也就出现专门生产这些体育用品的手工作坊和专门销售这些体育用品的店铺，如唐代的长安，集市上就有制作和出售刀、枪、剑的铁匠铺，有制作和出售毽子、棋子的杂货铺等。

3.2.1 古代体育用品

（1）商周秦汉时代

依据对古代民间传说和文物的记载考证，我国商周时期就出现射箭、御车、武舞、骑术等体育运动。

随着人类使用生产工具的进步，商周时代出现的戈、戟、矛、钺、剑、斧等青铜武器，为古代武艺发展提供了条件。有些武器逐步演化为体育器材，甚至出现用战车和弓箭进行比赛的盛况，如《史记》记载的“齐王赛马车”。故事是说，当时齐国王公贵族常用赛马车的形式赌钱，一次，田忌运用孙膑的赛马车战术，以二比一取胜。可见，马匹战车被用于作战的同时，也成为体育活动的重要器械。当时，各诸侯国鼓励习武，颁布尚武法令，如魏国李悝，就制定《习射令》要求并鼓励人们练习射箭，如用射艺来断官司。越来越多的人习车艺、练武艺，使马匹战车、弓箭等成为比赛用的重要器具。

春秋战国时期，我国出现蹴鞠、投壶、围棋、象棋、秋千、竞舟等运动项目。秦代剑术、刀术兴起。秦汉时期，铁器开始被大量使用，体育器材的质量和价值得到长足提升。中国特色的体育器材，如汉代的蹴鞠、棋类、投壶等体育专用器材，在这一时期获得两次飞跃发展。南方水域地区盛行的龙舟竞渡，一开始只是以水上木舟为器材，至汉代，出现了专门用于竞渡的龙首装饰的龙舟。这种形制的龙舟，一直到现在的龙舟竞渡活动还在大量使用。

（2）隋唐宋时代

隋唐时代，出现专门体育职业者，以职业和娱乐为主的体育活动大量出现，体育器材制造业也应运而生。体育活动的出现，使体育器材相应地表现出娱乐的功用性特征。体育器材更贴近人们的身心需要，更符合人们身心发展的规律，呈现明显的个性化和娱乐化特征。在此时期开始讲究体育器材的原料和外形，精美华丽的体育器材如玉质棋子纷纷出现。体育器材不断完善，武艺器械种类繁多，据《唐六典》记载，仅弩就有擘张弩、角弓弩等7种，箭有竹箭、木箭等4种，弓有长弓、角弓等4种。球的构造，由实心球改良为充气球，有了球壳和球胆，其制作与近代的皮球相近。隋唐时期击鞠、毽球盛行。唐代大量适合女子进行体育活动的器材如步打球等产生，体育器材大众化、个性化特征更加突出。例如，龙舟竞赛、拔河、马球和足球等运动，适宜大众参与，民间发展很快。

宋代，出现深受市民欢迎的，专门从事蹋球、举重、使棒、舞刀枪等娱乐性体育表演的职业体育艺人，这些职业体育艺人有力地推动了体育器材的发展。体育器械的制造至宋代达到高峰。随着城市手工业、商业的繁荣，出售球杖、弹弓等体育器械的专业店铺到处可见，专业体育书籍如《角力记》等也纷纷面世，介绍了体育器械的形状、规格及制作材料等，说明这一时期体育器械的生产制作和使用已相当规范。

（3）元明清时代

元代，少数民族为开展传统体育活动如摔跤、马球和骑射等，制作了大量运动器材，修建了很多专门场地，如辽金元统治者为举行拜天典礼，修建球场进行击球比赛。金人还制作射礼用的马球，状如小拳、球杖“长数尺，其端如偃月”，与当今国际通用的球杖几乎一致。

明清时期，体育活动器材、场地基本定型，如武术器械基本具备现代武术器械的形态。清代满人传统项目冰嬉所用的冰鞋，如皮制冰鞋等与今日冰鞋基本没有差别。这些体育器材为现代体育在中国的迅速普及提供了条件。

3.2.2　近代体育用品

近代体育的传入，具有非正式、不系统的特点，是一种自发式的行为。我国近代体育用品最初从西方传入，早期我国还没有本土的生产体育用品的厂家，也没有专门经营体育用品的商店。19世纪末，教会学校、部队以及社交场所使用的体育用品，如篮球、排球、足球、羽毛球、网球、双杠、吊环和跳马等，主要由外国传教士、军事教官、外国侨民以及留学生随身带入中国，他们将现代体育传入中国的同时，相应引进了现代体育用品。

1910 年旧中国第一届“全国运动会”后，随着现代体育运动的不断传入和兴起，社会对体育用品的需求也在扩大，上海、天津、广州等地的洋商，如汇司、惠罗、福利、时评等公司开始附设经销英、法、美等国生产的体育用品的业务。1914 年，旧中国第二届“全国运动会”后，代销外国体育用品的中国商人发现，经营体育用品有利可图，便纷纷开设专门销售国外体育用品的商店。这些体育用品商店销售的篮球、排球、足球、羽毛球、网球、乒乓球等体育用品价格昂贵，一个进口篮球竟卖到 30 ~ 40 块银圆。随着体育用品消费需求的扩大，民族体育用品企业如天津的春合、利生、华北，上海的华东、中华、大华，河北保定的步云，北京的时昌等，于 20 世纪初相继诞生。

据史料记载，1910 年位于上海租界的“陈林记”鞋匠铺，由附带给洋人修补体育用品改为专门制造和销售体育用品的企业。1915 年，生产乐器的步云工厂开始生产网球拍，试制标枪、铁饼、铁球等体育器材，并逐渐发展成为体育用品企业，其产品被指定为 1933 年“全国运动会”的比赛专用产品。1917 年，章仲文创建我国第一家生产球类的工厂——上海协兴运动器具厂，1962 年，改名为上海球厂。最初专门生产手缝皮制足球，后又陆续生产手缝皮制篮球、排球，此时球胆已采用国产球胆。1920 年，傅降临创办了上海运动鞋总厂，最早在汉阳路 460 号开设傅中兴运动皮鞋店，专门制作和销售各类皮制跑跳鞋、足球鞋、竞走鞋等运动鞋，产品曾销往菲律宾马尼拉、中国香港、马来西亚吉隆坡、印尼、日本等国家和地区。1920 年，顺德人岑始卿等在广州百子路设立精华胶厂，生产运动鞋、利便鞋等。1921 年，孙玉琦创办利生工厂。1924 年，傅泊泉创建春合体育用品厂。1926 年上海陈林记运动器具木工场成立（上海体育器材三厂）。1927 年，上海大中华赛璐珞厂生产出第一只国产乒乓球——连环牌乒乓球。1931 年，吴承荣创办的上海中汇铜铁仪器文具厂开业，产品仅有球针、气筒、气枪、拉力器、发令枪和哑铃等。1933

年，上海华东运动器具有限公司成立，该公司属于标准运动器具公司，其产品品质、生产规模和经营管理都具有较高的水准。

1949年以前，我国的体育用品企业主要集中在津、沪、穗等沿海开放口岸的大城市，但是在西部边远省份，也有少数生产体育用品的企业。1928年，甘肃兰州工业学校所属新陇公司就生产和经营体育用品。公司的制革化工厂专门生产篮球、排球、足球，并经新陇公司销往全国各地。这个时期，受经济社会发展条件和人们生活水平限制，体育用品的主要市场是学校，以厂家直接向学校或学校主管部门销售为主，许多体育用品企业由学校或学校员工创办。例如，兰州工业学校的新陇公司，天津的利生。产品销售直接由厂家派员或设立机构负责，这些销售机构主要设在沿海地区或大城市。当时工业基础薄弱，生产技术和设备落后，都为手工作坊，规模较小，产品单一，产品质量较低，体育用品企业发展缓慢。但也有个别佼佼者，如天津的利生、春合，以及广州的新以泰体育用品厂等。

天津利生体育用品厂于1921年由孙玉琦创办。初期专门制作篮球、排球、羽毛球以及铁饼、标枪、双杠、吊环、大刀等体育器械。1930年扩建，在天津锦衣卫桥附近，开设制革部、木工部、制球部、制鞋部、制弦部、制网部、金工部，另外附设体育馆、体育场、儿童游戏场、网球场、游泳池等，这时利生的设备已具备近代化水平，并已闻名全国。随着生产规模的不断扩大，利生在北京设立分厂，在顺德设立制革车间，另外在天津法租界设立分公司，在大胡同设荣生商店，在北京设同来商店，在汉口设立分公司，专门经销利生的产品。此外，在上海、济南、烟台、哈尔滨、西安等地设代理店，在南洋新加坡也有分公司。利生经营的体育用品以球类为主、体育器械为辅。产品远销黑龙江、辽宁、吉林、新疆、四川、云南、贵州、广西、广东、福建及中国香港、新加坡等地。

春合体育用品厂创建于1924年春，由傅泊泉、傅泊川、傅清淮、傅清波、傅万安和傅万金六人合伙创办，故起名春合。初期，主要生产各类手工缝制的球。1930年，开办春华制革厂，所产皮革全部自用，皮质优良。1935年，设立制球、球拍、靴鞋、服装和铁木等科，并附设家属工厂，组织家属在家里编织球网，做针织运动衣等。产品种类包括体育器械、球类、球拍、比赛用具、场地设备，以及刀、枪、箭、棍等武术用品。春合除生产体育用品外，还代为设计、承建体育场和游泳池。其产品行销全国各地，除了在上海设立分公司，还在沈阳、长春、汉口、成都、泉州等地开设代销店；其产品还远销欧美各国，而且在新加坡、印尼、马来西亚、泰国、缅甸、越南等国家开设代销店。

1946 年，广州新以泰创立，主要经营文教用品，兼营小件体育用品，如毽子、跳绳、乒乓球、羽毛球、网球、足球、篮球、象棋、军棋、围棋、国际象棋以及玻璃弹子等。广州还有 10 多家生产乒乓球板的家庭作坊和生产皮球的个体及家庭作坊，生产场所主要集中在四牌楼、状元坊一带。1947 年，家庭作坊生产的光板乒乓球板很受广州儿童、学生的喜爱，同年还在广州创办健强运动服装店，专门生产运动服装。

3.2.3　新中国体育用品

新中国成立初期，我国体育用品市场处于起步阶段，体育用品企业数量、规模有限，生产的体育用品，无论是数量、品种还是质量，都难以满足国内市场的需求。1978 年后，改革开放的经济建设热潮和增强综合国力的竞争浪潮，促进了体育运动的蓬勃发展，也带来了体育用品业的快速发展，新兴的国内知名品牌不断涌现。

根据 1996 年出版的《上海体育志》，新中国成立初期，上海私营体育用品制造工厂有 201 家，规模都比较小。到 1955 年，上海体育器材制造工厂中生产篮球、排球、足球的有 37 家，有羽毛球厂 37 家，羽毛球拍厂 44 家，单杠、双杠、吊环、哑铃等五金运动器具厂 33 家，木制运动器具厂 6 家，乒乓球厂 6 家，乒乓球拍厂 63 家，球网厂 16 家，网球厂 2 家，弹子台厂 2 家。

1956 年，实行公私合营，部分手工业式工厂先后进行合并，成立中心厂。1962 年，又先后改为国营或集体企业，上海体育用品企业主要有体育器材厂 4 家，球厂 5 家，其他体育用品厂 12 家。上海体育器材工厂的产品是在吸收苏联和东欧国家的经验后逐步发展起来的，如体操器材中的苏联式活动铁双杠、活动木马、苏联式套管单杠、活动平衡木、活动跳跃器等。到 20 世纪 60 年代初期，生产了田径、体操、球类、水上运动、船艇运动、重竞技项目、射箭、射击、击剑和武术器材。其中红双喜乒乓球、乒乓球台、网架与航空牌羽毛球、网球，火车牌篮球、排球、足球都已达到国际先进水平，并被国际单项体育联合会批准为国际比赛使用器材。

在公私合营过程中，以协兴运动器具厂为中心厂，由文化、大成、永兴、国泰、生生、西康、国强、亚洲、强兴、康兴、复兴、明明、康原、南华等14家小厂并入，1961年定名为上海运动器具厂，1962年改名为上海球厂。公私合营前，协兴运动器具厂曾先后革新球片落料，在打眼切片用刀、针模等工艺方面，开始从手缝工艺踏上半机械化道路。1963年后，上海球厂研制了胶粘球，形成手缝、胶粘两大系列产品，并为猪皮革开发创造条件。1983年试制成功手缝球复合布定型工艺，控制了球革延伸率。接着又开发了新材料PV合成革，试制成功PV合成革球；研制成绕线球新工艺，以线代布，改进了胶粘内胆结构，提高胶粘球档次。其火车牌篮球、排球、足球曾获得各级质量奖43项，其中SSO1S中牛皮胶粘排球、S32S牛皮手缝足球，获国家金质奖。

新中国成立后，大中华赛璐珞厂经扩展，于1966年改名为上海乒乓球厂。1959年上海乒乓球厂会同四川泸州化工厂、上海塑料研究所等单位，联合试制成功国际比赛样品球，后经国家体委鉴定，认为质量已达到国际比赛用球标准，并将产品商标定为红双喜。国际乒乓球联合会曾委托瑞典SKF轴承试验室对日本、瑞典、西德、英国和中国5个国家7种牌号的国际比赛用球进行测定，红双喜的质量总分名列第一。上海乒乓球厂自制检测仪器重心仪，成为世界首创。国际乒乓球联合会根据该厂的测试方法，增加了重心技术标准。1960年4月，国际乒乓球联合会正式批准红双喜乒乓球为国际比赛用球，并在第二十六届世界乒乓球锦标赛中正式采用。红双喜乒乓球此后30年中一直保持着国际用球的荣誉。

红双喜牌球拍由上海球拍厂生产，在1961年第二十六届世界乒乓球锦标赛前，贺龙元帅指示，新中国应该有自己的名牌球拍，上海乒乓球拍厂终于赶在第二十六届世界乒乓球锦标赛前造出了第一代乒乓球板，型号为08，032，016。邱钟惠用它为中国赢得了第一枚女子世界冠军金牌。以后又生产了651正胶，6511、6512反胶，G888、DF4－C7、DF4－12正贴海绵，DF4－22反贴海绵等，DF4胶粘皮被国际乒联确认可在国际比赛中使用。

1956 年，吴竹记体育用品厂公私合营时，由 43 家羽毛球行业工场改组为裕华、雯华、永康、元明、吴记 5 个中心厂。1958 年，全行业合并成立天凤羽毛球厂，1966 年改名为上海羽毛球厂。该厂建筑面积为 4800 平方米，全厂职工近 500 人，厂址为上海局门路 541 号。1963 年，该厂在原生产燕子牌羽毛球的基础上，成功研制高质量的航空牌羽毛球，质量与当时比赛采用的英国羽毛球相同。

1956 年，公私合营时，蔡国记、陆盛昌、李永兴、陈国兴、福根、国富、任聚泰、陈永兴、福昌、工力等 10 家小作坊并入陈林记运动器具木工场，1958 年改名为上海木制体育器具厂，1966 年改名为上海体育器材三厂。1960 年该厂采用国产原料，设计制造了世界一流的红双喜乒乓球台，经国家体委鉴定，质量达到国际水平，被第二十六届世界乒乓球锦标赛所采用。此外，该厂还生产有盾牌系列拉力器（扩胸器）、起跑器、发令枪、液压系列健身器、跑步器、健身梯、划船器、推力器、金属箭、玻璃钢弓、击剑台、溜冰鞋、举重台、桌球台、航空模型和航海模型内燃机等。

上海体育器材一厂前身为中汇铜铁仪器文具厂，建于 1931 年，创始人为吴承荣。1956 年，公私合营，以明新运动器具厂为中心，合并了中华、荣发、仁和、中汇、景和、快来、郭亮记、朱金昌、沈万茂、顺发兴、陈秉记等 11 家小厂和作坊。1960 年，上海文教机修厂并入。1966 年，更名为上海体育器材一厂，厂址在民和路 164 号。该厂重点产品为金属体育器材，主要产品有力士牌全包胶杠铃，曾获国际举联颁发的 A 级器材证书，批准为国际最高级比赛使用器材，第十一届亚运会即采用该厂生产的杠铃。该厂生产的击剑器材也被国际击剑联合会批准为国际各个级别比赛用剑。该厂生产的安放式羽毛球架、胜利牌插入排球架和液压式篮球架，均获轻工业部优质产品奖。

上海网球生产开始于 1957 年，由上海羽毛球厂进行试验生产。次年，1958 型网球试制成功。该球在成批生产时，选用飞机作为商标，定名航空牌。后生产规模日益扩大，羽毛球厂的网球车间扩建为上海网球厂。20 世纪 60 年代，该厂制成航空牌 616 型网球，该球被国家体委批准为我国比赛用球。

上海运动鞋总厂于 1956 年在公私合营过程中，由履新、特美、维新、美华、裕昌、协兴、杨顺记 7 家运动鞋工厂并入，改名为上海运动鞋厂。1979 年又由宣川、红岩、皮件等 10 厂并入，改名为上海运动鞋总厂，下辖 5 个联营分厂，有职工 1820 人，厂址在宝山区南大路 700 号。该厂产品以火炬作为商标，专业运动鞋分四大类，即跑跳鞋、足球鞋、训练鞋、花色鞋。累计开发了 50 余个鞋种，700 多种花色，基本满足了我国各项体育比赛、竞技表演和训练用鞋的需要。20 世纪 80 年代后期，该厂已成为国家体委、轻工业部专业运动鞋定点生产厂，并为世界名牌鞋商定牌生产。

1950 年，新以泰仿制成功我国第一只无金属充气装置不用缝合的胶胆皮面篮球，当时市场销路很好，价格仅为进口篮球的 1/5，质量符合比赛标准。1952 年，新以泰全部改为经营体育用品的专业商店，设计和生产以大中小学为主要销售对象的体育用品和器材，包括铅球、铁饼、举重杠铃、哑铃、标枪、乒乓球台、篮球架（板）、跳箱、山羊、单双杠、胶篮球、羽毛球拍、球网、足球门柱和球衣球裤等，注册商标是红箭牌。20 世纪五六十年代，广州市各大中小学校的单双杠、篮球架多为该店的产品。此后，新以泰不断试制体育器械，其新产品包括全国首只胶铁饼和供训练用的竹竿标枪，还尝试在刨花板、蔗渣板上粘贴胶合板制成篮球板，这一成功大大减少了美国杉、东北杉的进口，并降低了生产成本。20 世纪 80 年代后，新以泰根据我国体育用品市场发展的需要，将保龄球引入中国，并研制出我国首批健身器材。

1950 年，广州市陈海记生产了地球牌羽毛球拍，次年开始出口港澳地区。1952 年，又有革新社、大新厂、陈合记、李良、莫彬记、梁惠记、梁坤记、翁行记、健民、黎英记、梁振祥和区芬记等生产羽毛球拍，1956 年 2 月，广州市的个体户组成红棉体育用品生产合作社，年产羽毛球拍 3 万把。汕头市的个体户则成立公私合营的汕头环海羽毛球厂，有职工 25 人，年产球拍 2400 把。1958 年，广州市的红棉社研制成功冠军牌钢杆木框球拍，采用脲醛树脂取代猪皮胶作黏结剂，提高了黏结力和防潮性。产品新颖美观，牢固耐用，投放市场马上受到用户欢迎，年产量达 12 万把，一半用于出口。1964 年，汕头市羽毛球拍厂也开始生产这种球拍。1968 年，广州红棉厂并入广东省体育器材厂，继续改进羽毛球拍工艺，用尼龙线代替牛筋线，增大了网线的弹力，并制成热处理炉，球拍钢管杆经过淬火和回火，性能更加优异。1975 年，广州体育器材厂将生产羽毛球拍的人员、设备分出，单独成立广州市羽毛球拍厂，专门生产羽毛球拍。1976 年，其生产的羽毛球拍被列为部管产品，并获轻工业部优质产品称号。1977 年，广州羽毛球拍厂又研制成铝镁合金结构球拍，拍体轻，弹性大，起动轻便，平衡点适中，不易变形，被列为部管产品。

20 世纪 50 年代初期，广州国群乐器厂，月产玩具乒乓球约 5 万个。1959 年，中国容国团获第二十五届世界乒乓球锦标赛男子单打冠军，社会上出现打乒乓球热潮，乒乓球需求量大增，广州的成功食品化工厂转产乒乓球，1960 年产乒乓球 78 万个，并改名为广州市成功乒乓球厂。“文革”期间，停止参加国际乒乓球比赛，生产受到一定影响。1968 年，成功乒乓球厂、华达羽毛球厂和服东体育用品厂合并，改名为广州市体育用品厂。1971 年，中美“乒乓外交”，乒乓球运动再次兴起。1972 年 8 月，广州市体育用品厂改称广州市乒乓球厂，该厂创造石蜡膨球工艺和石蜡膨球机，生产工效提高两倍，当年乒乓球产量为 1363 万多个。1974 年 10 月研制成首批硬质乒乓球，定名为三星双鱼牌，并被国际乒乓球联合会批准为国际正式比赛用球，销往世界上 63 个国家和地区，成为世界上主要的乒乓球生产基地之一。其产品质量稳定，被誉为当今世界四大名牌乒乓球之一。

1954 年，广州的一些手工业者组成永健体育器械生产合作社，社员有 30 人，产品有乒乓球台、山羊、双杠、球架、跳箱、跳垫等，兼营家具。1957 年，生产品种增加到 50 多个，此后还发展铁制入地双杠和篮球架等。1970 年，该社改名为东方体育器材厂，1986 年，投资 125 万元，建成自动喷漆线为第六届全国运动会生产折叠式乒乓球台、铝合金水球门、翻分牌等共 35 项新产品。1987 年，折叠式乒乓球台被国际乒乓球联合会指定为国际比赛用台，1990 年，又承担第十一届亚洲运动会部分体育器材的生产任务。

1952 年 5 月，春华制革厂合并到春合厂，成为春合厂的制革部。两厂合并后厂里制定了一系列的规章制度，特别是对产品质量严格把关，每道工序都有专人负责，产品达到了国内先进水平。1954 年 5 月，春合厂经过积极准备改为公私合营企业。合营后的春合厂将制革部和制球部与利生体育用品厂合并专门生产球类产品，而利生的体育器械部划归春合，专门生产体育器械。利生的球类从1958年开始出口，球类质量都达到国际标准；产品行销非洲、东南亚、大洋洲、欧洲等70多个国家和地区。1968年至今，国内球类比赛指定使用利生生产的球。1979年全国球类评比，利生生产的足球被命名为梅花牌金杯足球，获得金牌奖；国际篮球和足球联合会都承认利生篮球与足球为标准球。

1965年洛阳乳胶厂乒乓球车间从上海引进正、反胶乒乓球拍生产工艺，产品品牌包括冠军、牡丹、龙门、锻炼等，有反正双面、单面以及台布双面、单面30多个规格的产品。1975年，该厂冠军牌正、反胶长柄双面拍，正、反胶短柄单面拍，反正胶花长柄双面拍等10多个规格的产品，开始出口到美、法、瑞典等国家。

总之，在计划经济体制下，我国体育用品生产企业不足百家，以国有企业为主，企业在国家指令性计划下生产，产品统配统销，主要提供给国家队、各省体工队等运动队，以及各级各类单位开展体育活动使用。这一时期，我国体育用品业的生产基地主要集中在上海、天津、广州等城市，品牌产品包括上海的红双喜乒乓球器材，火车牌篮球、排球和足球，回力和飞跃牌球鞋；天津的春合牌体操等各类体育器材，锦杯牌篮球、排球和足球，梅花牌运动服等。但整个行业的企业数量少，规模小，产量小，产品的规格和品种单一，产品的标准和质量较低。体育用品市场发展相对缓慢，还没有从其他消费市场即文化用品市场中分化出来，大众对体育用品的消费尚未形成规模化的市场需求。

3.3 成长性理论基础

西方企业成长理论，大致可以划分为古典企业成长理论和现代企业成长理论两大理论板块。

3.3.1 古典企业成长理论

（1）古典企业成长理论

古典经济学认为，驱动企业成长的关键因素是基于分工的规模经济利益。企业生产的专业化分工，有助于提升生产效率、扩大企业规模、增加生产累积以及实现企业规模经济效应，从而实现企业成长。古典企业成长理论的代表，主要包括亚当·斯密、约翰·穆勒和马歇尔。

亚当·斯密（1972）最早阐述企业成长理论，其在《国民财富的性质和原因的研究》一书中认为，劳动生产力的最大增进，劳动熟练技巧和判断力的提升，都是分工的结果。分工协作和专业化导致报酬递增，是市场机制作用的结果。市场机制作用导致企业的产生，企业成长成为现实，并使得国民财富不断增加。亚当·斯密关于企业成长的思想可以简单概括为，企业成长由市场规模和分工程度决定。也就是说，不同行业因分工不同，企业成长的机会也不同，从而“市场－技术结构”决定企业成长及其规模。

约翰·穆勒（2010）认为，企业规模由企业资本量决定，而扩大企业规模，既有利于专业分工的细化和工人熟练程度的提高，又有利于保证员工工作热情饱满和提高劳动生产率。大企业替代小企业成为企业成长的趋势，正是企业规模经济发展的结果。一句话，穆勒的企业成长理论，就是企业规模经济理论。

在古典经济学领域，马歇尔（1965）对企业成长问题的研究十分全面。其《经济学原理》一书，是开启现代企业成长理论研究的奠基之作。该书从企业规模经济理论、企业市场结构理论及企业家理论等方面，系统论述了企业成长理论。马歇尔认为企业是一个生命有机体，他把企业成长的因素简单归结于企业外界环境（足够的外部市场空间）和内部资源（内部制度和管理效益），企业成长是企业外界环境和内部资源二者相互协调发展的过程。如果一切尽如人意，企业最终将成长为某行业垄断者。但他认为，企业成长不可能一帆风顺，在一定程度上受创办企业的企业家个人寿命及能力的限制。企业家个人生命结束前，如果能够创建和使用一种更有效的制度安排，那么就有可能突破企业持续成长与企业家个人寿命有限的悖论。

（2）古典企业成长理论简评

古典经济学理论论证了分工和专业化对提高企业生产率的作用，尚未论及企业的本质，对企业成长的分析零散而不系统。其将企业视为一个

"黑箱"，忽视企业自身能力等内部因素，过分强调企业成长的外部因素。该理论从市场供需分析出发，认为决定企业生产率的变量都是外生变量，企业成长由产业集中度、成本结构等外部要素驱动。这种规模经济理论，缺乏市场约束概念，难以解释企业成长的动因及过程。

3.3.2　现代企业成长理论

企业成长理论源于对大规模生产规律的研究，继而演变出从企业经营管理角度，分析现代企业成长理论。现代企业成长理论包括以彭罗斯（Penrose）为代表的企业资源成长理论、以格雷纳（Greiner）为代表的企业成长阶段理论、以奥利弗·威廉姆森（Oliver Williamson）为代表的企业成长边界理论、以普哈拉（Prahalad）和哈默（Hamel）为代表的企业核心能力理论，以及动态适应论的企业成长理论（见表3－2）。

表3－2　现代企业成长理论比较

理论派系	代表学者	核心概念	标志性文献
企业资源成长理论	Penrose	成长经济、企业内部资源	《企业成长理论》
企业成长阶段理论	Greiner	企业生命周期、组织演变与变革	《组织成长的演变和变革》
企业核心能力理论	Prahalad 和 Hamel	核心能力、积累性学识	《公司核心能力》
企业成长边界理论	Oliver Williamson	企业最优规模、交易频率、资产专用性和契约环境	《资本主义经济制度》
动态适应论的企业成长理论	D'Aveni、Teece 等	超竞争、动态能力、适应性	《公司能力、资源和战略概念》

（1）以彭罗斯为代表的企业资源成长理论

彭罗斯（Penrose，1959）首创"成长经济"这一核心概念，认为企业内在因素决定企业成长，企业是在一定管理组织架构下的资源结合体，企业有效协调资源和管理职能实现企业成长。企业依靠生产资源产生的服务是企业成长的原动力，服务分企业家服务与管理服务。彭罗斯认为，企业成长是一个不断挖掘未利用资源的动态经营管理过程，突破管理服务的约束和增强管理能力对企业成长具有重大意义。限制企业成长的因素，一是管理竞争力；二是产品或要素市场；三是风险与外部条件的结合。企业成长的原因在于，企业资源不均衡、不可分割及企业能力有限等，决定企业资源的利用是不充分的，生产性服务具备继续利用资源的可能性。依据彭罗斯的观点，企业配置资源方式就是其特定的成长模式，企业要获取利润，既要拥有优越资源，又要拥有有效配置这些资源的独特能力。即便体育用品企业通过并购得到扩张，其成长程度依然受限于企业内部管理资源投入的约束，即“彭罗斯曲线”。体育用品企业可以依靠更新管理理念，不断挖掘未充分利用的资源，扩大生产规模，从事多元化经营，来实现企业成长。彭罗斯的理论并未考虑到环境因素，她认为相关环境（企业家和管理者所考虑的投资和成长机会）对不同企业而言，并非完全一致，所以她更关注企业内部资源。彭罗斯企业成长理论忽视外部环境因素的原因，可能是当时企业经营环境相对稳定，不确定性较小。

（2）以格雷纳为代表的企业成长阶段理论

拉芮·格雷纳（Greiner，1972）通过研究大量案例，发表《组织成长的演变和变革》一文，深入探讨了企业生命周期问题，给出企业生命周期概念的明确定义，提出企业成长五阶段理论，即企业成长包括创造力推动企业增长、指导推动企业增长、授权推动企业增长、协调推动企业增长以及配合推动企业增长五个阶段。格雷纳将组织发展要素归纳为五个方面，分别是组织年龄、组织规模、组织演变各个阶段、组织变革各个阶段以及产业成长率。他将组织的变化归纳为演变和变革两种形式。演变表示组织未经历过巨大的动荡期，一直处于平稳的发展期；变革表示企业发展处于重大动荡的时期。在组织漫长的成长周期中，变革和动荡交替出现，企业组织通过二者交替向前发展。

依据格雷纳的观点，当企业发展到一定程度，便会遇到危机，若能战胜这个危机，企业就会获得新生，并得以壮大。企业的成长态势大致可分为短暂的停滞、迅猛的发展和波浪式前进。企业家精神、技术和管理的创新以及协作机制都会在企业发展阶段起关键作用。

（3）以普哈拉和哈默为代表的企业核心能力理论

普哈拉和哈默（Prahalad and Hamel，1993）《公司核心能力》一文，首次提出企业核心能力概念。认为企业核心能力是协调生产技能和组合多种技术流派的学识，它属于组织的积累性学识。在普哈拉和哈默的理论中，企业核心能力是企业竞争力的根本。哈默和贺尼（Hamel and Heene，1994）《基于能力的竞争》一文，把企业核心能力这一积累性学识，分为隐性知识和显性知识。核心能力在企业成长过程中，发挥着关键性作用；核心竞争力主要表现在综合不同生产技术能力上，是组织共同学习的结果。

普哈拉和哈默（Prahalad and Hamel，1993）认为，核心能力不像实体设备，并不会因高频率和长时间的使用而降低价值，因此企业核心能力理论对技术研发和市场创新具有双重指导意义。企业利润绩效通过企业核心能力的最终表现，也就是凭借核心能力的衍生，创造出独特的核心产品，这些核心产品能让顾客感知其与众不同，并符合顾客真正需求。随着产品生命周期不断缩短和越来越多的跨国经营，一时的产品研发或市场战略不再是衡量企业是否成功的标准。企业有效从事生产经营活动、持续研发新产品和开拓新市场的特殊能力，才是形成持续竞争优势的制胜法宝。

企业核心能力理论把企业内部能力视为企业成长的原动力，强调对企业内部能力的利用、提炼和总结。但普哈拉和哈默并未深入探讨影响企业核心能力的决定因素，有关核心能力的概念和结构，学术界尚无定论。

（4）以奥利弗·威廉姆森为代表的企业成长边界理论

奥利弗·威廉姆森（2002）是创建交易费用经济学、持续研究企业存在及其市场边界问题的著名学者。有限理性和机会主义，是奥利弗·威廉姆森企业成长边界理论的两个前提。威廉姆森将交易视作最小的分析单位，认为各种交易特征及成本差异导致交易组织的选择，企业交易成本由交易频率、资产专用性和企业所处的契约环境三个因素决定，其中资产专用性确定企业规模的假说最出名。通过成本效益比较分析，可以计算出企业最优规模。然后，根据企业最优规模，可以做出何时继续扩张、何时停止扩张的决策。

科斯的企业边界理论是威廉姆森企业成长边界理论的基础。科斯的企业边界理论，难以回答“企业内交易，还是市场交易”的决定因素到底是什么的问题。而威廉姆森的企业成长边界理论，通过资产专用性等关键变量的引入，可以科学回答上述难题。威廉姆森对企业边界问题的分析，包含在其市场治理与企业治理选择的启发式模型、治理结构与交易匹配理论以及组织形式的分立结构分析中。威廉姆森的企业成长边界理论深化了人们对市场经济微观制度的认识，为企业的“并购”决策提供了可供操作的指导原则。

（5）动态适应论的企业成长理论

在动态变化的环境里，竞争优势将很容易被更富于创新的竞争对手超越。这种现象被 D'Aveni（1994）发现，并被其称为超竞争。他认为，一个停留在并只依靠已有优势的企业，很容易被创新性更强的竞争对手所取代。由于惯性，在超竞争的环境中，无论是企业的特殊能力还是核心能力，都很难保证企业获得持久的竞争优势。因此，在超竞争环境条件下，要使企业一直处于同行业的领先地位，不断创新而追求短暂优势比维持长期竞争优势更重要。

Lippman 和 Rumelt（1982）认为，企业能力的“模糊性”特征，决定了企业自身竞争优势的识别十分困难。企业能力靠组织的积累性学习，具有非竞争性特征，不可能从要素市场购买。企业学习过程是逐渐累积而非爆发式的，企业能力（关键技能和隐性知识）的调整阻力很大。企业能力深受互补性专用资产的制约，企业能力具有惯性，企业很难在超竞争环境中做出重大变革。企业成长更多地受不可预期因素的制约，只有那些保持动态战略适应性并敏捷反映外部环境变化的企业，才能生存和发展。因此，企业为获得持久竞争优势，须具备“创造性毁灭”的能力。

动态能力概念和理论，于 1990 年由 Teece 等通过发表《公司能力、资源和战略概念》一文首先提出，此后动态能力理论得到完善和不断发展。1997 年，企业能力理论登上新的历史舞台，Teece、Pisano 和 Shuen 发表《动态能力与战略管理》一文，提出了动态能力的分析框架。Teece（2009）又提出“外部环境 - 组织能力”分析框架，认为在动态环境中，面对风云变幻的市场环境，企业要保持竞争优势，就必须拥有持续的动态能力，即拥有持续重构内外部组织知识、技能和资源的能力。Zollo 和 Winter（2002）研究发现，动态能力演化的关键因素是认知性学习，认知性学习具有知识表述和知识编码的功能，是企业持续竞争优势的基本驱动力。在多变的竞争环境中，企业竞争优势持续时间虽然缩短，但动态能力又在不断创造新的优势。

3.3.3　现代企业成长理论评述及启示

对企业成长的定义及测度，不同学者见解虽异，但一致认为企业成长是量的成长和质的成长的对立统一。量的成长较容易识别和衡量，主要指标有营业收入、产品产量和种类、企业员工规模、市盈率等。制约企业成长的因素，既有内部和经济性的，如企业战略及经营管理等，又有外部和制度性的，如产业结构和市场行为等。因此，企业成长理论随着时代的变化而变化，研究视角和重点也不断演进，形成多样化的研究结论。

现代企业成长理论有志于打开企业这个“黑箱”，从企业内部着手，寻求企业成长的原动力。企业资源成长理论强调企业资源的基础性价值，指出企业成长追求的是成长经济而不是规模经济，摆脱了传统规模经济思维定式，强调企业内部独特资源是推动企业成长的根本动力。令人遗憾的是，这一理论忽视了企业成长的外部环境因素，也未能论述形成企业管理的有效供给。

企业成长阶段理论，以描述企业生命周期现象见长，比较适合企业诊断，实践性强而理论性较弱，未能找到企业生命阶段特征的根源。企业核心能力理论，强调企业成长的核心能力价值，如企业内部资源、关键技术等的重要性，但忽视企业外部环境对企业成长的影响。企业成长边界理论，过分强调交易费用对企业成长的意义，而忽略交易效率的影响以及对企业资源和能力的培育。动态适应论的企业成长理论，面临组织学习具有路径依赖性的问题，必须循序渐进，即当企业寻找改进经营的方法时，难以摆脱旧惯例和旧思维，创新性思维的引入需要付出很大代价。冲破能力的路径依赖性，是动态能力概念首先必须面对的。

实际上，在动态复杂市场竞争环境下，外部环境因素对企业成长的影响越来越重要。现代企业成长理论都是基于市场竞争关系的研究成果，即通过击败市场竞争对手来实现企业成长，尚未考虑到与竞争对手共同成长，即基于“竞争－合作”关系的成长。因此，应关注企业外部环境因素对企业成长的影响，把影响企业成长的内外因素统一起来，以揭示企业成长的真实过程和成因。本书将从这个方面入手开展探索性的研究，即在传统“企业资源－企业能力－企业成长”研究范式的基础上，纳入企业成长环境因素，结合体育用品行业及其企业的特征，提出体育用品企业“资源－能力－环境－成长性”评价理论模型。

3.4 成长性评价理论模型构建

3.4.1 传统“企业资源－企业能力－企业成长”研究范式

彭罗斯（Penrose，1959）认为，企业是资源的聚集体，资源与能力共同推动企业的成长。彭罗斯建立了“企业资源－企业能力－企业成长”的成长研究范式，她将企业资源、企业能力与企业成长三者表述为一种逻辑关联，认为企业资源的富裕程度决定企业能力的大小，而企业能力的大小又制约企业的成长路径、成长速度和极限。企业成长总是来自企业内部不平衡的驱动，这种说法也被称为“彭罗斯效应”。她还特别强调管理的重要性，认为只有管理的服务供给，才能真正将企业拥有的资源转化为成长的资源。这一范式突出企业资源、独特能力和知识的重要性，强调原始资源是企业持续成长的基础条件，利润也被认为是企业扩张或成长的必要条件。所有这些，包括经典的“彭罗斯曲线”，都成为启发后人继续深入研究企业成长的思想精华。彭罗斯于1959年出版《企业成长理论》一书，主张用成长经济理论代替规模经济理论，奠定了企业成长理论的基础，彭罗斯也成为从管理学角度研究企业成长的第一人，是现代企业成长理论的奠基人。

传统的“企业资源－企业能力－企业成长”研究范式揭示企业成长的原动力和运行机制，从企业内部静态分析成长机制，但对企业成长的环境因素及其环境适应性的研究不足，其原因或许在于当时环境政策相对简单，跨国企业和全球化趋势尚未如当今这样迅速发展。就体育用品企业而言，其拥有的资源和能力只是企业成长初始条件，规模经济效应的追求绝对不是最终目标。面临复杂多变的市场环境，体育用品企业必须根据自身资源和能力条件，适应市场竞争、国家政策等的变化，调整自身经营发展战略，为企业成长寻求合理机制。否则，只关注自身内部，忽略外界环境，就容易导致战略失误，难以获得甚至丧失竞争优势。本书借鉴彭罗斯研究范式以及其他相关现代企业成长理论精髓，以体育用品上市公司为研究样本，构建基于企业内外部环境因素的体育用品企业“资源 – 能力 – 环境 – 成长性”（简称“RAE – G”①）评价理论模型。

3.4.2　体育用品企业成长性“RAE – G”评价理论模型

彭罗斯的企业成长理念引起学者们对企业成长的关注，经普哈拉和哈默、沃纳菲尔特等的丰富和完善，后续发展主要有两个分支，分别是企业资源论和企业能力论，前者以沃纳菲尔特《企业资源学说》一文为开端，后者以 20 世纪 90 年代普哈拉和哈默所著的《公司核心能力》一文为标志。

（1）体育用品企业资源（resource）

不断构造难以复制的无形资源，是企业保持竞争力的基础。无形资源包括企业文化、技术创新、知识产权和管理模式等。Hall（2006）将企业资源划分为有形资源、无形资源和能力三种。Teng（Das and Teng，2000）将企业资源分为以产权为基础的资源和以知识为基础的资源。杜慕群（2003）提出资源、环境、能力、战略和竞争优势分析框架，揭示其内在因果关系，资源包括有形资源（财务资源、实物资产等）、无形资源（技术、专利、商誉等）以及人力资源。其中，人力资源及其创新能力是关键。

早在 1912 年，熊彼特（J. A. Schumpter）指出，现代经济发展的根本动力不是资本和劳动，而是创新。创新是来自内部自身创造性的一种变动，它不断地从内部革新经济结构，即不断地破坏旧的、创造新的结构，即所谓“创造性破坏”的过程。在此基础上，罗默提出内生增长理论，认为好的创意和技术创新是经济发展的推动力量，知识具有共享性、传播性、低成本和可复制性等特点，其传播和持续变化是经济增长的关键。人

① RAE – G 理论模型中 R 为资源 resource 的英文缩写，A 为能力 ability 的英文缩写，E 为环境 environment 的英文缩写，G 为成长性 growth 的英文缩写。

类历史教育我们，经济增长要靠更好的（烹饪）方法，而不是简单地靠增加烹调的次数（Romer，1993）。在新经济条件下，经济增长的最好结果就是产品和生产流程的创新，以及将各种投入联合起来以生产新型产品的方法的创新。

本书借鉴 Hall 和杜慕群等学者的研究成果，对体育用品企业资源进行分类，按照资源是否从属于人，将体育用品企业资源分为从属于人的资源和不从属于人的资源两大类。首先，按照资源本身的形态，划分为有形资源和无形资源；其次，鉴于人力资源在体育用品产业转型升级中作用巨大，并被许多学者的研究所证实，将体育用品企业的人力资源从内部无形资源中单独划出，具备合理性；最后，基于我国体育用品企业品牌建设成效及其重要性，从无形资源中单列“品牌资源”一项。

（2）体育用品企业能力（ability）

企业本质上是其拥有的各种资源和能力的集合体，企业能力由知识、经验和技能组成，企业能力是企业管理水平的反映，直接影响企业的绩效。彭罗斯指出，不是所有的资源都能变为企业可持续成长的来源，一定经济环境条件下，竞争优势既源于企业独特资源，又源于企业配置资源的能力。事实上，资源和能力是两个不同概念，能力是认识问题、分析问题和解决问题的基本技能，是企业利用资源的本领，是配置企业资源、完成特定任务的水平（Amit and Schoemaker，2006）。普哈拉和哈默是企业核心能力学派的代表，认为企业的竞争优势来自企业核心能力，即企业发展、配置与资源保护的能力（Prahalad and Hamel，2002）。

20 世纪 90 年代，人们关注企业能力动态发展问题。Teece（2009）认为，动态能力包括更新能力与延展能力两个部分，它使企业不断适应战略变化需要，是企业高级资源。另有研究发现，动态能力是一种用以指导企业资源重构、演进和运行的能力（Zott，2002）。企业资源重构和能力整合的目的，就在于发挥企业能力为客户创造新的解决方案。Teece（2007）又提出新的动态能力分析框架，把动态能力细分为机会识别能力、把握机会能力和重构能力三种类型。

企业能力本身包含十分丰富的内容。Lavie（2006）把企业能力建构为一个两阶段过程模型：可感知的价值最大化能力和为实现感知价值最大化能力而重构实际的能力。本书将体育用品企业能力分为认知和执行两个层面能力。其中，认知层面能力，用于体现企业认知市场新产品需求和评估未来可持续发展的能力，包括创新能力和管理能力；执行层面能力，用于显示快速和高效履行企业预期目标的能力，包括营运能力、偿债能力、市场预期能力和盈利能力。

（3）体育用品企业环境（environment）

企业成长的关键取决于企业资源及其资源转化能力，以及企业与所处环境的协调性。组织环境是指处于组织边界对组织具有现实或潜在影响的所有因素。环境的日益动态复杂化使学者依据不同的学科背景，从不同视角和层面研究企业与环境的关系，问题主要涉及企业与环境的互动、环境对企业成长的影响以及企业适应环境的策略等。

权变理论。权变理论认为不存在最佳组织方式，强调企业和环境的匹配。组织方式取决于环境特质，企业内在特征与环境要求匹配，就说明企业能够适应环境。Burns 和 Stalker（1961）从环境不确定性的角度，提出机械性和有机性两种组织形式的环境匹配特征。机械性组织系统对稳定的外部环境比较适应，机械性组织内部呈现管理制度清晰和权责分明等特点，组织规范化和集权化，决策主要由企业高层管理者做出。而在迅速变化的环境中，组织内部结构较松散，自由流动性大，适应能力强，规章制度往往是口头的，权力层级不太明确，决策权力分散化，这属于有机性管理系统。Luthans（1973）综合权变理论研究成果，提出一个由环境变量、管理技术和两者权变关系组成的三维分析框架。

创意经济理论。佛罗里达（Florida）于 2002 年出版了其代表作《创意阶层的崛起》一书，着力于探讨创意经济的全球影响，他将创意的工作定义为易于传播并可广泛使用的新形式或新设计。他全面论述了创意阶层的兴起及其特征、生活方式、价值观；认为创意阶层工作的动力来自激情，而非其他因素；认为一系列的新制度体系综合在一起，形成“创意社会的结构”，促进创意经济的迅速增长。创意社会的结构由技术创新与创业活动的新体系、新颖高效的生产与服务模式以及推动各种创意活动的宽松的社会、文化与地域环境三个部分组成。佛罗里达的创意经济理论对构建体育用品企业成长环境测量指标具有重要启示。一是创意阶层是体育用品产业成长的驱动力；二是创意阶层的创造力来源于生机勃勃的创意生态环境；三是创意经济的发展离不开“3Ts”，即技术（technology）、人才（talent）和宽容度（tolerance）。

商业生态系统理论。商业生态系统理论强调企业和其所属的环境——商业生态系统之间的和谐共生关系。商业生态系统概念超出传统产业范畴，它包括企业自身及其顾客、市场媒介（如代理商、融资机构、中介组织、物流公司）、供应商，甚至竞争对手、媒体和监管机构。20 世纪 90 年代以来，有关企业生态绩效的研究日益深入，许多学者认为，在环境污染日益严重的背景下，生态绩效成为评价企业是否具有可持续发展前景的关键指标，它与企业的资源生产力和核心竞争力紧密相关。Seroa（2006）认为，生态经济业绩和环境质量业绩是组成企业生态绩效的主要内容，其中，生态经济业绩表示生态收入和生态支出之间的差额，生态质量业绩则包括环境法规执行、生态保护和破坏、未来目标等。孙金花（2008）在分析国内外有关环境绩效含义研究的基础上，指出企业环境绩效是指企业应用创新的知识和绿色生产技术、绿色工艺，采用绿色生产方式和经营管理模式，开发生产新的绿色产品，以减少企业生产活动对生态环境产生的不利影响，进而取得相应的经济和社会效益，其中包括环境质量绩效和环境财务绩效等。商业生态系统理论认为，企业要在新经济中发展壮大，就必须密切关注迅速变化的环境对组织生存和发展的影响。

借鉴前人研究成果，本书将体育用品企业环境细分为五个部分，分别是科技环境支持力、融资环境支持力、社会环境支持力、经济环境支持力和环境适应力。科技环境显示技术水平和氛围，融资环境、经济环境代表经济形势，社会环境表明社会文化结构特征，环境适应力反映企业与环境的互动及适应性。体育用品企业面临的环境具备复杂性和动态性特征，它给企业运行带来不确定性，如何寻求外部环境的稳定性和可预测性，以降低企业的运行风险，是本书研究的重点内容。

综上所述，体育用品企业成长资源和成长能力形成公司的竞争优势及战略，并和企业所处的成长环境交互影响（支撑）共同决定企业成长性。本书构建的体育用品企业“资源－能力－环境－成长性”评价理论模型，简称体育用品企业成长性“RAE－G”评价理论模型，如图 3－1 所示。

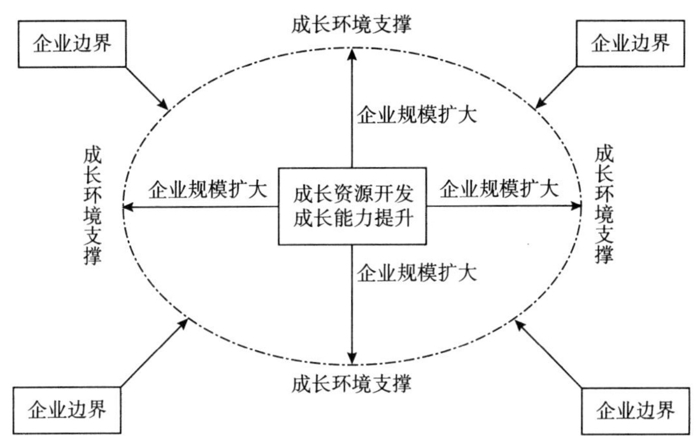

图 3-1　体育用品企业成长性“RAE-G”评价理论模型

说明：R：成长资源；A：成长能力；E：成长环境；G：企业成长性。

资料来源：本书整理。

体育用品企业资源包括有形资源、无形资源、人力资源和品牌资源；企业能力包括创新能力、管理能力、营运能力、偿债能力、市场预期能力和盈利能力；企业成长环境包括科技环境支持力、融资环境支持力、社会环境支持力、经济环境支持力和环境适应力。成长资源开发和成长能力提升协同作用，共同形成企业的竞争优势和战略，在企业成长环境支撑下，形成企业规模和企业边界扩大的实际效果。总之，体育用品企业面临的外部环境因素和企业内部因素（即成长资源开发与成长能力提升二者协同作用所形成的竞争优势和战略）相互影响，也就是企业成长资源、成长能力和成长环境三者共同决定体育用品企业的成长性，即构建形成体育用品企业成长性“RAE-G”评价理论模型。

第4章 体育用品企业成长性评价指标体系构建及合理性验证

本章在第3章体育用品企业成长性“RAE－G”评价理论模型的基础上，构建体育用品企业成长性评价指标体系，并从理论和统计两个角度，分别验证评价指标体系的合理性，最终确定体育用品企业成长性评价指标体系。

4.1 成长性评价指标体系构建

本章遵循指标体系构建的系统性、准确性、可操作性和可比性等原则，根据体育用品企业成长性“RAE－G”评价理论模型，参考国家统计局《国民经济行业分类》，北京、上海、厦门、青岛和泉州等城市统计年鉴，国泰安中心数据库以及新浪财经网站、各级科技局网站等的部分指标，构建了体育用品企业成长性评价指标体系，该体系由3个成长因子15个成长指标和54个测量指标组成（见表4－1）。

表4－1 体育用品企业成长性评价指标体系构建

成长因子	成长指标	测量指标	指标说明
成长资源（R）	无形资源	无形资产	度量企业无形资源
		无形资产增长率	度量企业无形资源
		专利数量	度量企业无形资源
		商誉	度量企业无形资源

续表

成长因子	成长指标	测量指标	指标说明
成长资源（R）	有形资源	固定资产	度量企业固定物质资源
		存货	度量企业流动物质资源
		货币资金	度量企业现金资源
		应收账款	度量企业现金资源
		资本保值增长率	度量企业现金资源
	品牌资源	品牌知名度	度量企业品牌资源
		品牌数量	度量企业品牌资源
		品牌满意度	度量企业品牌资源
	人力资源	员工人数	度量企业人力资源
		员工素质	度量企业人力资源
		平均年龄	度量企业人力资源
成长能力（A）	创新能力	研发费用增长率	度量企业创新能力
		研发费用占销售收入比例	度量企业创新能力
		R&D 投入强度	度量企业创新能力
	管理能力	管理费用率	度量企业管理能力
		经营费用率	度量企业管理能力
		高管薪酬	度量企业管理能力
		销售净利率	度量企业管理能力
		市场占有率	度量企业管理能力
	营运能力	应收账款周转率	度量企业应收账款运营
		流动资产周转率	度量企业资产运营
		存货周转率	度量企业资产运营
		固定资产周转率	度量企业资产运营
		总资产周转率	度量企业资产运营
	偿债能力	资产负债率	度量企业长期偿债能力
		产权比率	度量企业长期偿债能力
		流动比率	度量企业短期偿债能力
		速动比率	度量企业短期偿债能力
	盈利能力	销售毛利润率	度量企业盈利能力
		净资产收益率	度量企业盈利能力
		资产报酬率	度量企业盈利能力

续表

成长因子	成长指标	测量指标	指标说明
成长能力(A)	市场预期能力	市盈率	度量企业市场预期能力
		市净率	度量企业市场预期能力
		股票换手率	度量企业市场预期能力
成长环境(E)	科技环境支持力	区域人均专利数	度量科技环境支持力
		区域中体育用品企业比重	度量科技环境支持力
		年技术合同数	度量科技环境支持力
	融资环境支持力	单位体育用品企业内部融资额	度量融资环境支持力
		单位体育用品企业外部融资额	度量融资环境支持力
		单位体育用品企业融资渠道	度量融资环境支持力
	社会环境支持力	区域从业体育用品企业管理人员比重	度量社会环境支持力
		区域人均教育投入	度量社会环境支持力
		区域单位企业科学家与工程师数量	度量社会环境支持力
	经济环境支持力	区域人均生产总值	度量经济环境支持力
		区域人均工资水平	度量经济环境支持力
		区域人均消费水平	度量经济环境支持力
	环境适应力	经济贡献率	度量环境适应力
		人均利税率	度量环境适应力
		社会贡献率	度量环境适应力
		合同履约率	度量环境适应力

资料来源：本书整理。

4.1.1 成长资源指标

(1) 无形资源

企业无形资源包括专利、知识、技巧、文化和声誉等，代表企业为创造一定经济价值所付出的代价。在知识经济时代，无形资源的作用越来越重要，它可以存在于企业整体组织、团队、流程和项目等不同层次。Barney（2001）认为，企业保持竞争优势的资源包括有形资源和无形资源。Lev（2001）认为，无形资源价值源于多种用途（一处使用并不阻碍他处使用）和规模报酬递增两个特性。本书无形资源包含体育用品企业的无形资产、无形资产增长率、专利数量和商誉4个测量指标。

①无形资产。无形资产主要用于衡量体育用品企业附加值，无形资产越多成长潜力越明显。其测量数据可从企业资产负债表中查找。

②无形资产增长率。无形资产增长率用以衡量体育用品企业无形资源的变化。计算公式为：无形资产增长率 = 本期无形资产净增加额/期初无形资产余额 ×100%。其测量数据可从企业资产负债表中查找，计算获得。

③专利数量。专利是专利权人在法律规定期限内，对其发明创造享有的独占权。个人创意如何转换为具体产品，在知识产权法律保护的情况下，通常采用专利的形式。专利数量成为测量体育用品企业无形资源的重要指标。其测量数据可从企业或科技局网站查找获得。

④商誉。商誉是为企业未来经营带来超额利润的潜在经济价值，是企业整体价值的组成部分。其测量数据可以通过企业资产负债表相关数据推测得到。

（2）有形资源

企业有形资源包括固定资产、存货等实物资产和货币资金、应收账款等货币性资产。本书有形资源指标包含固定资产、存货、货币资金、应收账款和资本保值增长率5个测量指标，其测量数据都可以通过查询财务报表并计算获得。

①固定资产。固定资产是体育用品企业从事生产经营活动所持有的、使用时间超过一年的、价值达到一定标准的非货币性资产，包括房屋、建筑物、机械、机器和运输工具等，反映体育用品企业产能的扩张。

②存货。存货指体育用品企业正常经营持有的产成品、半成品及所耗用的材料、物料等，是流动资产的重要组成部分，存货占用多说明资源使用效率低，存货数量应与企业经营水平相一致。

③货币资金。反映体育用品企业流动资产中用于偿债的现金拥有量。货币资金越多，流动资产变现损失的风险越小，企业短期偿债的能力越强，拥有的有形资源就越多。

④应收账款。应收账款是体育用品企业因赊销产品、劳务等而应向购货单位或接受劳务单位收取的款项，表示企业在销售过程中被购买单位所

占用的资金。应收账款是一种债券，占用过多有风险，应及时收回。

⑤资本保值增长率。资本保值增长率反映企业资本的运营效益与安全状况。其计算公式为：资产保值增长率 = 期末所有者权益总额/期初所有者权益总额 ×100% 。

（3） 品牌资源

Kevin Lane Keller（1998）认为，品牌是区别一个产品与其他产品的特征。林仁川、黄福才（1997）所著的《闽台文化交融史》一书认为，体育品牌是指体育企业创造的具有知名度、美誉度和满意度的产品。本书品牌资源指标包含品牌知名度、品牌数量和品牌满意度 3 个测量指标。

①品牌知名度。品牌知名度是指潜在购买者认识到或记起某一品牌属于某类产品的能力，如品牌识别、品牌回想等。其测量数据主要依靠市场调研获得，难度较大。

②品牌数量。其测量数据可以通过查询各级科技局相关网站获得。

③品牌满意度。品牌满意度反映品牌与消费者之间沟通的尺度，是顾客可感知效果与对比预期相比较后，所形成的愉悦或失望的状态，如不满意、满意、满足和愉悦。顾客对品牌产品或服务印象的确立，主要通过品牌满意度来衡量。一个拥有高满意度的体育用品品牌，其顾客的购买率及重复购买率一般较高。其测量数据一般通过市场调研获得，调研成本较高。

（4） 人力资源

人才尤其是创意人才，是企业的核心竞争力。Romer（1986）早就指出，思想来自人才，尤其是创意人才的头脑。理查德·佛罗里达等（Florida, 2003a, 2003b, 2009, 2012; Florida and Tinagli, 2004）多次指出，区域经济发展取决于 3T 原则——技术（technology）、人才（talent）和包容（tolerance），并认为一名具有较高学历或学位、较高专业技术职务和适龄的创意人才，通常具有较强的创意和创新能力。

本书参照佛罗里达的人才指数定义，设定体育用品企业人力资源指标，包含如下 3 个测量指标：①员工人数；②员工素质；③平均年龄。其测量数据都可以通过查询企业基础数据信息获得。

4.1.2　成长能力指标

（1）创新能力

企业创新能力研究内容广泛，涉及管理学、产业经济学、社会学和科学技术等领域（林如海、彭维湘，2009）。佛罗里达指出，企业创新能力是指企业产生新思想及其市场转化的能力，主要包括组织创新能力和技术创新能力。Wolfe 认为，作为微观组织的企业，其组织创新特性直接影响创新产出，人和社会实践才是企业创新的首要条件（舒辉，2003）。企业组织创新主要包括创新人才、创新文化、创新领导战略以及创新管理知识，其中，人才最关键，企业要提供适宜的创新条件激励组织创新；企业技术创新的重点是技术研究开发对企业创新的影响，研究开发（R&D）能力和技术能力是企业创新能力的核心。知识产权价值计算的最好方式，是测量它所耗费的成本（约翰·郝金斯，2010）。

本书创新能力指标包含如下 3 个测量指标：①研发费用增长率；②研发费用占销售收入比例；③R&D 投入强度。其测量数据都可以通过查询财务报表并计算获得。

企业 R&D 投入政策可以提高技术基础设施水平，支持企业健康成长（厉无畏，2008）。R&D 投入强度与融资宽裕程度有关，家族控制上市公司二者呈显著正相关，而国有和外资控制上市公司反而呈负相关（Kim and Lee，2008）。由于信息非对称性和市场投资者对企业的先验判断，非技术型企业的 R&D 投资，往往无法获取正向价值反馈，企业 R&D 投资很可能因此而削弱（Kallunki et al.，2009）。

（2）管理能力

Delmar（1997）以及 Davidsson 和 Wiklund（2000）认为，管理能力是企业家发现和利用机会、促进企业成长的能力。Penrose（1959）认为，在企业内部战略制定上，有管理能力的企业家能够发挥权威作用，重新配置企业内部资源，从而促进企业的持续发展。本书管理能力指标主要包含管理费用率、经营费用率、高管薪酬、销售净利率和市场占有率 5 个测量指标。除了市场占有率需要调研等渠道获得，其他 4 个测量数据都可以通过查询财务报表并计算获得。

①管理费用率。其计算公式为：管理费用率=管理费用/营业收入×100%。

②经营费用率。其计算公式为：经营费用率=经营费用/营业收入×100%。

③高管薪酬。

④销售净利率。体育用品企业净利润与营业收入净额的比率，反映营业赚取利润的能力，比率越高表明通过营业获取收益的能力越强。其计算公式为：销售净利率=净利润/营业收入净额。

⑤市场占有率[①]。指企业产品所占市场份额，是企业对市场的控制能力。企业市场占有率的不断扩大，可以使企业获得一定竞争优势，很大程度上反映企业的竞争地位和盈利能力。

（3）营运能力

营运能力决定一个企业的经营管理水平，直接影响企业成长的规模和速度。营运能力对企业成长有积极正向作用（Wiklund et al.，2009），张玉明和梁益琳（2011）认为，营运能力可以通过应收账款周转率、净资产周转率、每股经营活动净现金流来说明；可以通过应收账款周转率、净资产周转率、固定资产周转率和存货周转率来说明（张玉明、梁益琳，2011）。

本书营运能力指标包含应收账款周转率、流动资产周转率、存货周转率、固定资产周转率和总资产周转率5个测量指标。其测量数据都可以通过查询企业财务报表并计算获得。

①应收账款周转率。表示体育用品企业一定时期赊销收入净额与应收账款平均余额的比率，反映应收账款变现速度和管理效率。应收账款周转率越大，收账能力越强，资金运用效能越高。其计算公式为：应收账款周转率=赊销收入净额/应收账款平均余额。

②流动资产周转率。体现体育用品企业全部流动资产的利用效率，流动资产周转率越大，资金利用效果越好，经营管理水平越高。流动资产周转率是销售收入与流动资产平均余额的比率。其计算公式为：流动资产周

① 市场占有率根据不同市场范围有多种测算方法。本书将采用市场份额测算法，指一个企业的销售量（额）在其目标市场，即它所服务的市场中所占的比重。一个企业的目标市场的范围小于或等于整个行业的服务市场，因而它的目标市场份额总是大于它在总体市场中的份额。

转率 = 销售收入/流动资产平均余额。

③存货周转率。衡量体育用品企业存货购入、投入生产、销售收回等环节的复合指标，反映企业存货利用效率，周转越快，公司成长性越好。存货周转率是营业成本与存货期末余额之比。其计算公式为：存货周转率 = 营业成本/存货期末余额。

④固定资产周转率。反映体育用品企业固定资产利用效率，固定资产周转率越高，固定资产的利用越好，管理水平越高。固定资产周转率是营业收入与平均固定资产净值之比。其计算公式为：固定资产周转率 = 营业收入/平均固定资产净值。

⑤总资产周转率。综合评价企业全部资产的经营质量和利用效率的重要指标，总资产周转率越高，说明总资产周转越快，营运能力越强。其计算公式为：总资产周转率 = 营业收入净额/平均资产总额。

（4）偿债能力

在市场经济条件下，企业一旦资不抵债，就有可能导致破产，偿债能力是企业持续经营的前提条件。牛建高（2009）通过企业成长性与资产负债率的二次函数回归分析，认为提高资产负债率可以提高企业成长性。Gaver（1993）则认为，资产负债率与成长机会负相关。一般认为，资产负债率控制在30%为宜；流动比率保持在200%较理想；速动比率100%偿还能力较好，速动比率越大，偿还能力越强（陆祖鹤，2006）。本书偿债能力指标包含资产负债率、产权比率、流动比率和速动比率4个测量指标。其测量数据都可以通过财务报表获得。

①资产负债率。资产负债率是评价体育用品企业负债水平及风险程度的重要财务指标，反映企业借贷额占总资产的比重。其计算公式为：资产负债率 = 负债总额/资产总额。

②产权比率。反映资金结构合理性，是负债总额与股东权益总额的比率。其计算公式为：产权比率 = 负债总额/股东权益总额 ×100%。

③流动比率。评价体育用品企业用于流动资产短期债务清偿能力，反映短期偿债能力。其计算公式为：流动比率 = 流动资产/流动负债。

④速动比率。评价体育用品企业流动资产中立即用于偿还流动负债的能力。其计算公式为：速动比率 = （流动资产 - 存货）/流动负债。

（5）盈利能力

本书盈利能力指标包括净资产收益率、销售毛利润率和资产报酬率3个测量指标。其测量数据都可以通过财务报表获得。

①净资产收益率。反映体育用品企业盈利能力的关键指标，是企业净利润同股东权益余额的比率，表明企业自有资金的投入产出能力。计算公式为：净资产收益率=净利润/股东权益余额。

②销售毛利润率。销售毛利润率提高，销售利润率便上升。计算公式为：销售毛利润率=（销售收入-销售成本）/销售收入。

③资产报酬率。指企业管理者营运资产获取利润的能力和效率，反映体育用品企业基本盈利能力，资产报酬率越高，投资盈利能力越强。其计算公式为：资产报酬率=（利润总额+财务费用）/资产总额。

（6）市场预期能力

本书市场预期能力指标包含市盈率、市净率、股票换手率3个测量指标。其测量数据可以通过收集分析金融债券部门、统计部门发布的相关数据并计算获得。

①市盈率。指普通股每股市价与每股收益的比率，靳昌松、刘江涛（2008）利用净资产倍率和利润增长率与市盈率之比衡量市场预期能力。市盈率越高，股价走势越高，盈利预期也越高，市盈率是企业未来成长的价值化表现。

②市净率。在市场有效率的情况下，市场价值比账面价值更能反映资产的经济价值。市净率越高，说明投资者对体育用品企业单位净资产愿意付出的价格越高，反映投资者看好股份公司发展前景（张思强等，2008）。

③股票换手率。指在一定时间内，市场股票转手买卖的频率，反映体育用品上市企业股票流通性以及投资者关注度。其计算公式为：股票换手率=某一时期内的成交量/发行总股数×100%。

4.1.3 成长环境指标

体育用品企业成长本质上体现为生态成长，是与生存环境良性互动的结果，只有内外部环境协调一致、持续创新以适应多变环境的企业，才能健康成长。本书采用科技环境支持力、融资环境支持力、社会环境支持力、经济环境支持力和环境适应力 5 个成长指标，来反映体育用品企业成长环境（吕庆华，2015）。

（1）科技环境支持力

本书科技环境支持力指标包含区域人均专利数、区域中体育用品企业比重和年技术合同数 3 个测量指标。

①区域[①]人均专利数。区域人均专利数用于检验区域整体技术开发水平，间接说明区域中体育用品企业科技能力特征。其计算公式为：区域人均专利数 = 年专利总量/人口总量。其测量数据可以从各级科技局网站和地区统计部门发布的数据中获得。

②区域中体育用品企业比重。侧面反映企业所在地体育用品企业成长环境整体状况，区域中体育用品企业比重高，说明该区域政府扶持政策力度大，融资环境宽松，硬件环境好。其计算公式为：区域中体育用品企业比重 = 区域中体育用品企业数量/区域中企业总数。其测量数据可以从地区统计部门发布的数据中获得。

③年技术合同数。技术合同是当事人就技术开发、转让、咨询或服务订立的确立彼此权利义务的合同，其标的与技术密切相关。它侧面反映企业所在地体育用品企业成长环境的科技发展状况。其测量数据可以通过企业、科技和统计部门获得。

（2）融资环境支持力

企业获取资金的方式，一是外源融资，指吸收其他经济主体的闲置资金，使之转化为自己投资的过程，分直接融资（股权融资和企业债券融资）和间接融资；二是内源融资，指企业将折旧和留存盈利等储蓄转化为投资的过程，分积累资金和沉淀资金。伴随经济的市场化、信用化和证券化，外源融资将成为企业获取资金的主要方式。

本书融资环境支持力指标包含如下 3 个测量指标：①单位体育用品企业内部融资额；②单位体育用品企业外部融资额；③单位体育用品企业融资渠道。其测量数据可以从企业财务报表中获得。

① 本书的区域均指地级市。

（3）社会环境支持力

本书社会环境支持力指标包含区域从业体育用品企业管理人员比重、区域人均教育投入和区域单位企业科学家与工程师数量 3 个测量指标。其测量数据可以从国家和地区统计部门发布的数据中获得。

①区域从业体育用品企业管理人员比重。反映环境对体育用品企业管理人员的吸引力和保留能力。其计算公式为：区域从业体育用品企业管理人员比重 = 区域内体育用品企业管理人员数量/区域内总人口 ×100%。

②区域人均教育投入。该指标反映企业所在区域的教育投入密度，说明区域内政府对人才包括体育用品企业人才培养的重视程度。其计算公式为：区域人均教育投入 = 区域内教育总投入/区域内总人口。

③区域单位企业科学家与工程师数量。该指标反映企业所在区域的科学技术人才拥有量，说明区域内政府对科技人才，包括体育用品企业科技人才的重视程度。

（4）经济环境支持力

本书经济环境支持力指标包含区域人均生产总值、区域人均工资水平和区域人均消费水平 3 个测量指标。其测量数据可以从国家和地区统计部门发布的数据中获得。

①区域人均生产总值。企业所在区域人均生产总值指标综合反映企业所在区域经济发展状况，该指标数值越大，企业发展的宏观经济条件越好。其计算公式为：区域人均生产总值 = 区域内生产总值/区域内总人口。

②区域人均工资水平。反映区域人均收入水平及其对体育用品市场需求的影响程度。其计算公式为：区域人均工资水平 = 区域内工资总量/区域内总人口。

③区域人均消费水平。区域人均消费水平直接决定消费者对体育用品的购买力及其体育用品消费比例，是体育用品企业市场潜力的较好反映。其计算公式为：区域人均消费水平 = 区域内消费总量/区域内总人口。

（5）环境适应力

环境适应力是指体育用品企业通过适应社会变化，形成良性循环以便构建优良成长环境和氛围的能力。冯德雄（2008）引入企业适应性成长的概念，以 Penrose 企业成长理论为基础，提出企业生命体需要适应性成长。许萍、刘洪（2007）认为，衡量企业适应过程存在预警期和滞后期两个变量。黄建（2006）采用合同履约率和社会贡献率两个变量，来衡量企业环境适应力。本书环境适应力指标包含经济贡献率、人均利税率、社会贡献率、合同履约率 4 个测量指标。其测量数据都可以通过财务报表等获得。

①经济贡献率。指体育用品企业所占经济资源与所获经济效益的比率，反映体育用品企业运用全部资产为社会创造价值的能力，指标越高企业经济贡献越大。其计算公式为：经济贡献率 = 体育用品企业支付的各项税款/总资产 ×100%。

②人均利税率。反映体育用品企业员工利用知识、技能所创造的价值，人均利税率越高，员工创造价值的能力越强。其计算公式为：人均利税率 = 利税总额/职工平均人数。

③社会贡献率。其计算公式为：社会贡献率 = 社会贡献总额/平均资产总额 ×100%。其中，社会贡献总额包括工资、劳保退休统筹及其他社会福利支出、利息支出净额及各种税费和净利润等。

④合同履约率。指实际交货额与合同规定货额之比，企业合同信用等级共分三等九级，合同履约率是体育用品企业反映合同履行情况的重要指标。其计算公式为：合同履约率 = 实际交货额/合同规定货额。

4.2　理论角度的合理性验证

所构建的体育用品企业评价指标体系，还必须分别从理论角度和统计角度进行合理性验证。理论角度的合理性验证，主要考察成长体系和测量指标设定的理论依据；统计角度的合理性验证，其目的在于筛选和确定成长指标和相应测量指标。本章从理论和统计两个角度，对指标体系合理性进行验证，并最终确定我国体育用品企业成长性评价指标体系。

从本章 4.1 节的论述可见，基于“RAE - G”评价理论模型构建的体育用品企业成长性评价指标体系，其绝大多数指标获得前人研究和相应理论的支持，符合理论验证的要求。理论角度合理性验证的文献来源，详见表4-2。

表4-2 体育用品企业成长性评价指标体系理论验证（文献来源）

成长因子	成长指标	测量指标	理论验证（文献来源）
成长资源（R）	无形资源	无形资产、无形资产增长率、专利数量、商誉	Barney（2001）；Lev（2001）；Askerud 和 Engelhardt（2007）；金碚（2010）；于玉林（2009）；伊作亮（2010）
	有形资源	固定资产、存货、货币资金、应收账款、资本保值增长率	阮永平（2010）；买忆媛等（2011）
	品牌资源	品牌知名度、品牌数量、品牌满意度	Kevin Lane Keller（1998）；大卫·奥格威（2000）；林仁川、黄福才（1997）
	人力资源	员工人数、员工素质、平均年龄	Romer（1990）；Tinagli（2004）；Florida（2002，2003a，2009）；周国红等（2002）；马永红等（2006）
成长能力（A）	创新能力	研发费用增长率、研发费用占销售收入比例、R&D 投入强度	佛罗里达（2006）；郝金斯（2010）；朱宁嘉（2009）；赖杉桂等（2011）；梁益琳、张玉明（2011）；周志丹（2010）；Wang 等（2008）；段升森等（2011）
	管理能力	管理费用率、经营费用率、高管薪酬、销售净利率、市场占有率	彭罗斯（2007）；Barringer 和 Jones（2004）
	营运能力	应收账款周转率、流动资产周转率、存货周转率、固定资产周转率、总资产周转率	Wiklund 等（2009）；张思强等（2008）；梁益琳、张玉明（2011）；张玉明、梁益琳（2011）
	偿债能力	资产负债率、产权比率、流动比率、速动比率	Gaver（1993）；陆祖鹤（2006）；牛建高（2009）
	盈利能力	净资产收益率、销售毛利润率、资产报酬率	Hart 和 Mcguinness（2003）；姚益龙等（2009）；张玉明、梁益琳（2011）；梁益琳、张玉明（2011）
	市场预期能力	市盈率、市净率、股票换手率	张思强等（2008）；靳昌松、刘江涛（2008）

续表

成长因子	成长指标	测量指标	理论验证（文献来源）
成长环境（E）	科技环境支持力	区域人均专利数、区域中体育用品企业比重、年技术合同数	周国红、陆立军（2002）；马永红、李泊洲（2006）；吕庆华（2015）
	融资环境支持力	单位体育用品企业内部融资额、单位体育用品企业外部融资额、单位体育用品企业融资渠道	
	社会环境支持力	区域从业体育用品企业管理人员比重、区域人均教育投入、区域单位企业科学家与工程师数量	
	经济环境支持力	区域人均工资水平、区域人均生产总值、区域人均消费水平	
	环境适应力	经济贡献率、人均利税率、合同履约率、社会贡献率	德鲁克（1990）；冯德雄（2008）；许萍、刘洪（2007）；黄建（2006）；何韧（2007）
成长性（G）	技术提升效应		Howkins（2001）；Florida（2002）；吕庆华等（2014）；向绍信（2014）
	经济效应		
	品牌效应		
	就业效应		
	产业带动效应		
	生态效应		
	满足市场需求效应		

资料来源：本书整理。

4.3　统计角度的合理性验证

首先，本节严格按照管理研究问卷开发流程，依据专家问卷设计、专家调研及结果分析、预调研、正式调研等步骤，确保收集的数据符合研究要求；其次，对正式调研所得数据进行结构方程模型验证；最后，筛选及确定体育用品企业成长性评价指标体系，为第5章评价实证研究奠定基础。

4.3.1　研究设计

（1）专家问卷设计与专家调研

为科学合理地设计体育用品企业成长性评价测量指标问卷，提高问卷的信度和效度，特别邀请15位专家参与问卷调研，所邀专家由高校和科研机构、体育用品企业等领域的相关人员组成。邀请专家选择其认为最重要的测量指标，并对问卷中测量指标的设置提出相应的意见和建议。根据“RAE－G”评价理论模型，设置体育用品企业成长性评价指标专家调研问卷，共含3个成长因子、15个成长指标和61个测量指标，其中，成长资源（R）测量指标15个，成长能力（A）测量指标23个，成长环境（E）测量指标16个，成长性（G）测量指标7个（见表4－3）。

表4－3　体育用品企业成长性测量指标专家调研问卷

		编　号	测量指标
成长资源（R）	无形资源	R1	无形资产
		R2	无形资产增长率
		R3	专利数量
		R4	商誉
	有形资源	R5	固定资产
		R6	存货
		R7	货币资金
		R8	应收账款
		R9	资本保值增长率
	品牌资源	R10	品牌知名度
		R11	品牌数量
		R12	品牌满意度
	人力资源	R13	员工人数
		R14	员工素质
		R15	平均年龄

续表

		编　　号	测量指标
成长能力（A）	创新能力	A1	研发费用增长率
		A2	研发费用占销售收入比例
		A3	R&D 投入强度
	管理能力	A4	管理费用率
		A5	经营费用率
		A6	高管薪酬
		A7	销售净利率
		A8	市场占有率
	营运能力	A9	应收账款周转率
		A10	流动资产周转率
		A11	存货周转率
		A12	固定资产周转率
		A13	总资产周转率
	偿债能力	A14	资产负债率
		A15	产权比率
		A16	流动比率
		A17	速动比率
	盈利能力	A18	净资产收益率
		A19	销售毛利润率
		A20	资产报酬率
	市场预期能力	A21	市盈率
		A22	市净率
		A23	股票换手率
成长环境（E）	科技环境支持力	E1	区域人均专利数
		E2	区域中体育用品企业比重
		E3	年技术合同数
	融资环境支持力	E4	单位体育用品企业内部融资额
		E5	单位体育用品企业外部融资额
		E6	单位体育用品企业融资渠道
	社会环境支持力	E7	区域从业体育用品企业管理人员比重
		E8	区域人均教育投入
		E9	区域单位企业科学家与工程师数量

续表

		编　号	测量指标
成长环境（E）	经济环境支持力	E10	区域人均工资水平
		E11	区域人均生产总值
		E12	区域人均消费水平
	环境适应力	E13	经济贡献率
		E14	人均利税率
		E15	合同履约率
		E16	社会贡献率
成长性（G）		G1	技术提升效应
		G2	经济效应
		G3	品牌效应
		G4	就业效应
		G5	产业带动效应
		G6	生态效应
		G7	满足市场需求效应

资料来源：本书整理。

专家每勾选一个测量指标，该测量指标计 1 分，统计结果如表 4－4 所示。由表 4－4 可知，测量指标 R1“无形资产”、A7“销售净利率”、A14“资产负债率”和 A20“资产报酬率”得分最多，均为 14 分；测量指标 R9“资本保值增长率”、测量指标 A6“高管薪酬”、A13“总资产周转率”、G1“技术提升效应”和 G6“生态效应”得分最少，分别为 1 分、3 分、3 分、3 分、3 分，均低于 4 分。另外，多位专家提出，体育用品企业成长性应增加“可持续发展效应”测量指标，编号设定为 G8。根据专家问卷的调研结果，对专家问卷进行修改，删除得分低于 4 分的 R9“资本保值增长率”、A6“高管薪酬”、A13“总资产周转率”、G1“技术提升效应”和 G6“生态效应”5 个测量指标；增加 G8“可持续发展效应”测量指标。

经调整修改，形成体育用品企业成长性测量指标预调研问卷和正式调研问卷的核心内容。预调研问卷包含 57 个测量指标，其中，成长资源（R）测量指标 14 个，成长能力（A）测量指标 21 个，成长环境（E）测量指标 16 个，成长性（G）测量指标 6 个（见表 4－5）。

表4-4　体育用品企业成长性测量指标得分

编　　号	得　　分	编　　号	得　　分	编　　号	得　　分
R1	14	A7	14	E5	9
R2	8	A8	11	E6	8
R3	9	A9	8	E7	8
R4	7	A10	10	E8	7
R5	12	A11	9	E9	9
R6	9	A12	11	E10	8
R7	8	A13	3	E11	7
R8	7	A14	14	E12	9
R9	1	A15	11	E13	10
R10	12	A16	9	E14	8
R11	8	A17	8	E15	7
R12	13	A18	10	E16	8
R13	9	A19	8	G1	3
R14	10	A20	14	G2	13
R15	7	A21	9	G3	9
A1	9	A22	8	G4	8
A2	8	A23	7	G5	6
A3	10	E1	9	G6	3
A4	10	E2	8	G7	7
A5	11	E3	9		
A6	3	E4	10		

资料来源：本书整理。

表4-5　体育用品企业成长性测量指标预调研问卷

		编　　号	测量指标
成长资源（R）	无形资源	R1	无形资产
		R2	无形资产增长率
		R3	专利数量
		R4	商誉
	有形资源	R5	固定资产
		R6	存货
		R7	货币资金
		R8	应收账款

续表

		编　号	测量指标
成长资源（R）	品牌资源	R10	品牌知名度
		R11	品牌数量
		R12	品牌满意度
	人力资源	R13	员工人数
		R14	员工素质
		R15	平均年龄
成长能力（A）	创新能力	A1	研发费用增长率
		A2	研发费用占销售收入比例
		A3	R&D 投入强度
	管理能力	A4	管理费用率
		A5	经营费用率
		A7	销售净利率
		A8	市场占有率
	营运能力	A9	应收账款周转率
		A10	流动资产周转率
		A11	存货周转率
		A12	固定资产周转率
	偿债能力	A14	资产负债率
		A15	产权比率
		A16	流动比率
		A17	速动比率
	盈利能力	A18	净资产收益率
		A19	销售毛利润率
		A20	资产报酬率
	市场预期能力	A21	市盈率
		A22	市净率
		A23	股票换手率
成长环境（E）	科技环境支持力	E1	区域人均专利数
		E2	区域中体育用品企业比重
		E3	年技术合同数

续表

		编　号	测量指标
成长环境（E）	融资环境支持力	E4	单位体育用品企业内部融资额
		E5	单位体育用品企业外部融资额
		E6	单位体育用品企业融资渠道
	社会环境支持力	E7	区域从业体育用品企业管理人员比重
		E8	区域人均教育投入
		E9	区域单位企业科学家与工程师数量
	经济环境支持力	E10	区域人均工资水平
		E11	区域人均生产总值
		E12	区域人均消费水平
	环境适应力	E13	经济贡献率
		E14	人均利税率
		E15	合同履约率
		E16	社会贡献率
成长性（G）		G2	经济效应
		G3	品牌效应
		G4	就业效应
		G5	产业带动效应
		G7	满足市场需求效应
		G8	可持续发展效应

（2）预调研问卷设计

社会调查中，为获取研究数据，需要对问卷进行量化设计。本书设计的调查问卷采用李克特（Likert）量表进行测量。李克特量表是由Likert于1932年提出的态度测量方式，李克特量表已经成为社会调查的常用测量工具。使用李克特量表调研时，研究者需预先设置问题，让受调查者可以从主观或客观角度回答问题，表示出其偏好程度。在实践中，五点量表常被采用，原因是五点量表能够表示温和意见与强烈意见之间的区别。因此，在预调研与正式调研问卷设计中，本书都采用李克特五点量表。五点量表的五级打分法中，1代表“非常不重要”，2代表“比较不重要”，3代表“一般”，4代表“比较重要”，5代表“非常重要”。

（3）预调研

①预调研问卷的信度分析。在进行预调研之前，征求了五位专家对调查量表文字描述、格式的意见。随后，历时半个多月，分别走访泉州、厦门、漳州等地体育用品企业的管理者，以及研究体育用品企业成长性的专家，当场发放预调研问卷，回收有效问卷共65份。对预调研获取的数据进行信度（reliability）和效度（validity）分析，是检验量表设计是否合理的必要步骤。正式调研前，对量表展开信度和效度检验，能够确保体育用品企业成长性研究的准确性。

信度是指测验或量表工具所测得结果的稳定性（stability）及一致性（consistency），量表的信度越大，表示其测量标准误差越小。内部一致性信度分析是信度分析常用的方法，可用内部一致性系数反映。Cronbach's α系数、折半信度和复本信度系数常被用于内部一致性信度检验，其中，Cronbach's α系数最受青睐。Cronbach's α系数常用来估计每个因子所属各变量间的系统变异，Cronbach's α系数越大表示该组变量之间的系统性越强。Cronbach's α系数的优点在于可以处理多重计分的测量，而且该系数是各种可能折半法所得系数的平均值。

对于Cronbach's α取值为多少才能反映测试是可信的，学者们看法各异。DeVellis（1991）与Nunnally（1978）认为，0.7是可接受的最小信度值。方敏（2009）指出虽然没有信度评判的准则，但多数学者采用一个判断标准，即信度系数在0.9以上是优秀，超过0.8是非常好，0.7以上则是适中，0.5为临界值，低于0.5表示至少有一半的观察变异来自随机误差，它的信度不应接受。依据以上研究结果，综合考虑本书实际，本书采用测量指标的内部一致性信度分析法，并将信度的最小接受标准确定为0.60，对预调研所得数据进行Cronbach's α检验，结果见表4－6。

从表4－6可知，预调研问卷各因素的Cronbach's α值均大于0.70，符合多数学者提出的“适中”接受标准，信度检验获得通过，说明问卷设计的各变量，能够反映影响体育用品企业成长性的构念。总量表Cronbach's α值为0.958，显示此量表具有很高的信度，而且总量表的Cronbach's α值高于所有变量，验证了吴明隆（2000）提出的“题项越多，对应的Cronbach's α值越大”的观点。

表 4-6　体育用品企业成长性研究的 Cronbach's α 值

序　号	项　　目	Cronbach's α	参考标准
1	总量表可靠性	0.958	
2	无形资源	0.756	
3	有形资源	0.770	
4	品牌资源	0.796	
5	人力资源	0.763	
6	创新能力	0.828	
7	管理能力	0.914	
8	营运能力	0.869	
9	偿债能力	0.701	≥0.6
10	盈利能力	0.821	
11	市场预期能力	0.876	
12	科技环境支持力	0.866	
13	融资环境支持力	0.824	
14	社会环境支持力	0.798	
15	经济环境支持力	0.805	
16	环境适应力	0.831	
17	体育用品企业成长性	0.891	

资料来源：本书整理。

②预调研问卷的效度分析。效度即有效性，它是指测量工具或手段能够准确测出所需测量的事物的程度。测量的结果与所要研究的内容越吻合，表示效度越高，反之，则效度越低。效度分为内容效度、效标关联效度和建构效度三类，其中建构效度是经济管理科学研究的重要效度指标。建构效度的检验通常包括理论建构、测量工具的编制、实测合适的受试者和实证方法检验四个步骤（吴明隆，2010），其检验流程与经济管理科学的实证研究步骤相吻合，故在经济管理科学研究中被广泛应用。统计学上，因子分析是检验建构效度的最常用方法，常用的判定指标有两个，即 KMO 值和 Bartlett's 球形检验卡方值。本书采用 SPSS 18.0 对量表及整体数据进行 KMO 值检验和 Bartlett's 球形检验，分析量表的效度，结果见表 4-7。

表 4 - 7　预调研 KMO 和 Bartlett's 球形检验结果

取样足够度的 Kaiser - Meyer - Olkin 度量		0.713
Bartlett's 球形检验	近似卡方	3867.836
	df	1596
	Sig.	0.000

Kaiser（1974）认为，KMO 的度量标准以 0.7 为界，0.7 表示合适，0.8 表示很适合，0.9 以上表示非常适合。从表 4 - 7 中可知，KMO 检验统计量大于 0.7，表示适合。同时，所有分项的 Bartlett's 球形检验显著性水平均为 0.000，因此，拒绝 Bartlett's 球形检验零假设①。由此，可以认为本书建构的模型及预调研所得的数据效度良好。

（4）正式调研

在预调研问卷的基础上，补充被调查者的职务、学历、年销售收入、单位所在地等基本信息，最终形成包含 57 个测量指标的正式调查问卷。

①被调研对象的选择。蓝志勇和范柏乃（2008）认为，研究取样是指从一个总体中抽取部分具有代表性的个体作为研究样本，这项工作技术性很强，对获得可靠和准确的数据信息很重要。因此，调研对象对问题的准确理解更是决定研究结果的一个重要因素。李怀祖（2004）指出调研对象的选择至关重要，研究者应采用合理的抽样技术选择调查对象，并预判受访者的态度，有些受访者虽然有意向提供相关信息，但认为该研究意义不大或未对该研究产生兴趣，不愿作答。

②问卷发放和研究工具。正式调研问卷做好后，主要采用电子邮件发放和到体育用品企业现场发放纸质问卷两种发放方式，以及通过电子邮件回收、现场回收和被调研对象将填好的问卷扫描回来三种问卷回收方式。本次调研共回收 367 份问卷，其中无效问卷 39 份，有效问卷 328 份，有

① Bartlett's 球形检验以相关系数矩阵为基础，其零假设相关系数矩阵是一个单位阵，即相关系数矩阵对角线的所有元素均为 1，所有非对角线上的元素均为零。Bartlett's 球形检验的统计量根据相关系数矩阵的行列式得到。如果该值较大，且其对应的相伴概率值小于指定的显著性水平，拒绝零假设，表明相关系数矩阵不是单位阵，原有变量之间存在相关性，适合进行主成分分析；反之，零假设成立，原有变量之间不存在相关性，数据不适合进行主成分分析。

效率为89.4%。

本书采用结构方程模型作为主要研究工具，SPSS作为辅助研究工具。与SPSS相比，结构方程模型对样本数量的要求更高。对于结构方程模型最低样本量的要求，尚未形成统一意见。学者普遍认为，应用结构方程模型时，随着样本容量的增大，协方差的准确性提高，参数估计的准确性也随之提高，从而使得到的结果更加可靠。MacCallum等（1996）认为样本的容量要求与自由度df（degree of freedom）紧密相关，自由度的大小由模型复杂程度决定，模型越复杂，自由度越大，复杂模型仅需较少的样本量就能达到与简单模型一样的统计显著性水平。史江涛和杨金凤（2006）研究指出，应尽量避免对小于200的样本量做结构方程模型分析，因为得到的结果不稳定，也缺乏准确性。本书收集的有效问卷为328份，超过200份，又因本书模型较为复杂，较易达到统计显著性水平。综上，本书收集的样本数适合进行结构方程模型分析。

（5）结构方程模型介绍

结构方程模型（SEM）方法是瑞典统计学家Karl G. Joreskog于20世纪70年代中期提出的。进入20世纪80年代，SEM方法发展迅速，成为多元数据分析的重要工具。SEM可称为协方差结构分析或因果建模，以上两个名称是基于SEM的数据结构和功能等属性而命名的。SEM是评价理论模式与数据一致性的分析程序，在社会科学以及经济管理等研究领域得到广泛应用。

Hoyle（1995）认为结构方程模型并非单纯意义上的统计方法，SEM是一个体系，拥有用于分析共变结构的技术，它有效融合研究方法和不同统计技术，是集方法和技术于一身的综合体。邱皓政和林碧芳（2009）归纳结构方程模型的基本特质如下：①SEM具有理论验证功能，是用于验证模型适切性的一种统计分析技术；②SEM适用于大样本的分析；③SEM以协方差的运用为核心；④SEM可以整合处理“测量”与“分析”问题；⑤SEM包含许多不同的统计技术；⑥SEM重视多重统计指标的运用。

应用结构方程模型时，可以按以下四个主要步骤进行分析。

①模型构建。根据理论基础及以往研究成果设计理论模型，构建观测变量与潜变量之间的关系及各潜变量之间的关系。

②模型拟合。即求模型的解，该步骤由模型参数估计实现，最大似然法和广义最小二乘法是最常用的参数估计方法。

③模型评价。通过拟合指数检视模型的拟合优度，即模型与数据之间的适配程度。在现有文献中，已经出现40多种拟合指数，国内外学者常用卡方值（χ^2）、卡方自由度比（χ^2/df）、近似误差均方根（RMSEA）、非规范拟合指数（NNFI）、比较拟合指数（CFI）和标准化残差均方根（SRMR）6种指数作为模型评价的依据（侯杰泰等，2004）。

χ^2和χ^2/df早期常被作为模型拟合优度的判断标准。不过χ^2显著地受到样本容量的影响，χ^2敏感地拒绝参数较少的误设模型，而对于参数过多的误设模型，则难以反映模型存在的问题，倾向于接纳比较复杂的模型。χ^2/df能调节误设模型的复杂程度，在参数不太多的情况下，表现较为突出，曾有研究建议，当χ^2/df在2.0～5.0时，可以接受模型，但χ^2/df对单个模型的评价意义不大，因为它同样容易受到样本容量的影响。较于χ^2，研究者更倾向于报告χ^2/df，特别是在对模型进行比较的情况下。χ^2和χ^2/df两种指数都存在较为明显的不足，虽然仍是判断模型拟合优度的参考依据，但已逐渐被表现更好的RMSEA、NNFI、CFI、SRMR等拟合指数取代，对以上6种拟合指数的判定标准进行整理，得到表4－8。

表4－8　各种常用拟合指数比较

拟合指数	判定标准	数据非正态时能否很好估计	处理不同大小样本是否稳定	评估模型的简约性	说　明
χ^2	P>0.05	否	否	否	多组模型比较时特别有用
χ^2/df	一般要求介于1～2	否	否	否	多组模型比较时特别有用
RMSEA	<0.08 <0.05	不清楚	否	是	测量模型的绝对拟合，对参数多的模型加以惩罚
NNFI	>0.90 >0.95	一般低估	不清楚	否	最大似然法估计时较好，最小二乘法估计时较差，可以比较嵌套模型

续表

拟合指数	判定标准	数据非正态时能否很好估计	处理不同大小样本是否稳定	评估模型的简约性	说　明
CFI	>0.90	一般低估	不清楚	否	最大似然法估计时较好，最小二乘法估计时较差，可以比较嵌套模型
SRMR	<0.08	—	—	否	了解残差特性，对误设模型敏感

资料来源：参照易丹辉（2008）整理。

④模型修正。拟合不理想的模型需要进行修正，修正的依据是结构方程模型生成的修正指数，对模型进行修正时还需要考虑相关的理论基础。

总之，结构方程模型得到越来越多研究者的青睐，本书的假设思路与结构方程模型分析逻辑相符，因此选择 SEM 作为本书的分析工具。

4.3.2　样本数据分析

（1）描述性统计分析

①样本数据职务分布。本书所收集的样本数据职务分布情况为：基层（54.3%）、中层（37.8%）、高层（7.9%）（见表 4－9）。

表 4－9　样本数据职务分布

单位：人，%

		频数	占比	有效占比	累计占比
有效	基层	178	54.3	54.3	54.3
	中层	124	37.8	37.8	92.1
	高层	26	7.9	7.9	100.0
	合计	328	100.0	100.0	

资料来源：本书整理。

②样本数据学历分布。本书样本数据学历分布如下：大专以下（1.2%）、大专（26.5%）、本科（56.7%）、硕士及以上（15.5%）（见表 4－10）。

表 4-10 样本数据学历分布

单位：人，%

		频数	占比	有效占比	累计占比
有效	大专以下	4	1.2	1.2	1.2
	大专	87	26.5	26.5	27.7
	本科	186	56.7	56.7	84.4
	硕士及以上	51	15.5	15.5	100.0
	合计	328	100.0	100.0	

资料来源：本书整理。

③样本数据企业所在地分布。本书所调研的样本数据企业所在地分布情况为：福建（49.7%）、上海（8.2%）、广东（10.7%）、浙江（8.5%）、北京（7.9%）、天津（5.5%）、江苏（9.5%）（见表4-11）。

表 4-11 样本数据企业所在地分布

单位：人，%

		频数	占比	有效占比	累计占比
有效	福建	163	49.7	49.7	49.7
	上海	27	8.2	8.2	57.9
	广东	35	10.7	10.7	68.6
	浙江	28	8.5	8.5	77.1
	北京	26	7.9	7.9	85.0
	天津	18	5.5	5.5	90.5
	江苏	31	9.5	9.5	100.0
	合计	328	100.0	100.0	

资料来源：本书整理。

（2）缺失值检验

数据缺失难以避免，存在一定规律（或称数据缺失机制），一般分为非随机缺失、随机缺失和完全随机缺失三种类型。

完全随机缺失与变量自身及其他变量取值没有关系。Little's MCAR 检验就可证明 MCAR 假设成立与否，可以直接删除数据。

随机缺失与数据和其变量自身及其他变量取值有关，缺失值将导致数据损失和分析结论偏差，不可随意删除，应通过回归等算法估计缺失数据。本书用 SPSS 18.0 对样本数据进行缺失值分析，结果见表 4-12。

表 4－12　样本数据单变量统计

变量	N	均值	标准差	缺失		极值数目[a]	
				计数	占比（%）	低	高
R1	328	3.66	1.062	0	0	12	0
R2	327	3.59	1.131	1	0.3	19	0
R3	326	3.63	1.008	2	0.6	11	0
R4	326	4.08	1.020	2	0.6	23	0
R5	327	4.28	0.975	1	0.3	23	0
R6	327	3.65	1.001	1	0.3	12	0
R7	326	3.41	0.993	2	0.6	13	0
R8	326	3.12	0.979	2	0.6	19	0
R10	327	3.53	0.977	1	0.3	7	0
R11	327	3.31	1.009	1	0.3	17	0
R12	327	3.81	1.065	1	0.3	0	0
R13	328	3.43	0.984	0	0	13	0
R14	327	3.73	1.058	1	0.3	0	0
R15	327	3.76	1.043	1	0.3	0	0
A1	328	3.95	1.050	0	0	0	0
A2	328	3.86	1.073	0	0	0	0
A3	326	4.00	0.964	2	0.6	0	0
A4	327	3.70	0.997	1	0.3	9	0
A5	327	3.64	0.951	1	0.3	7	0
A7	327	3.52	0.943	1	0.3	6	0
A8	328	3.60	1.009	0	0	10	0
A9	325	3.89	1.014	3	0.9	0	0
A10	327	3.67	0.982	1	0.3	7	0
A11	328	3.77	0.916	0	0	4	0
A12	327	3.91	0.998	1	0.3	0	0
A14	327	3.58	0.946	1	0.3	8	0
A15	327	3.58	0.987	1	0.3	5	0
A16	328	3.93	1.028	0	0	0	0
A17	328	3.91	0.997	0	0	0	0
A18	327	3.75	1.001	1	0.3	0	0
A19	327	4.08	0.992	1	0.3	22	0

续表

变量	N	均值	标准差	缺失		极值数目[a]	
				计数	占比（%）	低	高
A20	328	3.64	0.979	0	0	10	0
A21	324	3.80	0.966	4	1.2	0	0
A22	324	3.74	0.931	4	1.2	5	0
A23	328	3.80	0.962	0	0	6	0
E1	326	3.85	0.945	2	0.6	0	0
E2	327	3.98	0.922	1	0.3	21	0
E3	327	4.05	0.968	1	0.3	27	0
E4	327	3.89	0.935	1	0.3	0	0
E5	326	3.79	0.960	2	0.6	7	0
E6	328	3.76	0.985	0	0	8	0
E7	325	3.90	0.958	3	0.9	0	0
E8	328	3.98	0.970	0	0	29	0
E9	326	3.61	0.883	2	0.6	2	0
E10	327	3.56	0.954	1	0.3	9	0
E11	326	3.74	0.968	2	0.6	8	0
E12	327	3.88	1.032	1	0.3	0	0
E13	328	3.92	0.969	0	0	0	0
E14	328	3.91	0.931	0	0	0	0
E15	326	3.62	0.943	2	0.6	6	0
E16	328	3.77	0.951	0	0	8	0
G2	326	4.02	0.997	2	0.6	0	0
G3	328	4.03	0.925	0	0	22	0
G4	327	3.74	0.951	1	0.3	8	0
G5	327	3.92	0.922	1	0.3	0	0
G7	328	3.73	0.929	0	0	4	0
G8	328	3.62	0.934	0	0	6	0

注：a. 超出范围（Q1 - 1.5 × IQR，Q3 + 1.5 × IQR）的案例数。

资料来源：本书整理。

表4-12按（Q1 - 1.5 × IQR，Q3 + 1.5 × IQR）给出极值，Little's MCAR检验显示，$\chi^2 = 1740.062$，df = 2000，P = 0.005，说明数据属于完

全随机缺失，为了样本量的保全，本书用 Lisrel 8.70 中的 EM 估计值法来填充缺失值。

（3）正态性检验

极大似然法在结构方程模型分析中常用于参数估计，极大似然法进行参数估计必须满足四个条件：变量服从多元正态分布、用协方差矩阵做分析、样本量足够大以及模型为真（样本源于该模型的总体）。本书采用极大似然法估计参数，因此需要检验数据的正态性。数据的非正态程度，可以用偏度和峰度反映，偏度表示数据的非对称性，峰度表示数据平坦或尖峰分布情况。Lisrel 8.70 中 Prelis 正态性检验，结果见表 4 - 13。

表 4 - 13　样本数据各变量正态性检验

变量	偏度		峰度		偏度和峰度	
	Z	P	Z	P	Chi - Square	P
R1	-3.758	0.000	-1.108	0.268	15.351	0.000
R2	-4.085	0.000	-1.476	0.140	18.865	0.000
R3	-3.689	0.000	-0.129	0.897	13.623	0.001
R4	-7.247	0.000	3.078	0.002	61.996	0.000
R5	-8.593	0.000	4.276	0.000	92.123	0.000
R6	-4.214	0.000	0.536	0.592	18.042	0.000
R7	-2.161	0.031	-0.537	0.591	4.957	0.084
R8	-0.641	0.522	-0.583	0.560	0.751	0.687
R10	-2.171	0.030	-1.644	0.100	7.416	0.025
R11	-2.040	0.041	-0.650	0.516	4.583	0.101
R12	-5.256	0.000	0.549	0.583	27.931	0.000
R13	-2.727	0.006	-0.246	0.805	7.499	0.024
R14	-4.796	0.000	0.338	0.735	23.120	0.000
R15	-4.567	0.000	-0.285	0.776	20.941	0.000
A1	-5.882	0.000	0.792	0.428	35.225	0.000
A2	-5.048	0.000	-0.387	0.699	25.629	0.000
A3	-5.326	0.000	0.648	0.517	28.787	0.000
A4	-4.394	0.000	0.174	0.862	19.340	0.000
A5	-2.426	0.015	-0.467	0.641	6.102	0.047
A7	-1.805	0.071	-1.218	0.223	4.741	0.093

续表

变量	偏度		峰度		偏度和峰度	
	Z	P	Z	P	Chi - Square	P
A8	-3.292	0.001	-0.786	0.432	11.457	0.003
A9	-5.697	0.000	1.201	0.230	33.898	0.000
A10	-3.019	0.003	-0.945	0.345	10.007	0.007
A11	-3.316	0.001	-0.313	0.754	11.092	0.004
A12	-5.769	0.000	1.578	0.114	35.776	0.000
A14	-3.003	0.003	0.033	0.974	9.020	0.011
A15	-1.987	0.047	-2.755	0.006	11.536	0.003
A16	-5.423	0.000	0.489	0.625	29.650	0.000
A17	-5.866	0.000	1.848	0.065	37.825	0.000
A18	-4.122	0.000	0.326	0.744	17.096	0.000
A19	-7.051	0.000	2.921	0.003	58.247	0.000
A20	-3.792	0.000	0.349	0.727	14.499	0.001
A21	-4.471	0.000	0.909	0.363	20.819	0.000
A22	-3.755	0.000	0.135	0.892	14.116	0.001
A23	-4.595	0.000	0.415	0.678	21.283	0.000
E1	-4.458	0.000	1.008	0.313	20.889	0.000
E2	-5.864	0.000	2.289	0.022	39.632	0.000
E3	-7.589	0.000	3.763	0.000	71.757	0.000
E4	-4.285	0.000	-0.331	0.741	18.471	0.000
E5	-4.854	0.000	0.966	0.334	24.489	0.000
E6	-4.134	0.000	0.134	0.893	17.106	0.000
E7	-4.233	0.000	-0.104	0.917	17.926	0.000
E8	-6.264	0.000	2.103	0.035	43.665	0.000
E9	-1.347	0.178	-1.912	0.056	5.470	0.065
E10	-2.856	0.004	0.027	0.978	8.156	0.017
E11	-4.379	0.000	0.661	0.509	19.615	0.000
E12	-4.693	0.000	-0.621	0.534	22.410	0.000
E13	-5.523	0.000	1.445	0.149	32.591	0.000
E14	-4.516	0.000	0.307	0.759	20.488	0.000
E15	-2.788	0.005	-0.590	0.556	8.121	0.017
E16	-4.722	0.000	1.229	0.219	23.809	0.000

续表

变量	偏度		峰度		偏度和峰度	
	Z	P	Z	P	Chi - Square	P
G2	-6.011	0.000	1.358	0.175	37.975	0.000
G3	-6.700	0.000	3.150	0.002	54.809	0.000
G4	-4.162	0.000	0.856	0.392	18.054	0.000
G5	-5.957	0.000	2.762	0.006	43.117	0.000
G7	-3.177	0.001	-0.718	0.472	10.612	0.005
G8	-2.622	0.009	-0.441	0.659	7.072	0.029

资料来源：本书整理。

从表 4 - 13 中数据可知，样本数据的正态性一般，除了 R7、R8、R11、A7、E9，其他指标的偏度和峰度都达到 95% 的显著性（$P < 0.05$），因此需要对非正态分布的指标进行正态化（侯杰泰等，2008）。采用 Lisrel 8.70 中的 Prelis，先对样本数据进行正态性转换，再对正态化后的数据进行正态性检验，检验结果见表 4 - 14。

表 4 - 14　样本数据正态化后各变量正态性检验

变量	偏度		峰度		偏度和峰度	
	Z	P	Z	P	Chi - Square	P
R1	-1.724	0.085	-2.971	0.003	11.801	0.003
R2	-1.573	0.116	-3.396	0.001	14.007	0.001
R3	-1.355	0.175	-2.062	0.039	6.088	0.048
R4	-3.576	0.000	-3.736	0.000	26.739	0.000
R5	-5.112	0.000	-2.290	0.022	31.379	0.000
R6	-1.371	0.170	-1.933	0.053	5.617	0.060
R7	-0.700	0.484	-1.382	0.167	2.399	0.301
R8	-0.163	0.871	-0.807	0.420	0.678	0.713
R10	-1.011	0.312	-1.671	0.095	3.814	0.149
R11	-0.516	0.606	-1.309	0.191	1.979	0.372
R12	-2.289	0.022	-3.373	0.001	16.620	0.000
R13	-0.770	0.441	-1.283	0.200	2.239	0.327
R14	-1.850	0.064	-2.964	0.003	12.211	0.002

续表

变量	偏度		峰度		偏度和峰度	
	Z	P	Z	P	Chi - Square	P
R15	-2.053	0.040	-2.897	0.004	12.609	0.002
A1	-3.095	0.002	-3.520	0.000	21.971	0.000
A2	-2.688	0.007	-3.665	0.000	20.658	0.000
A3	-2.973	0.003	-3.125	0.002	18.607	0.000
A4	-1.630	0.103	-1.912	0.056	6.313	0.043
A5	-1.149	0.251	-1.875	0.061	4.834	0.089
A7	-0.853	0.394	-1.320	0.187	2.470	0.291
A8	-1.308	0.191	-2.031	0.042	5.835	0.054
A9	-2.559	0.010	-2.902	0.004	14.971	0.001
A10	-1.456	0.145	-2.179	0.029	6.867	0.032
A11	-1.564	0.118	-1.838	0.066	5.823	0.054
A12	-2.492	0.013	-2.754	0.006	13.798	0.001
A14	-1.056	0.291	-1.322	0.186	2.864	0.239
A15	-1.167	0.243	-2.160	0.031	6.026	0.049
A16	-2.879	0.004	-3.398	0.001	19.839	0.000
A17	-2.460	0.014	-2.855	0.004	14.204	0.001
A18	-1.757	0.079	-2.725	0.006	10.513	0.005
A19	-3.507	0.000	-3.423	0.001	24.018	0.000
A20	-1.319	0.187	-1.805	0.071	4.998	0.082
A21	-1.823	0.068	-2.312	0.021	8.670	0.013
A22	-1.535	0.125	-1.573	0.116	4.831	0.089
A23	-1.881	0.060	-1.931	0.053	7.269	0.026
E1	-1.921	0.055	-2.445	0.014	9.668	0.008
E2	-2.572	0.010	-2.341	0.019	12.096	0.002
E3	-2.858	0.004	-2.235	0.025	13.164	0.001
E4	-2.167	0.030	-2.413	0.016	10.520	0.005
E5	-1.828	0.068	-1.724	0.085	6.312	0.043
E6	-1.809	0.070	-2.419	0.016	9.123	0.010
E7	-2.344	0.019	-2.955	0.003	14.225	0.001
E8	-2.743	0.006	-2.473	0.013	13.638	0.001
E9	-0.824	0.410	-1.393	0.164	2.618	0.270

续表

变量	偏度		峰度		偏度和峰度	
	Z	P	Z	P	Chi - Square	P
E10	-0.977	0.329	-1.357	0.175	2.796	0.247
E11	-1.650	0.099	-1.856	0.063	6.167	0.046
E12	-2.650	0.008	-3.411	0.001	18.658	0.000
E13	-2.442	0.015	-2.508	0.012	12.253	0.002
E14	-2.310	0.021	-2.517	0.012	11.674	0.003
E15	-1.157	0.247	-1.471	0.141	3.502	0.174
E16	-1.696	0.090	-1.729	0.084	5.866	0.053
G2	-3.205	0.001	-3.246	0.001	20.809	0.000
G3	-2.746	0.006	-2.178	0.029	12.286	0.002
G4	-1.543	0.123	-1.858	0.063	5.831	0.054
G5	-2.162	0.031	-1.986	0.047	8.620	0.013
G7	-1.499	0.134	-1.827	0.068	5.584	0.061
G8	-1.118	0.264	-1.483	0.138	3.447	0.178

资料来源：本书整理。

从表4-14可知，正态性转换之后数据的正态性有了极大的改善，虽然部分数据的正态性依然不好，但就整体而言，转化后数据的正态性基本符合结构方程要求。

（4）多重共线性检验

多重共线性是指线性回归模型中的解释变量之间存在精确相关关系或高度相关关系而使模型估计失真或难以估计准确。一般来说，经济数据的限制使得模型设计不当，导致设计矩阵中解释变量间存在普遍的相关关系。本书采用自变量的相关系数矩阵R诊断法和方差膨胀因子（Variance Inflation Factor，VIF）诊断法检验自变量间是否存在多重共线性。

本书所有自变量相关系数的绝对值，都处于0.034~0.519，不存在严重共线性问题；方差膨胀因子的VIF值越低越好，一般不超过5，本书所有变量的VIF值都处于1.362~2.589，数据不存在严重多重共线性问题。

（5）信效度检验

第一，信度检验。用SPSS 18.0对正式调研所获得的328份问卷测量指标进行信度分析，分析结果如表 4 - 15 所示。

表 4 - 15　体育用品企业成长性评价指标调查问卷的 Cronbach's α 值

序　号	名　　称	Cronbach's α	参考标准
1	总量表	0. 957	≥0. 6
2	无形资源	0. 781	
3	有形资源	0. 753	
4	品牌资源	0. 785	
5	人力资源	0. 805	
6	创新能力	0. 878	
7	管理能力	0. 823	
8	营运能力	0. 842	
9	偿债能力	0. 827	
10	盈利能力	0. 821	
11	市场预期能力	0. 835	
12	科技环境支持力	0. 809	
13	融资环境支持力	0. 854	
14	社会环境支持力	0. 794	
15	经济环境支持力	0. 814	
16	环境适应力	0. 852	
17	体育用品企业成长性	0. 820	

资料来源：本书整理。

由表 4 - 15 可知，各量表 Cronbach's α 值都超过 0. 7，符合 Cronbach's α 值最小为 0. 6 的标准。信度分析结果说明，问卷各个子量表具有良好的内部一致性，本书量表设计符合信度要求。

第二，效度检验。用 SPSS 18. 0 对量表及整体数据进行效度分析，结果见表 4 - 16。

表 4 - 16　正式调研 KMO 和 Bartlett's 球形检验结果

取样足够度的 Kaiser - Meyer - Olkin 度量		0. 957
Bartlett's 球形检验	近似卡方	14343. 099
	df	1596
	Sig.	0. 000

从表 4 – 16 中可知，KMO 检验统计量大于 0.9，表示非常适合；所有测量指标的 Bartlett's 球形检验显著水平均为 0.000，拒绝 Bartlett's 球形检验零假设。可见本书建构的模型及调研所得的数据效度良好。综上所述，此次调研问卷的信度和效度良好，可以接受。

4.3.3　成长资源指标合理性验证

（1）成长资源的验证性因子分析

成长资源包含无形资源、有形资源、品牌资源和人力资源四个成长指标。就成长资源下四个成长指标之间的相关性做验证性因子分析，模型的拟合结果见表 4 – 17，模型标准化路径系数如图 4 – 1 所示。

表 4 – 17　成长资源验证性因子分析模型拟合结果

χ^2	df	χ^2/df	RMSEA	NNFI	CFI	SRMR
245.29	71	3.45	0.0866	0.969	0.976	0.0576

资料来源：本书整理。

由表 4 – 17 可知，成长资源验证性因子分析模型的 RMSEA = 0.0866 < 0.10，符合 Steiger（1990）的要求，其 90% 的置信区间为（0.0749，0.0986），涵盖 0.08 的理想值，而且 NNFI = 0.969 > 0.90，CFI = 0.976 > 0.90，SRMR = 0.0576 < 0.08，综合上述拟合指标来看，模型拟合良好，可以接受。

根据模型的标准化路径系数图 4 – 1，可得成长资源四个成长指标的平均变异萃取量及区别效度检验，如表 4 – 18 和表 4 – 19 所示。平均变异萃取量（Average Variance Extracted，简称 AVE 或 ρ_v），用以反映潜变量被测量指标有效估计的聚敛程度，当 ρ_v 大于 0.50 时，表示潜变量的聚敛能力理想；而成长指标区别效度的检验，可以用相关系数的 95%（95% CI）是否涵盖 1.00 来判断。

$$AVE = \rho_v = \frac{\sum \lambda_1^2}{\sum \lambda_1^2 + \sum \Theta_{ii}} \quad \text{公式 (4.1)}$$

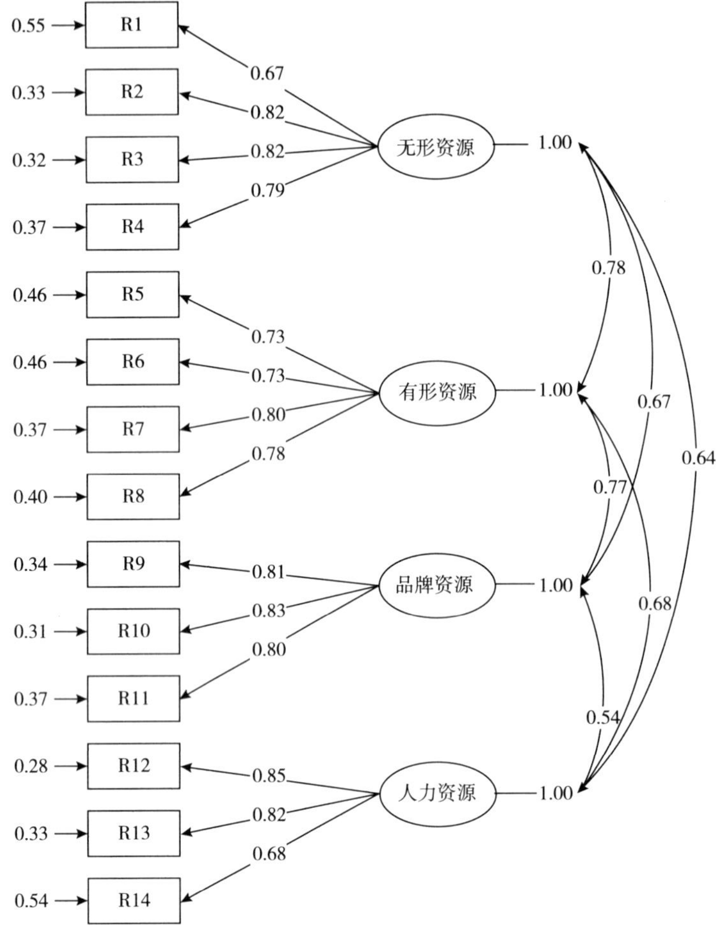

图 4－1　成长资源验证性因子分析模型标准化路径系数

资料来源：本书整理。

式中 λ_i 为各测量指标完全标准化因子载荷，Θ_{ii} 为测量误差。

$$95\% CI = PHI \pm 1.96SE\ (PHI) \qquad 公式\ (4.2)$$

式中 *PHI* 为因子之间的相关系数，*SE*（*PHI*）为因子之间相关系数的标准误。

由表 4－18 可知，所有潜变量的 AVE 均大于 0.5，说明各成长指标具有很好的收敛效度。由表 4－19 可知，成长资源下的四个成长指标之间存在相关性，无形资源和有形资源之间的相关性较强，为 0.78，人力资源和品牌资源之间的相关性较弱，为 0.54。

表 4－18　成长资源验证性因子分析结果

成长指标	测量指标	λ	残　差	AVE
无形资源	R1 无形资产	0.67	0.55	0.6045
	R2 无形资产增长率	0.82	0.33	
	R3 专利数量	0.82	0.32	
	R4 商誉	0.79	0.37	
有形资源	R5 固定资产	0.73	0.46	0.5786
	R6 存货	0.73	0.46	
	R7 货币资金	0.80	0.37	
	R8 应收账款	0.78	0.40	
品牌资源	R10 品牌知名度	0.85	0.28	0.6191
	R11 品牌数量	0.82	0.33	
	R12 品牌满意度	0.68	0.54	
人力资源	R13 员工人数	0.81	0.34	0.6617
	R14 员工素质	0.83	0.31	
	R15 平均年龄	0.80	0.37	

资料来源：本书整理。

表 4－19　成长资源因子下四个成长指标的区别效度检验

成长指标		无形资源	有形资源	品牌资源
有形资源	r（r^2） 95% CI are AVE	0.78（0.61） （0.72，0.84） 0.59		
品牌资源	r（r^2） 95% CI are AVE	0.67（0.45） （0.59，0.75） 0.63	0.77（0.59） （0.71，0.83） 0.62	
人力资源	r（r^2） 95% CI are AVE	0.64（0.41） （0.56，0.72） 0.61	0.68（0.46） （0.60，0.76） 0.60	0.54（0.29） （0.44，0.64） 0.64

资料来源：本书整理。

由表 4－19 可知，所有成长指标间相关系数 95% 的置信区间均不涵盖 1.00，说明各自相关系数显著不等于 1.00，除无形资源和有形资源外，其他成长指标之间 AVE 的平均值 are AVE 均大于相关系数的平方，显示各构念之间具有较理想的区辨力。

（2）成长资源与企业成长性的关系模型

就成长资源下四个成长指标和体育用品企业成长性之间的关系，做全模型研究，所得模型的拟合结果见表4－20，模型的标准化路径系数及相应的 t 检验如图4－2所示（左边为模型的标准化路径系数图，右边为相应的 t 检验图）。

表4－20　成长资源与企业成长性之间关系模型拟合结果

χ^2	df	χ^2/df	RMSEA	NNFI	CFI	SRMR
440.72	142	3.10	0.0802	0.972	0.977	0.0603

资料来源：本书整理。

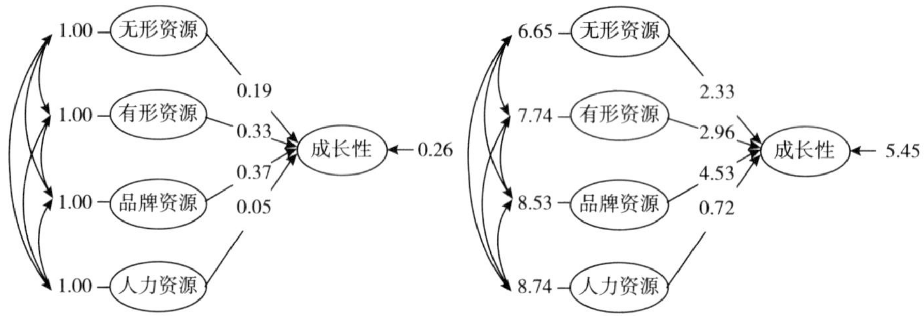

图4－2　成长资源与企业成长性之间关系模型标准化路径系数及 t 检验

资料来源：本书整理。

由表4－20可知，模型的 $RMSEA=0.0802<0.10$，其90%的置信区间为（0.0718，0.0888），涵盖了0.08的理想值，且 $NNFI=0.972>0.90$，$CFI=0.977>0.90$，$SRMR=0.0603<0.08$，综合各拟合指数来看，模型拟合良好，可以接受。

由成长资源和企业成长性关系模型的 t 检验图可知，人力资源对企业成长性的影响没有达到95%的显著性（人力资源和企业成长性之间路径系数 t 值为 $0.72<1.96$），因而，人力资源对体育用品企业成长性的影响不显著。无形资源、有形资源、品牌资源和企业成长性之间路径系数的 t 值均大于1.96（达到了95%的显著性），无形资源和企业成长性之间路径系数为0.19，有形资源和企业成长性之间的路径系数为0.33，品牌资源和企业成长性之间的路径系数为0.37，三条路径的路径系数均为正值

且达到了95%的显著性。因而，无形资源、有形资源、品牌资源对企业成长性有正向影响。

人力资源对企业成长性没有显著影响可能有如下三方面原因：①目前大多数体育用品企业仍然处于人事管理阶段，未能真正转变到进行人力资源管理阶段，企业管理层将企业的“人力”视为一种成本，而非资源；②国内体育用品企业的管理文化仍然是老板文化，在这种文化氛围下，企业的员工没有太多的发言权，只是将企业当作一个工作的场所，而非展示自己的舞台，因而人力资源难以发挥其应有的作用；③目前大部分体育用品企业过于重视短期利润的获取，忽视了管理人才尤其是核心人才的培育，导致人力资源配置失衡。

4.3.4 成长能力指标合理性验证

（1）成长能力的验证性因子分析

成长能力包括创新能力、管理能力、营运能力、偿债能力、盈利能力和市场预期能力六个成长指标。就成长能力下六个成长指标的相关性做验证性因子分析，模型的拟合结果见表4-21，模型标准化路径系数如图4-3所示。

表4-21 成长能力验证性因子分析模型拟合结果

χ^2	df	χ^2/df	RMSEA	NNFI	CFI	SRMR
549.28	174	3.16	0.0812	0.954	0.969	0.0710

资料来源：本书整理。

由表4-21可知，成长能力验证性因子分析模型的 RMSEA = 0.0812 < 0.10，其90%的置信区间为（0.0736，0.0889），涵盖了0.08的理想值，而且 NNFI = 0.954 > 0.90，CFI = 0.969 > 0.90，SRMR = 0.0710 < 0.08，综合上述拟合指标来看，模型拟合较为良好，可以接受。

根据模型的标准化路径系数图4-3，可得成长能力因子下六个成长指标的平均变异萃取量及区别效度检验，见表4-22和表4-23。

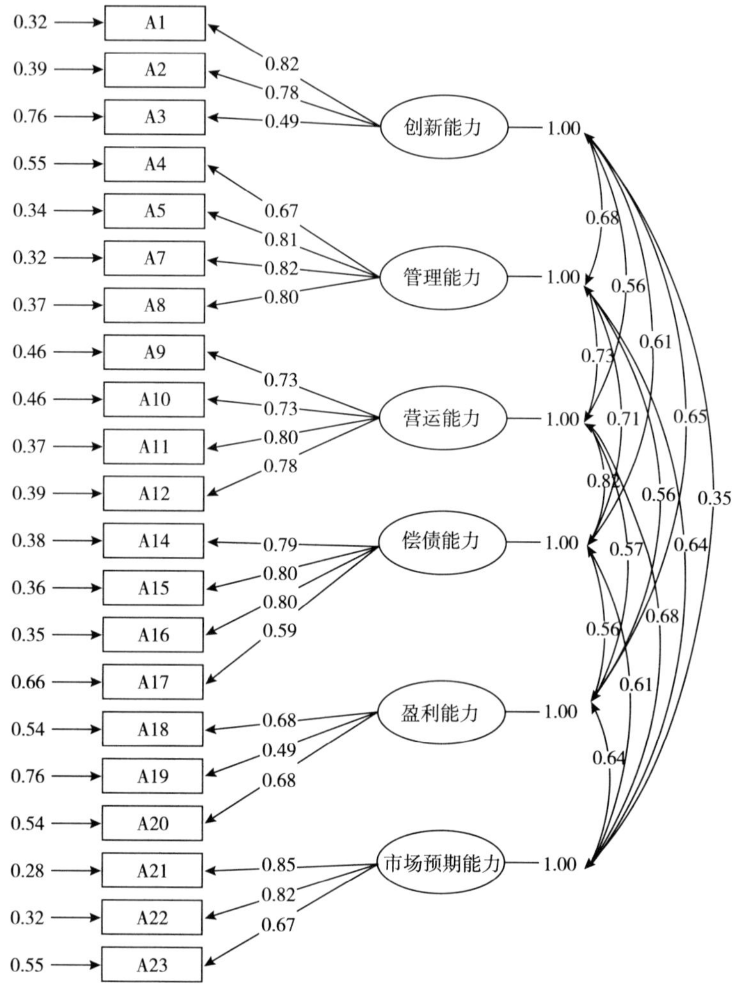

图 4－3　成长能力验证性因子分析模型标准化路径系数

资料来源：本书整理。

表 4－22　成长能力验证性因子分析结果

成长指标	测量指标	λ	残差	AVE
创新能力	A1 研发费用增长率	0. 82	0. 32	0. 5070
	A2 研发费用占销售收入比例	0. 78	0. 39	
	A3 R&D 投入强度	0. 49	0. 76	
管理能力	A4 管理费用率	0. 67	0. 55	0. 6044
	A5 经营费用率	0. 81	0. 34	
	A7 销售净利率	0. 82	0. 32	
	A8 市场占有率	0. 80	0. 37	

续表

成长指标	测量指标	λ	残差	AVE
营运能力	A9 应收账款周转率	0.73	0.46	0.5786
	A10 流动资产周转率	0.73	0.46	
	A11 存货周转率	0.80	0.37	
	A12 固定资产周转率	0.78	0.39	
偿债能力	A14 资产负债率	0.79	0.38	0.5631
	A15 产权比率	0.80	0.36	
	A16 流动比率	0.80	0.35	
	A17 速动比率	0.59	0.66	
盈利能力	A18 净资产收益率	0.68	0.54	0.3883
	A19 销售毛利润率	0.49	0.76	
	A20 资产报酬率	0.68	0.54	
市场预期能力	A21 市盈率	0.85	0.28	0.6146
	A22 市净率	0.82	0.32	
	A23 股票换手率	0.67	0.55	

资料来源：本书整理。

由表 4－22 可知，除盈利能力外，其他成长指标的 AVE 均大于 0.5，说明各成长指标具有较好的收敛效度。由表 4－23 可知，成长能力下的六个成长指标之间存在相关性，营运能力和偿债能力之间的相关性较强，相关系数为 0.82；创新能力和市场预期能力之间的相关性较弱，相关系数为 0.35。

表 4－23　成长能力因子下六个成长指标的区别效度检验

成长指标		创新能力	管理能力	营运能力	偿债能力	盈利能力
管理能力	r（r^2） 95% CI are AVE	0.62（0.38） （0.52，0.72） 0.56				
营运能力	r（r^2） 95% CI are AVE	0.56（0.31） （0.46，0.66） 0.54	0.78（0.61） （0.72，0.84） 0.59			
偿债能力	r（r^2） 95% CI are AVE	0.61（0.37） （0.51，0.71） 0.54	0.71（0.50） （0.63，0.79） 0.58	0.82（0.67） （0.76，0.88） 0.57		

续表

成长指标		创新能力	管理能力	营运能力	偿债能力	盈利能力
盈利能力	r (r^2) 95% CI are AVE	0.65 (0.42) (0.53, 0.77) 0.45	0.56 (0.31) (0.44, 0.68) 0.50	0.57 (0.32) (0.45, 0.69) 0.48	0.56 (0.31) (0.44, 0.68) 0.48	
市场预期能力	r (r^2) 95% CI are AVE	0.35 (0.12) (0.23, 0.47) 0.56	0.64 (0.41) (0.56, 0.72) 0.61	0.68 (0.46) (0.60, 0.76) 0.60	0.61 (0.37) (0.51, 0.71) 0.59	0.64 (0.41) (0.54, 0.74) 0.50

资料来源：本书整理。

由表4－23可知，所有成长指标间相关系数95%的置信区间均不涵盖1.00，说明各自相关系数显著不等于1.00，除营运能力和管理能力、营运能力和偿债能力外，其他成长指标之间AVE的平均值are AVE均大于相关系数的平方，显示各构念之间的区辨力可以接受。

（2）成长能力与企业成长性的关系模型

成长能力下六个成长指标和体育用品企业成长性之间的关系模型研究拟合结果见表4－24，模型的标准化路径系数和相应的t检验如图4－4。

表4－24　成长能力与企业成长性之间关系模型拟合结果

χ^2	df	χ^2/df	RMSEA	NNFI	CFI	SRMR
838.69	278	3.02	0.0785	0.968	0.972	0.0689

资料来源：本书整理。

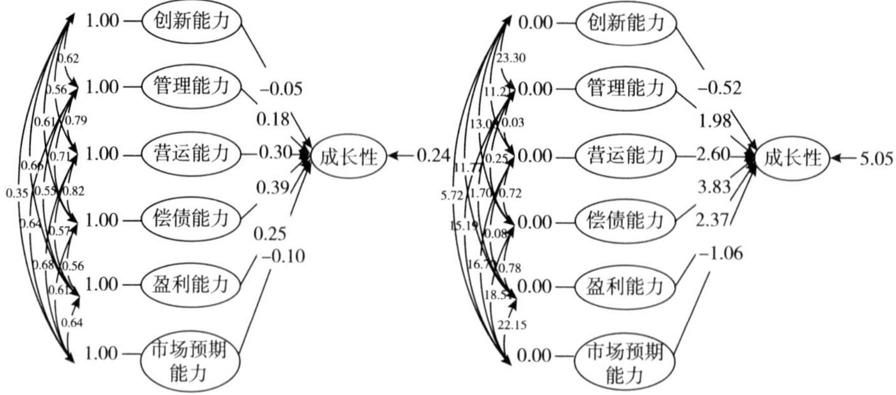

图4－4　成长能力与企业成长性之间关系模型标准化路径系数及t检验

资料来源：本书整理。

由表4－24可知，模型的RMSEA＝0.0785＜0.08，其90%的置信区间为（0.0725，0.0847），涵盖了0.08的理想值，且NNFI＝0.968＞0.90，CFI＝0.972＞0.90，SRMR＝0.0689＜0.08，综合各拟合指数来看，模型拟合良好，可以接受。

由成长能力和企业成长性模型的 t 检验图可知，创新能力和市场预期能力指标对企业成长性的影响没有达到95%的显著性（创新能力和企业成长性之间路径系数 t 值为－0.52，绝对值小于1.96；市场预期能力和企业成长性之间路径系数 t 值为－1.06，绝对值小于1.96），因而，创新能力和市场预期能力指标对体育用品企业成长性的影响不显著。管理能力、营运能力、偿债能力、盈利能力和企业成长性之间路径系数的 t 值均大于1.96（达到了95%的显著性），管理能力和企业成长性之间的路径系数为0.18，营运能力和企业成长性之间的路径系数为0.30，偿债能力和企业成长性之间的路径系数为0.39，盈利能力和企业成长性之间的路径系数为0.25，这四条路径的路径系数均为正值且达到了95%的显著性。因而，盈利能力、管理能力、营运能力和偿债能力对体育用品企业成长性有正向影响。

创新能力对体育用品企业成长性影响不显著的原因在于目前市场上山寨货横行，大多数创新可以很快被竞争对手轻松复制模仿，导致创新动力不足，因而对创新的经费投入不够。另外，相关科研单位与企业之间脱节较为严重，阻碍了创新成果的转化，而且体育用品企业没有将重心放在创新方面，所以，创新能力对体育用品企业成长性没有显著影响。

市场预期能力对体育用品企业成长性影响不显著存在以下两方面原因：一是中国股市较为动荡，未能发展成熟，因而股市所显示的市盈率、市净率等未能真正反映体育用品企业的实际水平，两者之间存在较大偏差；二是体育用品企业管理者更注重当下的短期利润，对未来的规划不足。

4.3.5 成长环境指标合理性验证

（1）成长环境的验证性因子分析

成长环境包含科技环境支持力、融资环境支持力、社会环境支持力、经济环境支持力和环境适应力五个成长指标。就成长环境下五个成长指标之间的相关性做验证性因子分析，模型的拟合结果见表 4－25，模型标准化路径系数如图 4－5 所示。

表 4－25 成长环境验证性因子分析模型拟合结果

χ^2	df	χ^2/df	RMSEA	NNFI	CFI	SRMR
288.94	94	3.07	0.0796	0.969	0.976	0.0510

资料来源：本书整理。

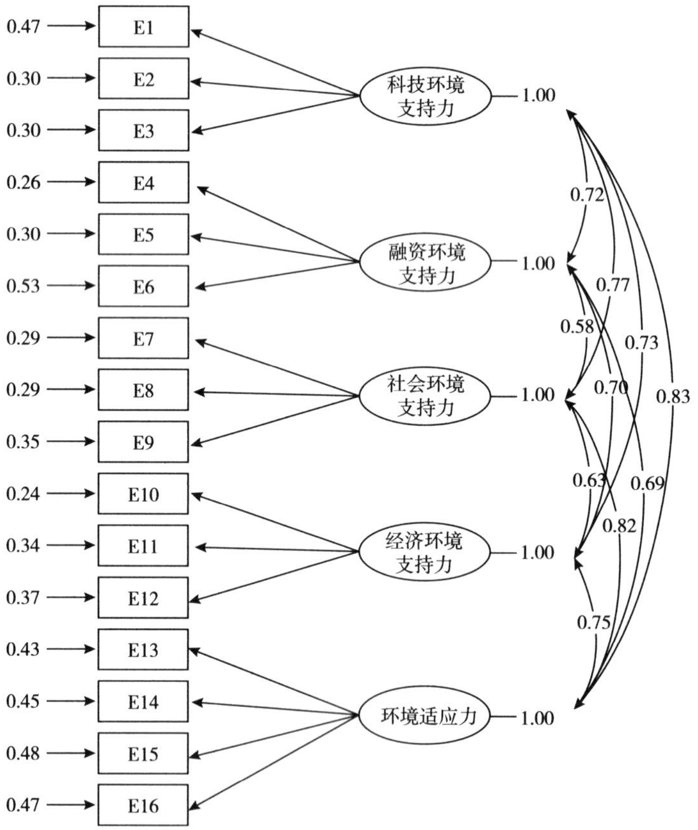

图 4－5 成长环境验证性因子分析模型标准化路径系数

资料来源：本书整理。

由表 4－25 可知，成长环境验证性因子分析模型的 RMSEA = 0.0796 < 0.08，其 90% 的置信区间为（0.0693，0.0902），涵盖了 0.08 的理想值，而且 NNFI = 0.969 > 0.90，CFI = 0.976 > 0.90，

SRMR = 0.0510 < 0.08，综合上述拟合指标来看，模型拟合较为良好，可以接受。

根据模型的标准化路径系数图4－5，可得成长环境五个成长指标的平均变异萃取量及区别效度检验，如表4－26和表4－27所示。

表4－26 成长环境验证性因子分析结果

成长指标	测量指标	λ	残差	AVE
科技环境支持力	E1 区域人均专利数	0.70	0.51	0.6062
	E2 区域中体育用品企业比重	0.81	0.34	
	E3 年技术合同数	0.82	0.32	
融资环境支持力	E4 单位体育用品企业内部融资额	0.84	0.29	0.6274
	E5 单位体育用品企业外部融资额	0.82	0.32	
	E6 单位体育用品企业融资渠道	0.71	0.50	
社会环境支持力	E7 区域从业体育用品企业管理人员比重	0.83	0.30	0.6618
	E8 区域人均教育投入	0.82	0.32	
	E9 区域单位企业科学家与工程师数量	0.79	0.37	
经济环境支持力	E10 区域人均工资水平	0.84	0.29	0.6513
	E11 区域人均生产总值	0.79	0.38	
	E12 区域人均消费水平	0.79	0.38	
环境适应力	E13 经济贡献率	0.75	0.44	0.5332
	E14 人均利税率	0.74	0.45	
	E15 合同履约率	0.72	0.49	
	E16 社会贡献率	0.71	0.49	

资料来源：本书整理。

由表4－26可知，所有成长指标的AVE均大于0.5，说明各成长指标具有较好的收敛效度。

表4－27 成长环境因子下五个成长指标的区别效度检验

成长指标		科技环境支持力	融资环境支持力	社会环境支持力	经济环境支持力
融资环境支持力	r (r^2) 95% CI are AVE	0.72 (0.52) (0.64, 0.80) 0.62			

续表

成长指标		科技环境支持力	融资环境支持力	社会环境支持力	经济环境支持力
社会环境支持力	r (r^2) 95% CI are AVE	0.77 (0.59) (0.71, 0.83) 0.63	0.58 (0.34) (0.48, 0.68) 0.64		
经济环境支持力	r (r^2) 95% CI are AVE	0.73 (0.53) (0.65, 0.81) 0.63	0.70 (0.49) (0.62, 0.78) 0.64	0.63 (0.40) (0.55, 0.71) 0.66	
环境适应力	r (r^2) 95% CI are AVE	0.83 (0.69) (0.77, 0.89) 0.57	0.69 (0.48) (0.61, 0.77) 0.58	0.82 (0.67) (0.76, 0.88) 0.60	0.75 (0.56) (0.67, 0.83) 0.59

资料来源：本书整理。

由表4-27可知，成长环境的五个成长指标之间存在相关性，环境适应力和科技环境支持力之间的相关性较强，相关系数为0.83；融资环境支持力和社会环境支持力之间的相关性较弱，相关系数为0.58。所有成长指标间相关系数95%的置信区间均不涵盖1.00，说明各自相关系数显著不等于1.00，除环境适应力和科技环境支持力、环境适应力和社会环境支持力外，其他成长指标之间AVE的平均值are AVE均大于相关系数的平方，显示各构念之间具有较理想的区辨力。

（2）成长环境与企业成长性的关系模型

就成长环境下五个成长指标和体育用品企业成长性之间的关系做全模型研究，所得模型的拟合结果见表4-28，模型的标准化路径系数和相应的t检验图如图4-6所示。

表4-28 成长环境与企业成长性之间关系模型拟合结果

χ^2	df	χ^2/df	RMSEA	NNFI	CFI	SRMR
573.27	174	3.29	0.0838	0.968	0.974	0.0593

资料来源：本书整理。

由表4-28可知，模型的RMSEA = 0.0838 < 0.10，其90%的置信区间为（0.0762，0.0914），涵盖了0.08的理想值，且NNFI = 0.968 >

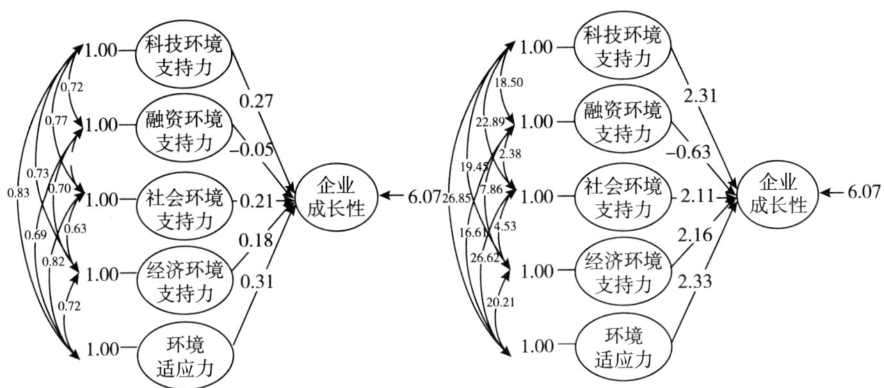

图 4-6　成长环境与企业成长性之间关系模型标准化路径系数及 t 检验

资料来源：本书整理。

0.90，CFI = 0.974 > 0.90，SRMR = 0.0593 < 0.08，综合各拟合指数来看，模型拟合良好，可以接受。

由成长环境和企业成长性关系模型的 t 检验图可知，融资环境支持力对企业成长性的影响没有达到 95% 的显著性（融资环境支持力和企业成长性之间路径系数 t 值为 -0.63，绝对值小于 1.96），因而，融资环境支持力对体育用品企业成长性的影响不显著。科技环境支持力、社会环境支持力、经济环境支持力、环境适应力和企业成长性之间路径系数的 t 值均大于 1.96（达到了 95% 的显著性），科技环境支持力和企业成长性之间路径系数为 0.27，社会环境支持力和企业成长性之间路径系数为 0.21，经济环境支持力和企业成长性之间路径系数为 0.18，环境适应力和企业成长性之间路径系数为 0.31，四条路径的路径系数均为正值且达到了 95% 的显著性。因而，环境适应力、科技环境支持力、社会环境支持力、经济环境支持力对企业成长性有正向影响。

融资环境支持力对体育用品企业成长性没有显著影响的原因在于，体育用品企业存在融资渠道狭窄、融资利率高等问题，目前银行贷款仍然是企业融资的主要渠道，而融资的高利率又给体育用品企业的利润率带来了不小的挑战，以李宁为例，李宁有着较为雄厚的成长资源，但近几年李宁都呈现负增长的亏损局面，一方面，银行不会给处于亏损情况下的企业发放新增贷款；另一方面，旧有的融资款项需要还本付息。在目前整体制造业利润率不高的情况下，现有的银行贷款利率和融资渠道使得体育用品企业融资困难，所以，融资环境支持力对体育用品企业成长性没有显著影响。

4.3.6 体育用品企业成长性评价指标合理性验证结果

由前述成长资源、成长能力、成长环境的验证性因子分析和成长资源、成长能力、成长环境与体育用品企业成长性之间关系的全模型分析可知，成长资源中的人力资源，成长能力中的创新能力、市场预期能力，以及成长环境中的融资环境支持力 4 个成长指标，对体育用品企业成长性影响不显著，不能成为体育用品企业成长性评价指标，考虑删除。同时，相应删除员工人数、员工素质、平均年龄等 12 个测量指标。而成长资源中的无形资源、有形资源、品牌资源，成长能力中的盈利能力、管理能力、营运能力、偿债能力，以及成长环境中的科技环境支持力、社会环境支持力、经济环境支持力和环境适应力共 11 个成长指标，对体育用品企业成长性有正向影响。综上，统计合理性验证结果显示，体育用品企业成长性评价指标体系由 3 个成长因子、11 个成长指标和 39 个测量指标构成，如表 4 - 29 所示。

表 4 - 29 体育用品企业成长性评价指标实证分析结果

成长因子	成长指标	合理性验证结果
成长资源	无形资源	√
	有形资源	√
	品牌资源	√
	人力资源	×
成长能力	创新能力	×
	管理能力	√
	营运能力	√
	偿债能力	√
	盈利能力	√
	市场预期能力	×
成长环境	科技环境支持力	√
	融资环境支持力	×
	社会环境支持力	√
	经济环境支持力	√
	环境适应力	√

资料来源：本书整理。

4.4　成长性评价测量指标筛选及确定

根据上述体育用品企业成长性评价指标研究结果，初步确定体育用品企业成长性评价指标，初选出的评价指标可能存在意义重复、数目过多、不易操作、没有可比性等问题，因此需要对初设的指标按照一定的原则和方法进行筛选，以最后确定评价指标。首先，通过分析以上测量指标，发现“品牌知名度”和“品牌满意度”两项指标，因财力精力所限，有效数据收集困难，而“品牌数量”一项测量指标，又难以解释品牌资源的变异，因而删除品牌资源这一成长指标。其次，“市场占有率”测量指标，既难收集又难衡量，鉴于管理费用率、经营费用率和销售净利率三个测量指标足以解释管理能力的变异，可以剔除。最后，剔除不易收集的“专利数量”和“合同履约率”两个测量指标，也不影响解释无形资源、环境适应力的变异。总之，本书最终筛选和确定的体育用品企业成长性评价指标体系，包括 3 个成长因子、10 个成长指标和 33 个测量指标（见表 4 - 30）。

表 4 - 30　体育用品企业成长性评价测量指标体系

	成长因子	成长指标	测量指标	编　号
体育用品企业成长性指标体系	成长资源（R）	无形资源	无形资产	R1
			无形资产增长率	R2
			商誉	R4
		有形资源	固定资产	R5
			存货	R6
			货币资金	R7
			应收账款	R8
	成长能力（A）	管理能力	管理费用率	A4
			经营费用率	A5
			销售净利率	A7
		营运能力	应收账款周转率	A9
			流动资产周转率	A10
			存货周转率	A11
			固定资产周转率	A12

续表

	成长因子	成长指标	测量指标	编　号
体育用品企业成长性指标体系	成长能力（A）	偿债能力	资产负债率	A14
			产权比率	A15
			流动比率	A16
			速动比率	A17
		盈利能力	净资产收益率	A18
			销售毛利润率	A19
			资产报酬率	A20
	成长环境（E）	科技环境支持力	区域人均专利数	E1
			区域中体育用品企业比重	E2
			年技术合同数	E3
		社会环境支持力	区域从业体育用品企业管理人员比重	E7
			区域人均教育投入	E8
			区域单位企业科学家与工程师数量	E9
		经济环境支持力	区域人均工资水平	E10
			区域人均生产总值	E11
			区域人均消费水平	E12
		环境适应力	经济贡献率	E13
			人均利税率	E14
			社会贡献率	E16

资料来源：本书整理。

4.5 本章小结

本章先从理论的基础上论证了体育用品企业成长性测量指标的合理性，然后通过问卷调研，收集到了328份有效问卷，利用结构方程模型对体育用品企业成长性评价测量指标进行合理性验证，首先剔除掉对体育用品企业成长性影响不显著的4个成长指标（人力资源、创新能力、市场预期能力、融资环境支持力）和12个测量指标；其次，对剩下的11个成长指标和39个测量指标进行筛选，在理论前提允许的情况下，剔除1个成长指标和6个难以收集衡量的测量指标，保留了10个成长指标和 33 个测量指标；最后，按照一定的原则和方法，最终筛选和确定体育用品企业成长性评价指标体系，包括 3 个成长因子、10 个成长指标和 33 个测量指标，从而为中国体育用品企业成长性评价实证研究打下坚实基础。

第5章 体育用品企业成长性评价实证研究

本章收集中国19家体育用品上市企业130个样本数据，运用多层次因子结构方程模型方法，计算体育用品企业成长性指标权重，并得出19家体育用品上市企业2009~2013年5年成长性综合得分与排名，对体育用品企业成长性进行静态、动态评价及个案分析。

5.1 样本企业选取

从国家体育产业发展的角度来说，上市体育用品企业是未来中国体育产业倍增发展的着力点。因此，体育用品上市公司成为本书最佳的研究对象，本书选取中国大陆19家体育用品上市公司为样本企业，实证研究其成长性。①

从上市地点分布来看，这19家体育用品企业上市的地点分别为：深圳上市3家，上海上市1家，香港上市10家，新加坡上市2家，美国纳斯达克上市1家，以及马来西亚上市2家。从公司所在地分布来看，这19家体育用品企业主要在福建，其中，泉州11家，北京4家，厦门2家，青岛和上海各1家。我国体育用品上市企业分布情况见表5-1。

---

① 实际上，中国体育用品上市企业总体为20家，其中，中国鸿星2011年2月18日停牌，2010年财务数据还存在问题，只有2009年财务报表数据可用，达不到连续4年数据完整的要求，予以剔除，所以本书样本企业为19家。

表5-1 19家样本企业情况

序 号	公司名称及股票代码	公司所在地	上市时间	上市地点
1	青岛双星（000599）	青岛	1996	深圳
2	探路者（300005）	北京	2009	深圳
3	泰亚股份（002517）	泉州	2010	深圳
4	中体产业（600158）	北京	1998	上海
5	李宁（02331）	北京	2004	香港
6	安踏体育（02020）	厦门	2007	香港
7	中国动向（03818）	北京	2007	香港
8	特步国际（01368）	泉州	2008	香港
9	宝胜国际（03813）	上海	2008	香港
10	361度（01361）	厦门	2008	香港
11	匹克体育（01968）	泉州	2009	香港
12	飞克国际（01998）	泉州	2010	香港
13	美克国际（00953）	泉州	2010	香港
14	富贵鸟（01819）	泉州	2013	香港
15	中体国际（FQ8）	泉州	2007	新加坡
16	鳄莱特（FO8）	泉州	2008	新加坡
17	喜得龙（EDS）	泉州	2009	美国纳斯达克
18	喜得狼（5156）	泉州	2009	马来西亚
19	星泉国际（5155）	泉州	2009	马来西亚

资料来源：作者整理。

5.2 样本企业简介

5.2.1 内地上市企业简介

（1）青岛双星

双星集团发展至今已近百年，是中国最早的制鞋企业，已成长为跨行业国际型公司。公司追求精湛的产品技术、完善的管理模式和以消费者为中心的营销理念。秉着“踏实、拼搏、责任”的企业精神，坚持用户至上，坚持用自己的服务去打动客户。

新时期，双星开展特色营销，抢占更大市场份额。一是文化营销。在2013年中国工业设计协会举办的青岛工业设计展上，双星集团6个参赛作品入选，展现了双星独特的设计工艺和艺术品位。2014年“五一”黄金周，双星各分公司推出主题为“穿上双星鞋　好运自然来”的文化促销活动，让消费者更了解双星文化。二是情感营销。双星开展情感营销策略，推出个性化服务，“五一”劳动节推出“双星向劳动者致敬，购物送礼包”等情感促销活动，成效显著。三是体育营销。2011年，双星赞助苏迪曼杯世界羽毛球混合团体锦标赛，与国际羽毛球联合会达成战略合作关系。2011年成功与国际极限帆船系列赛青岛站组委会合作，2012年成为冠名赞助商，为青岛站活动提供服装、箱包等用品，并参与海上体育产业发展，为实现青岛成为体育名城、帆船之都的目标做出努力。双星代理商也争相与当地学校和政府等联系，赞助体育运动会等。

近年来，双星集团加快产品结构调整，开发创造符合用户价值的新产品，对内推行以订单为中心的运营模式，对外注重产品品牌建设，提高产品形象，建立多层次和立体化的销售渠道，为双星的盈利提供保障。在互联网大趋势下，新兴行业与互联网融合越来越紧密。2015年双星打造O2O线下线上无缝对接，建立线上共享平台，包括信息、金融、产品和交易等平台，直接面对网络客户，创造用户资源，为线下平台创造价值。

（2）探路者

北京探路者户外用品股份有限公司于1999年1月成立，2009年10月30日上市，属于首批28家创业板企业之一。公司注重品牌管理、产品研发创新、营销网络建设与优化、供应链渠道整合，全国范围内成立连锁零售网络和电子商务销售系统。随着经济社会的发展和居民收入水平的提高，国内户外产业不再是专业化市场，户外用品市场需求量上升。如此利好的环境，探路者积极实施“自主研发、外包生产”的经营模式，直营与加盟经营相结合，公司营销网络已遍布全国31个省区市的200多个大中城市。截至2013年底，探路者连锁经营店已有1600多家。

公司成立自主研发中心，其户外产品测试实验室占地150平方米；2008年，成为北京2008年奥运会特许供应商；2009年，成为中国南（北）极科学考察队独家专用产品；2013年，与中国极地研究中心签署战略协议，双方加强针对极地环境的户外装备科技研发。探路者以“共同成长、共同分享”为基础，讲求社会公益责任和生态环境保护。公司员工福利分配制度完善，也很注重合作伙伴的利益。公司参与众多生态保护公益活动。探路者获全国工商业联合会授予的“抗震救灾先进集体”光荣称号，汶川、玉树和雅安等历次重大地震灾害，探路者均捐款捐物。

探路者的迅速崛起，来自品牌梦想。公司定位于“追求科技创新，为勇敢进取的人提供安全舒适的户外运动装备”，广泛采用新材料、新技术和新工艺，产品覆盖户外生活各个领域。公司使命确定为：打造卓越品牌，分享户外阳光生活。探路者立志打造国际一流户外品牌，2013年深化推进多品牌发展战略。旗下电子商务品牌阿肯诺和高端户外运动品牌Discovery Expedition，在品牌定位、设计风格、目标客户和细分市场等方面，与探路者品牌相辅相成，产品广泛覆盖目标消费群，其电子商务平台迅速成长，再次领先于国内户外行业其他品牌。在品牌推广上，探路者2009年聘请王石做品牌形象代言人。2009～2011年，公司在全国各地举办系列攀岩活动和挑战赛，展示探路者户外产品的功能性和科技性，加深户外爱好者对其户外产品的了解。2014年，探路者成立15周年，公司持续深化发展，并购新加坡Asiatravel网站，搭建起全球户外运动和深度体验式旅行服务平台，加强户外垂直电子商务多元化和成熟化运营。

（3）泰亚股份

泰亚股份是一家集运动鞋鞋底的研发、生产及销售于一体的家族企业，是福建泉州地区规模最大、研发能力最强的运动鞋鞋底制造企业，公司主要产品为EVA鞋底、PH鞋底、PU鞋底和鞋底配件，年产能3180万双。公司前身为泰亚（泉州）鞋业有限公司，成立于2000年。公司是安踏、特步最大的鞋底供应商，也是361度、鸿星尔克和德尔惠的前五大供应商之一。

随着科学技术的快速进步，不同性能鞋底材料的不断涌现，为传统运动鞋产品的更新换代提供了新材料，也为开发功能性更强、更舒适的运动鞋产品提供了保证。进入21世纪，经过二次发泡的PH材料异军突起，其凭借比EVA更优异的性能，受到高端运动鞋的青睐，消耗量逐年上升，发展前景广阔。公司除了维持EVA鞋底产品的稳定发展，保持该产品的市场优势地位，还大力发展 PH 鞋底等高端产品，并于 2013 年完成双密度双硬度 PU 鞋底的研发工作，公司加大市场开拓力度，迅速提高其市场占有率和竞争力。针对现有橡胶运动鞋鞋底所存在的在薄冰、雪地和冻土层的路面界面上止滑性能不佳等难题，公司研发出在薄冰、雪地和冻土层的路面界面上止滑性能较好，且使用寿命更长的一种冰面止滑橡胶鞋底。公司将持续加大对技术中心的投入，以新材料、新工艺和新功能开发为重点，巩固和提升公司在国内运动鞋鞋底行业的领先地位。

随着运动鞋市场品牌化进程的加速和对运动鞋综合性能和款式要求的提高，运动鞋鞋底行业正呈加速分化态势，行业集中度正逐步提高。优质鞋底企业依托与大型运动鞋品牌企业建立起的紧密合作关系，通过充分利用自身研发实力不断开发出能满足成鞋企业需要的产品，拓宽利润空间，实现加速发展，将在鞋底市场获取更大的市场份额，从而获得高于市场平均增速的成长速度。2014 年，公司继续推进 RAX 和 AAL 两个品牌，实施产品创新策略，加大新产品推广力度，拓宽销售渠道，为消费者提供高性价比的优质产品，既为公司提供新的收入增长点，也为公司未来转型奠定坚实基础。

公司注重科技创新和产品研发，通过人才引进、完善组织结构和提高管理效率等，确保公司持续、快速和健康发展，确保运动鞋鞋底行业领先地位，实现投资者利益最大化。公司在提高现有业务经营管理水平的同时，精心实施募集资金投资项目。2011 年，公司加快募投项目的建设，扩大产能以满足客户订单需求，加强与优质客户的战略合作，占领更大的市场份额。同时，公司以提高经济运行质量为目标，积极推进制度化和规范化管理，进一步健全管理机制和内部控制以满足公司持续不断发展的需要。

（4）中体产业

中体产业集团股份有限公司是国家体育总局控股的唯一上市公司，主营业务为体育产业投资经营，兼顾开发奥林匹克花园等房地产项目等。公司秉承“以人为本、适应市场”的企业文化，实施体育化、资本化和国际化发展路线，为股东创造财富，为员工创造福利，为社会创造繁荣。其主营业务如下。

赛事管理及运营业务。参与国内外综合体育赛事筹办，2010 年完成广州亚运会 53 个比赛场馆、运动员村、主新闻中心、媒体村及开闭幕式等场地的特许商品销售工作；完成第四届全国体育大会总体咨询顾问工作，承办第四届全国体育大会《全民健身计划纲要》颁布实施 15 周年成就展等活动；承接 2012 年伦敦奥运会赛事门票代理业务，为中国体育代表团、工作团参加 2012 年伦敦奥运会提供相关差旅服务；2014 年优化运营模式，充分挖掘赛事商业价值，在稳定现有赛事资源的同时，寻求新增赛事资源及打造高端赛事。

体育场馆运营业务。认真执行场馆咨询服务业务，加快新项目拓展。加强场馆运营内容提供，提高业务增值能力，实现价值最大化。运营佛山岭南明珠体育馆，不仅完成广州亚运会拳击项目的赛事组织、接待和服务任务，而且于 2010 年成功举办 69 场体育赛事和各项文化体育活动，取得良好的社会效益和经济效益。公司还协同中国奥委会签署《“奥林匹克花园”注册商标许可使用合同》，加快体育主题地产品牌发展。

休闲健身服务业务。创新休闲健身服务业务商业模式，丰富健康服务内容，进一步提升品牌形象。公司重新研究定位成都足球公园商业模式，加快全民健身项目在全国的复制推广；公司在青岛、沈阳、武汉、成都、广州和上海 6 座城市成功组织推广“2010 世界行走日（中国）”活动，参加人数累计 10 万余人；2011 年公司加强俱乐部经营管理，解决突发及遗留问题。

体育经纪及彩票业务。关注客户需求，拓展业务多元化，为客户提供体育营销解决方案，有望未来在举办全运会、亚运会及奥运会时，成为为客户提供全产业链服务的体育营销专家。公司力争获得彩票互联网投注运营服务许可并开展运营服务，成为一流的互联网投注彩票运营商。此外，公司实施“走出去”发展战略，通过系统援外、进出口贸易和外派劳务，构建友好境外政府关系，拓展海外工程承包市场，参加境外体育服务工作。

5.2.2　香港上市企业简介

（1）李宁

李宁公司由著名体操运动员李宁创办于 1990 年，历经多年风雨，已打造成为国际领先的运动品牌。旗下除了拥有李宁品牌（LI－NING），还拥有乐途（LOTTO）、艾高（AIGLE）及心动（Z－DO）等品牌。李宁公司于2004年6月在香港上市，业绩实现6年高幅增长，2009年高达83.87亿人民币。

李宁公司始终贯彻核心战略与使命：专注品牌创新，实行差异化战略，用体育激发人类潜能。首先，重视原创设计。1998年李宁建立中国第一家服装与鞋产品设计开发中心。2004年8月成立香港设计研发中心。2008年1月美国设计中心在美国俄勒冈州波特兰市成立，设计中心致力于研发鞋类产品的高端技术、人体工学和开展专业运动鞋的设计以及测试工作。其次，实施赞助品牌推广模式。采用“国内赞助冠军队伍（开展社区活动）＋国际赞助世界巨星（与强牌球队签约）”的推广方式。与国家羽毛球队、体操队、跳水队、射击队和乒乓球队共五支冠军队伍签约。2008年，开展多项营销推广活动，鼓励体育爱好者体验奥林匹克精神。2010年，公司赞助足球联赛、篮球运动等项目，连续三年打造“北京朝阳公园李宁体育园”。2008年以来，公司赞助埃文·特纳、拜伦·戴维斯、沙奎·奥尼尔、何塞·卡尔德隆及哈希姆·塔比特五位NBA球星。近年来，又签约多国国家级运动员，还与西班牙国家篮球队、阿根廷国家篮球队以及西班牙人俱乐部和马拉加队签约，这些都丰富了李宁品牌的篮球赞助资源。最后，多品牌经营战略。公司在2007年和2009年分别收购国内著名乒乓球品牌红双喜和国内羽毛球品牌凯胜继而进入乒乓球和羽毛球体育用品领域，拓展公司业务。

2012～2014年，李宁公司连续三年亏损。为改善公司核心优势及提升盈利能力，李宁公司打造出三阶段变革蓝图。完成第一阶段计划后，2013～2014年公司开始实施第二阶段变革，未来2～4年将推行第三阶段计划。清晰的变革计划，辅以高效专业的管理团队，李宁公司的未来值得期待。李宁公司实施的重大举措，如赞助CBA、签约韦德等，已经在往正确的轨道上迈进，可望率先引领行业复苏。

（2）安踏体育

安踏体育用品有限公司于1994年成立，主营研发、生产和销售运动鞋服。安踏体育在2007年于香港交易所上市，并获美国NBA篮球队休斯敦火箭队班主 Leslie Lee Alexander 入股。公司的经营理念是“安心创业、踏实做人、创百年品牌”，经过多年发展，安踏体育用品有限公司已成为国内最大的集生产制造与营销导向于一体的综合性体育用品企业。

在品牌方面，安踏实现品牌多元化和品牌国际化。其一，安踏通过赞助体育明星、各大专业体育赛事以及运动队伍树立品牌形象，积极与中国奥委会合作以实现品牌国际化。安踏充分开展赛事营销，2004 年签约 CBA 并紧随 CBA 联赛的步伐突进，营业额多年飙升，到 2011 年，营业额达到 89 亿元。2014 年 10 月，安踏再度重视篮球市场，取代匹克牵手美国 NBA。其二，2008 年安踏推出附属品牌 ANTA KIDS，借助母品牌的市场影响力拓宽销路，挖掘新的用户群体。

2012 年，安踏正式提出由品牌批发转向品牌零售，取消销售大区，分销组织扁平化，提高库存和销售管理效率。改革原有品类管理的分类标准，推行 ERP 系统的全面应用，实时收集数据，为经销商提供有效的订货指导。2014 年底，安踏实体店数目达 7622 家。

此外，安踏重新定位产品、消费者及品牌，找到消费人群最广的大众市场，此类消费者以白领职业、爱好运动且居住在二、三线城市为主要特征，其月收入在 5000 元左右，对国内品牌可接受的程度集中于 300 ~ 500 元。安踏的门店也迎合这个分布。秉承这个大众路线，2013 年安踏启动“实力无价”篮球战略，由凯文 · 加内特、拉简 · 隆多、路易斯 · 斯科拉等四位 NBA 明星代言的明星篮球鞋，价格皆为 399 元。公司有意逐步实施多品牌战略以迎合不同的大众消费者，ANTA KIDS 和 FILA 将成为新的增长点。

安踏紧随零售电商脚步，于 2014 年牵手 NBA 后，旗下的 NBA 鞋会旗舰店正式登陆天猫、京东等电商平台，开始发售 NBA 独立品牌及旗下 30 支球队品牌的商品。安踏不断探索创新电子商务模式，实现 FILA 品牌以购物中心和百货中心为主，NBA 合作授权商品利用电商通道实现差异化，把 NBA 做成安踏的电商品牌。

（3）中国动向

中国动向（集团）有限公司的经营方，是历史悠久的国际品牌 KAPPA，其前身是成立于 2002 年的北京动向体育发展有限公司。公司已发展成为国际运动服装品牌企业，中国动向主要从事设计、开发、市场推广及批发品牌运动服装业务。

中国动向在业内采取多品牌战略经营模式，在中国市场整合国际著名品牌。2006 年，买断意大利 KAPPA 品牌在中国内地和澳门的所有权益；2008 年成功完成对日本 PHENIX 公司的收购等，都是利用国际品牌统领全球研发设计力量，为公司创建国际知名品牌提供多方位全面解决方案。

和其他本土的体育用品公司相比，中国动向属于典型的轻资产公司，公司员工规模不大，侧重设计和品牌运营，渠道以品牌加盟为主，生产外包等策略使企业供应链管理效率更高，2010 年中国动向销售收入高达 42.6 亿元。然而，从 2011 年开始，中国的体育用品行业进入深度调整期，中国动向轻资产优势却成了其进行渠道转型的重大阻碍，如 2012 年和 2013 年，其分别与宝胜国际和百丽国际结束合作关系。此外，中国动向既不能巩固 KAPPA 的市场份额，又不能延伸运动品牌的体育元素和体育精神，而徘徊于时尚流行与运动专业之间，最终难逃竞争者的蚕食。2010 年后，中国动向陷入渠道变革重灾区，销售收入一路狂泻，2013 年销售额仅为 14.1 亿元，2014 年更是萎缩到 10 亿元。

与此同时，中国动向也在努力，力求扭转局势。2010 年 9 月 23 日，公司通过认购云峰基金向阿里巴巴集团投资 1 亿美元。此投资项目将有助于集团通过云峰基金拥有从事电子商贸及技术业务领先企业的财务投资，从而为集团带来经济利益，包括来自阿里巴巴集团的股息及其他经济利益。这一金融业投资措施，虽然对改善主营业务能够起到辅助作用，但中国动向的未来还取决于其主业运营，取决于其能否成功度过体育用品行业的深度调整期。

（4）特步国际

特步公司创立于 2001 年，是一家大型时尚运动体育用品企业，专门从事鞋服类体育用品的研发、设计、制造和销售业务。目标消费群主要是追求时尚、爱好时下娱乐的年轻人，其品牌文化具有时尚、前卫、自由、叛逆等特点。特步公司采取独特的娱乐营销和体育营销双重策略。娱乐营销方面，通过赞助影视娱乐明星和娱乐节目，吸引年轻人的注意；体育营销方面，积极赞助国家级及国际级体育赛事。娱乐营销与体育营销的结合，让特步运动品牌与众不同——时尚和活力，也提升了公司的盈利水平和成长空间。

高效的分销管理及供应链管理，让特步运动品牌脱颖而出。2013 年，特步公司致力于优化零售渠道，通过关店或店铺搬迁调整零售分销网络覆盖，提高其零售渠道的整体运营效率。全国性布局对巩固国内品牌知名度及领先地位起到重要作用。随着企业的发展壮大，特步公司还积极拓展网络渠道，分别与天猫、京东商城以及苏宁等第三方网购平台合作。2014 年，特步和阿里巴巴旗下“全球速卖通”正式签约，开辟跨境电商业务，拓展俄罗斯和巴西等新兴市场。特步公司还引进信息化工具——imo 企业即时通信平台，有效解决线上线下销售失衡、管理缺失和沟通不畅等网络销售难题。通过电商渠道突破“外贸代工”瓶颈，快速扩大品牌在海外市场的影响力。

创新是公司业务增长和持续成长的核心。特步国际“2013 年度业绩公告”显示，2013 年特步加大资金投入，努力研发新材料和新产品。研发投入增加 16.6%，约合人民币 1.114 亿元，占总收入的 2.6%。公司设立研发中心，拥有产品设计专业团队，并与法国、意大利、英国等世界一流设计公司有合作关系。公司每年推出不同系列的新颖时尚鞋类和服装类产品，通过完善跑步、户外、儿童及 X－TOP 系列，抢抓市场机遇，充分满足不同消费者的需求。

（5）宝胜国际

宝胜国际 1992 年开始经营，属于裕元工业（集团）有限公司的分部业务，早期主要从事特许经营品牌业务，在中国分销 Converse 产品。经过多年拓展扩张，宝胜国际逐步发展成为全国三大运动服零售商之一，其零售网络覆盖中国 26 个省、自治区及直辖市，甚至遍及香港及台湾地区。除零售业务之外，宝胜国际亦从事特许经营品牌业务，作为 Converse、Wolverine 及 Hush Puppies 的独家品牌特许经营商，这些品牌允许宝胜国际在订立产品价格、供应链管理、产品设计、市场营销以及产品推销方面具有一定自主性。

品牌代理方面，为配合集团未来规划，2012 年宝胜国际分别与 Wolverine 及 Hush Puppies 提前终止大中华及中国品牌代理协定。目前宝胜国际仍是国际品牌 Converse、Reebok 及 Hush Puppies 的特定区域独家品牌代理商，并与多家户外品牌公司如 O'Neill 洽谈。宝胜国际在指定期间特定区域内，对代理品牌产品享有设计、开发、制造、推广及经销的权利，并可灵活定价。品牌合作上，整合各种品牌资源，创造双赢条件。2013 年宝胜国际与台湾协定延长 Hush Puppies 的代理协定期。除体育品牌外，宝胜国际也关注户外休闲品牌业务。

组织再造上，精简公司管理层级，追求最佳人力配置及管理流程效率。为了迎合多变的市场发展趋势，公司改造和优化 IT 和物流系统，发展具有“统一采购、即时调拨”功能的系统，整合全国业务资源。宝胜国际也进行零售创新计划，追求在既有实体店基础上衍生出新通路及营销模式，如多品牌、异业结合、线上线下整合电子商务业务。宝胜国际经过数年扩张、收购与整合，目前已成为耐克、阿迪达斯等多家国际品牌的重要零售伙伴。

此外，宝胜国际作为全中国最大的运动服零售商，与多个全球领先品牌携手合作，为所有类别及年龄的客户提供运动服产品。为持续保持这一优势，继续开拓优质并具潜力的市场，迎接中国消费升级和配合品牌公司的管道整体策略，除精耕细作现有品牌及管道外，也加速户外及休闲运动等品牌的拓展及多品渠道的开发，有利于应对城市中逐渐成熟的消费族群、中国城镇化进程以及日益差异化、个性化的消费需求。

（6）361 度

361 度集团成立于 2003 年，是一家综合性体育用品公司，已成为中国运动品牌领先企业。2009 年 6 月 30 日，361 度于香港联交所主板成功上市，其经营的产品包括运动鞋服、童装、时尚休闲以及运动相关配件等，该公司一贯践行对运动、对企业、对社会“多一度热爱”的品牌理念。

在品牌建设方面，361 度作为大众品牌，采取多品牌路线，相继成立 361 度 kids 和 Innofashion 等品牌。集团以年龄在 18 ~ 30 岁的消费群体为目标，采取赞助大型体育赛事、与大型国营媒体展开战略性合作，以及聘请知名运动员为集团产品代言这三管齐下的策略进行市场营销。其一，361 度相继携手中国乒乓球俱乐部超级联赛、中国排球联赛等多项赛事，支持广州 2010 年亚运会、深圳 2011 年世界大学生运动会、海阳 2012 年亚洲沙滩运动会等大型综合性运动会。其二，361 度通过聘请孙杨、美国 NBA 明星球员 Kevin Love 等体育明星，为公司塑造专业运动服装公司形象。其三，聘请“中国好声音”新晋歌手吉克隽逸为公司品牌代言人，借助其影响力推动产品销售。此外，361 度积极承担企业社会责任，通过公益和慈善提升企业品牌和声誉，如联合中国扶贫基金会发起“爱·以你之名”公益活动。

在研发设计方面，361 度将自身定位为一家专业的运动服装公司，为所有热爱运动的年轻消费者设计和提供兼备科技与时尚的运动产品。为了取得产品创新及研发优势，361 度不仅注重产品质量和功能，而且在运动鞋服类设计中加入不同运动主题。为了紧跟时装、布料及款式的最新走势，公司还与北京服装设计学院合作，培育设计专才。2013 年 10 月，361 度和北欧著名运动品牌 One Way Sport 成为战略合作伙伴，开发滑雪靴、碳纤维滑雪杆、雪地轮滑等各种高端运动产品，共同开拓大中华区市场，开启跨地区和跨文化的创新合作。

在生产方面，361 度总部位于“中国鞋都”福建晋江，引进先进生产流水线及专用设备，执行 TQM 全面质量管理方针，确保产品的精良和稳定。

在经销方面，361 度拥有多项荣誉，被评为中国名牌产品，销售总额居于全国前列，运动鞋市场占有率连续多年名列前茅。2015 年 361 度在巴西和美国开门店，进军海外市场。随着互联网的迅速崛起，在传统实体店的基础上，361 度聚焦电商市场。2014 年 6 月 8 日，当当网新增设的“新品闪购”限时特卖频道正式上线，361 度立即借助当当网这一新品闪购特卖频道，吸引大量消费群体的关注；2014 年 9 月，还与百度联姻，推出系列儿童智能鞋，迅速占领市场份额，力争成为行业先锋。

（7）匹克体育

福建匹克集团有限公司成立于 1989 年，是一家集鞋类、鞋材、服装和包袋等体育用品生产和贸易于一体的外向型企业，2014 年“匹克”品牌商品产值达 80 亿元。2015 年美国篮球鞋排名，匹克成为仅次于耐克的第二大品牌，这既是泉州品牌的成功，又是中国民族品牌的成功。20 多年来，匹克通过“五步走”，将品牌逐步推上国际化正轨。第一步，名称的国际化，1991 年匹克提出“匹克”品牌名称，为国际化奠定基础。第二步，管理和产品质量标准的国际化，匹克先后执行ISO9000、ISO14001和ISO8001体系。第三步，商标的国际化，匹克已在全球185个国家和地区注册商标。第四步，品牌的国际化，匹克与FIFA（国际足联）、FIBA（国际篮联）、NBA（美国职业篮球联盟）和WTA（国际女子职业网联）等国际性体育组织，都达成合作伙伴关系，还通过与全球7个国家的奥委会和9个国家的篮球队保持合作将匹克的品牌和商标带向全世界。第五步，资本的国际化，2009年匹克在中国香港上市，加速国际化进程。

匹克体育专注专业研发，拥有全国领先的精专的研发团队，质检标准严格接轨国际标准甚至更高，耐磨和缓震两个指标已超过很多国际运动品牌，这是很多同类竞争产品都无法比拟的。

匹克注重渠道模式更新，库存清理，重视市场潜在需求的挖掘和分析，以及技术或设计的研发投入，提高门店的自营比例，加强公司对门店销售的控制力，并借鉴国际品牌运行模式逐步转型升级。零售网点数目由2011年底的7806家减少至2014年底的6004家，净减少1802家。服装产能过剩，市场几近饱和，库存严重积压，不得不关店求生存，意味着实体店流通模式落后，理应抛弃。作为业内最专业的体育品牌，匹克体育已完成首个目标，即5年内完成100个国际商标注册。匹克努力实现产品进入100个国家和地区、海外销售收入达到100亿元这两个目标。匹克体育志存高远，立志创建国际品牌，让世人看到中国运动品牌的崛起。

匹克体育借助国际化的顶级运动资源进行全球范围的立体营销，以此加快拓展海外市场，采用“以内保外”即以中国市场保证海外拓展和“以外拉内”即以国际拓展拉动中国市场的策略，继续在全球框架下营运，力图于2016年实现拥有稳定海外客户100家的目标。国内实行渠道扁平化方式，增加经销商取消省级代理商环节，同时加强与海外研发机构合作，来降低成本和提高效率，以此为消费者提供优质服务。

（8）飞克国际

飞克国际主要从事设计、生产及销售飞克品牌运动鞋业务。飞克是福建鑫威集团旗下品牌，创立于2004年，被授予中国制鞋工业百强企业、中国体育100强、中国驰名商标等称号。2004年推出飞克品牌，产品由19名授权分销商在中国208个城市构建的1169家授权零售店出售。飞克品牌以时尚运动为特征和表现要素，其属性包含时尚、运动、年轻、活力、速度感、力量、高品质、叛逆、充满激情和具有挑战性等。

飞克品牌包括运动鞋、运动服及运动配饰，以中国二、三线城市，年龄介于 14 岁至 25 岁的年轻人为目标市场。2009 年，以战机为设计灵感首创战机系列产品，集飞行服元素和时尚休闲元素于一体，提出飞克鹰和战机都是空中霸王的共同点。

飞克国际重视产品推广及宣传，营销部门负责评估市场信息，打造品牌形象，构思并组织宣传及市场推广。宣传及市场推广的形式包括品牌代言人、体育赞助、媒体广告及其他自主宣传活动。2004 年，聘请香港著名艺人黎明担任飞克产品代言人，任期三年。为配合推出赛车运动鞋及运动服系列，飞克聘请职业赛车手陈震担任代言人。赞助中国体育活动，以提高品牌知名度。为锁定目标市场和推广品牌，在中国多所大学举办宣传活动，并提供大学生奖学金或礼券。鼓励并协调授权分销商举办地方宣传活动，如授权零售店开张时，制作广告牌、地方电视台投放广告以及举办特别宣传活动。

未来，飞克国际将在二线以及较高端的三线城市扩张全新休闲品牌，关闭低效运动服饰店，继续为出口拓展业务并集中发展其他出口制造线，通过并购工厂的方式寻求纵向服装生产线的整合，紧密地把控市场动态以及监控周转，将飞克打造成创造健康生活方式和自信乐观态度的时尚运动品牌。

（9）美克国际

美克国际控股有限公司遵循“恒久经营、强势发展、开拓创新、和谐共赢”的经营理念，制定“品质为纲、管理为领、营销为核、服务为本、人才为强”的经营方针，务实工作，不断创新，至今已发展为集研发、生产、销售于一体的现代化大型企业。美克国际始终以目标消费者满意为准则，不断引导时尚潮流，力创精品。2010 年 2 月 1 日，美克国际在香港主板上市，美克品牌进入资本市场，开始迎接全新的挑战和机遇。

品牌建设，是美克始终不渝的发展方向。美克深信，强势品牌是实现最大利润的前提，也是经销商自身价值的保证。为了巩固品牌美誉度、扩大市场占有率以及提升品牌知名度，2011 年，国际举重联合会惠安比赛训练基地落户泉州之际，美克正式与体育事业接轨；开始与上海高铁长期合作投放广告；继续与优酷和百度合作，并投放高铁广告，扩大美克品牌宣传度。2012 年，美克对网络广告继续追加投放，冠名迅雷综艺频道，为美克电子商务和网络推广奠定坚实的基础。

2007 年，美克与中国女子曲棍球队签约结为战略合作伙伴，2008 年由美克赞助的中国女子曲棍球队在北京奥运会上取得银牌的好成绩。美克联袂国际乒联，成为上海“中国 VS 世界明星队挑战赛”世界明星队服装赞助商和苏州“2010 年中国乒乓球公开赛”高级赞助商。在上海世博会，美克成为“2010 年上海世博会联合国环境规划署（UNEP）”服装赞助商。美克总冠名 2012 年全国男子举重锦标赛暨伦敦奥运会选拔赛，为奥运健儿加油助威。另外，还全力赞助肯尼亚、斯洛文尼亚、爱尔兰代表团征战深圳大运会；亲临罗志祥在武汉、上海、广州和泉州等地的演唱会现场为其助威，把美克品牌推向新的高端。这些赞助营销传播，提升了美克品牌在鞋服行业的知名度和美誉度。

美克积极承担社会责任，支持各类公益事业，正如其“快乐”品牌精神，只要人人伸出力所能及的援助之手，将赢得一个快乐、和谐的世界。在教育事业发展和希望工程建设上，长期关注并多次捐助华侨大学、泉州师范学院等建设，2010 年 11 月，华侨大学丁思强大楼落成。同时，热心扶贫助困工程，向敬老院、各大商会、慈善基金会捐善款。2008 年 5·12汶川地震，美克第一时间向灾区捐款、捐物达 350 万元。美克的一系列慈善举措，赢得市场和消费者的广泛认可。此外，人性化管理机制为美克和经销商的双赢合作，提供坚强后盾。美克注重与经销商的情感沟通，更重视维护经销商的根本利益。

（10）富贵鸟

富贵鸟品牌于 1991 年创立，主营商务休闲男装、皮革配饰及男女鞋的制造和销售。公司恪守“创新求发展、质量求生存、管理创效益”的经营宗旨，不断提升产品质量和设计研发水平，维护品牌荣誉。2013 年 12 月 20 日，富贵鸟股份有限公司正式于香港联合交易所主板上市。

富贵鸟采取多元化品牌策略，拥有富贵鸟、FGN 及 AnyWalk 三个品牌。除主营产品外，还包括商务休闲男西装、夹克、衬衫、裤子以及皮革配饰。

此外，集团还贴牌加工多家海外品牌。富贵鸟致力于制造优质、舒适、引领市场潮流的鞋类及男装产品，对于富贵鸟、FGN 及 AnyWalk 等各品牌，富贵鸟公司都设有独立研究、设计及开发团队。此外，公司重视根据最新流行趋势及客户需求，提供各种款式的优质舒适鞋类。还通过旗下设计开发部门以及与公认的外部设计师及设计机构合作，系统地进行鞋类研究、设计及开发。

公司庞大的销售及分销网络遍布中国 31 个省、自治区及直辖市。富贵鸟根据市场和政策的变化，及时调整计划，2014 年上半年公司新增分店 300 间，但同时关闭 319 间无利店铺。富贵鸟预测未来百货零售将下降，而二、三线城市则趋平稳，因此对开店保持保守策略。

随着市场对个性化产品需求的增加及中国电子商务业务的发展，公司也通过大规模团购以及第三方网购平台来销售部分产品。2013 年 12 月，富贵鸟开始推出自行开发的网上交易平台；2014 年 8 月初，推出微信平台并投入运营；2014 年 8 月底，再推出 O2O 平台，实行互动式会员管理。目前该公司的微分销平台以微信平台为主，主要通过公司现有的线下员工资源，利用微信“朋友圈”的传播能力，迅速拓展开店和营销信息传播。2015 年富贵鸟将电子商务纳入重点发展策略，着力提升电子商务在集团的总体销售占比，将加大 O2O 及微信平台拓展电商领域的基础投资，以跨境电商为并购对象，加快拓展海外在线业务。

5.2.3　海外上市企业简介

（1）中体国际（野力）

野力体育（中国）有限公司于 2007 年在新加坡上市，是泉州第三家在海外上市的运动品牌企业，从事运动鞋服的研发、生产、销售和品牌化运营，是一家现代化知名运动鞋服企业。公司拥有现代先进生产线、实验室、检测室和技术转化中心等服务部门，并汇集业内优秀生产研发团队和品牌运营团队，员工近 1500 人。野力拥有全球自主知识产权，是“高效呼吸透气鞋”的首创者，近几年一直致力于透气鞋的深度开发和技术完善，荣获多项国家技术专利，推出透气性运动产品的全新标准，得到业内人士广泛关注，深受广大消费者欢迎，享有很高的市场美誉。

在品牌推广方面，2008 年野力与搜狐和华奥星空签约，结成战略合作伙伴，获得“一种多功能保健鞋”专利认证。2009 年请台湾人气偶像组合“飞轮海”为野力品牌形象代言人。2010 年签约国际足联品牌 FIFA，成为中国大陆地区 FIFA 品牌及 2010 年世界杯官方赛事店中国总代理。2014 年，野力体育（中国）有限公司正式签约美国加菲猫品牌，成为其中国区战略合作伙伴，这标志着野力正式进军童鞋领域。随着网络经济时代的到来，网络媒体的优势越来越突出，野力抓住机遇，大力拓展网络营销渠道，同时获得二、三线品牌竞争优势。

（2）鳄莱特

鳄莱特集团于 1983 年成立，2008 年在新加坡 IPO 成功上市，是集研发和产销于一体的综合性运动休闲品牌企业。鳄莱特集团自创立伊始就导入品牌，并实施品牌多元化经营。旗下拥有 ERATAT 高雅修身金牌男装、ERATAT 休闲时尚银牌男装两大品牌。鳄莱特以独特的品牌文化和创新的商品设计在国际时尚舞台上独树一帜，倡导“品位·生活”商品营销概念，宣扬“新英伦时尚美学”的品牌核心价值，全力打造新英伦美学第一品牌。2010 年，鳄莱特品牌定位逐渐从运动生活转变到时尚生活品牌；产品重心逐渐从运动休闲鞋转到休闲时尚服装方面。公司建立“生活 + 运动”的一个市场景框，通过持续不断地推广“生活 + 运动”文化，2011 年 8 月 30 日鳄莱特集团成立“鳄莱特终端管理商学院”，为开展科学终端管理培训，提高团队的专业技能提供平台。

2011 年开始，中国体育用品行业进入一个深度调整期，鳄莱特推出“金牌与银牌鳄莱特”休闲时尚男装系列，从体育用品行业转行男装行业。在认准休闲时尚男装后，鳄莱特迅速拓宽产品线，不仅重点打造金牌鳄莱特与银牌鳄莱特两个品牌，而且尝试推出休闲时尚女装以丰富产品类别，并在全国扩张生活馆和高端商场等销售网点。然而，鳄莱特没有意识到跨行转型需要商品设计、生产和营销服务等环节的统筹规划，上市后的鳄莱特规模持续扩大，但供应链和资金等管理失调，出现转型危机，2014 年 1 月 24 日暂停挂牌。

（3）喜得龙

喜得龙品牌创立于 2001 年。2009 年 10 月 30 日，喜得龙（中国）有限公司在美国纳斯达克交易大厅上市。2013～2014年，喜得龙连续两年荣获“中国鞋业十佳最具影响力品牌”荣誉称号，荣获“2013～2014年度最具影响力品牌”奖项。喜得龙崛起于OEM，为了加强研发能力，从OEM转变为ODM，做大做强企业外贸业务，加速推进企业上新台阶。

20多年来，喜得龙依靠研发创新，实现从小作坊到行业领先企业的蜕变，获得跨越式发展。通过差异化的品牌运营创新，不断巩固和提升核心竞争力，在市场中生存发展。喜得龙的创新力主要体现在以下三个方面。一是品牌创新。喜得龙一贯强调品牌创新，面对激烈的市场竞争，2014年喜得龙品牌全面升级，开始进军时尚休闲市场，让喜得龙升级为具有运动属性的时尚休闲品牌。喜得龙一直支持社会体育及公益事业的发展，引发全民健身热潮，传递正能量。时尚的运动形象与喜得龙倡导的“健康快乐、时尚休闲”品牌理念相一致，通过公益活动及赛事的赞助活动，喜得龙时尚健康的品牌形象也深入人心。

二是产品创新。依托国家研发基地的技术优势，喜得龙拥有领先于行业内水平的科研技术，成为其强有力的核心竞争力。喜得龙不断专注于产品外观的研究与时代潮流齐进，公司运营以线下运营为主，产品以时尚、休闲类产品为主，并对都市、航海等生活风尚进行全新演绎，使其拥有强大的市场。

三是商业模式创新。通过实体店铺融入网上销售的O2O商业模式，打通线上线下零售体系。喜得龙还在终端店特定区域摆放一块触摸屏，通过触摸屏展示的二维码，顾客可以扫描到自己的电子设备上，直接完成浏览、挑选、下单和支付等购物流程，打造网络自助购物新模式。

（4）喜得狼

喜得狼控股有限公司于1993年成立，是综合性大型潮流休闲品牌企业。公司秉承“立鸿鹏之志·创卓越品牌”的经营理念，主营休闲、滑板、跑步和户外鞋的生产，兼营服装、箱包等的研发与产销。2009年11月，喜得狼控股有限公司于马来西亚交易所主板上市。

喜得狼以文化推动管理升级，不断完善内部管理制度，定期评选优秀员工、举办优秀员工表彰大会。喜得狼品牌定位于高端时尚，以自信、有活力的年轻人为主导人群。有了精准的品牌定位和掌握了市场的消费能力，喜得狼将消费者的理解和市场的多变融入产品设计、终端形象及营销策略等不同层面。多年来，喜得狼品牌以“打造领先的潮流休闲品牌”为愿景，开创独特的娱乐营销模式，立足体育行业，不断融入娱乐生活元素，聘请众多娱乐明星为品牌形象代言人，独特的品牌定位和差异化的娱乐营销传播，使公司逐步发展成为中国潮流休闲市场最具知名度与美誉度的潮流休闲品牌。

除了实行娱乐营销策略，作为中国领先的潮流时尚休闲鞋服品牌，喜得狼品牌运营团队依据整体行业发展趋势，不断探索新的商业模式和渠道变革。为此，喜得龙领先于行业构建较为完整的渠道网络和推广宣传网络，在渠道布局方面成立专业化的电子商务运营团队，并在天猫、京东等主流电子商务平台建立官方旗舰店，组成完整的网络直营体系，成为喜得狼品牌运营的重要组成部分。2014 年 6 月 26 日，喜得狼还举办以“O2O 我先行”为主题的 2014 皮革与鞋品牌招商暨新品发布会。此外，喜得狼着手进行移动互联网的渠道构建，包括微博、微信和微店等新媒体形式的传播渠道。

（5）星泉国际

星泉国际体育控股有限公司于 2009 年在马来西亚上市，专业从事生产户外运动鞋、户外运动服装及鞋材（底）业务，也是国际品牌生产基地。下属子公司德意志山峰（福建）户外用品有限公司、艾迪耐斯（中国）有限公司，坐落于中国福建泉州的惠安县城南工业区星泉工业园。德意志山峰（福建）户外用品有限公司主要生产户外运动鞋、户外运动服装等中高档鞋服，艾迪耐斯（中国）有限公司为外贸品牌生产基地，拥有标准厂房 3 幢，生产系统全面执行精益生产流水线。长期以来，星泉集团不断加快整个企业的国际化进程，希望以品牌铸造为核心，通过创新投资，在多个领域创立领先品牌。

星泉国际在休闲领域打造出一个不凡的品牌——GERTOP·山峰，以其得天独厚的优势挺进休闲服饰领域。为现代都市精英量身定做的原生态休闲产品，以纯欧式的品位、自由独立的精神及大自然和谐之美为创作灵感，集个性化、功能性和环保实用于一体，引领具有欧式休闲品位的休闲生活方式。精准的品牌定位、健康的环保产品和高效的品牌运营队伍，GERTOP·山峰始终把“关注环保、保护动物”作为应尽的社会责任。在品牌理念方面，倡导人们以“自由奔放、超然洒脱”的开阔心境，去热爱生活和大自然。在品牌文化和产品研发方面，坚持融入环保概念，并将“保护藏羚羊、北极熊等濒临灭绝的动物”等公益信息与产品相结合，通过产品、终端等渠道，积极贯彻并传递“关注环保、保护动物”的理念。

5.3　样本数据收集及无量纲化处理

5.3.1　样本数据收集

财务指标主要来源于国泰安中心数据库（http：//www.stockstar.com）和新浪财经网站，部分缺失数据通过中国上市公司资讯网和公司年报补充。采用财务指标建立指标体系的最大优点是数据真实可靠。

环境指标主要来源于 2006～2013 年的《泉州城市统计年鉴》、《北京城市统计年鉴》、《青岛城市统计年鉴》、《厦门经济特区统计年鉴》、《上海城市统计年鉴》、中国知网年鉴数据库和各地政府网站。对于个别城市个别年份的缺失数据，运用线性回归方法计算得出。

本书对中国大陆 19 家体育用品上市企业数据的收集，为了增加样本量，使基于结构方程方法的评价模型更具普遍性，在样本数据的年份选择上，尽量查找更早年份的数据。[①] 为了保证样本数据的稳定性和连贯性，原则上要求每家企业至少有连续 4 年的样本数据。据此，本书共收集 130 份样本数据，每份包含 33 个测量指标（数据），如表 5－2 所示。

表 5－2　企业样本数据

单位：份

序　号	公司名称及股票代码	样本数据年份	年份数据	备　注
1	青岛双星（000599）	2006～2013	8	
2	探路者（300005）	2006～2013	8	
3	泰亚股份（002517）	2007～2013	7	

① 《中华人民共和国证券法》明确规定，上市企业必须公布上市前 3 年的财务报表，因此可以获得公司上市前 3 年的财务数据。

续表

序 号	公司名称及股票代码	样本数据年份	年份数据	备 注
4	中体产业（600158）	2006～2013	8	
5	李宁（02331）	2006～2013	8	
6	安踏体育（02020）	2006～2013	8	
7	中国动向（03818）	2006～2013	8	
8	特步国际（01368）	2006～2013	8	
9	宝胜国际（03813）	2007～2013	7	
10	361 度（01361）	2007～2013	7	
11	匹克体育（01968）	2006～2013	8	
12	飞克国际（01998）	2006～2012	7	2014 年停牌
13	美克国际（00953）	2006～2013	8	
14	富贵鸟（01819）	2010～2013	4	2009 年缺失
15	中体国际（FQ8）	2008～2013	6	
16	鳄莱特（FO8）	2009～2012	4	2014 年停牌
17	喜得龙（EDS）	2009～2013	5	
18	喜得狼（5156）	2009～2013	5	
19	星泉国际（5155）	2008～2013	6	
合 计	—	—	130	—

资料来源：作者整理。

5.3.2 样本数据无量纲化处理

原始数据中部分测量指标存在单位问题，为避免出现有的测量指标数据太大，而有的测量指标数据太小，不利于结构方程模型构建，对原始数据用均值法进行无量纲化（张卫华、赵铭军，2005）处理，均值法无量纲化可以保全各测量指标变异程度的信息。计算方法如下：$x' = \frac{x}{\bar{x}}$。其中 x' 表示均值法无量纲化处理后所有体育用品企业各测量指标各年的数据，x 为所有体育用品企业各测量指标各年的原始数据，$\bar{x}$ 为所有体育用品企业各测量指标各年数据的平均数。

5.4　测量模型检验

5.4.1　成长资源测量模型检验

(1) 无形资源

无形资源包含三个测量指标：无形资产（R1）、无形资产增长率（R2）和商誉（R4）。使用结构方程模型软件 Lisrel 8.70，检验无形资源测量模型的拟合，模型的标准化路径系数如图 5－1 所示。

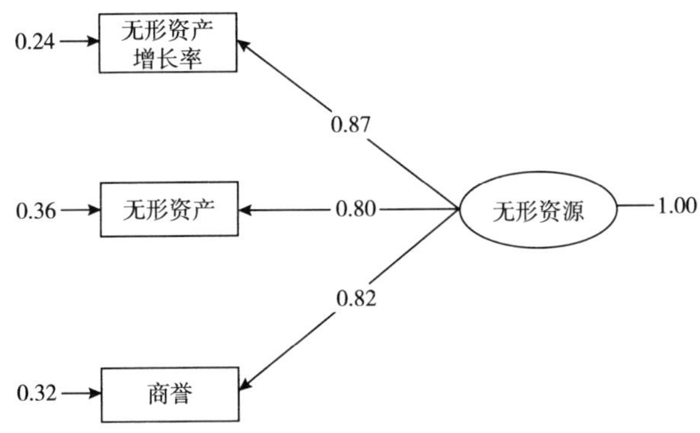

图 5－1　无形资源测量模型标准化路径系数

资料来源：作者整理。

潜变量依靠测量指标反映，潜变量与测量指标之间必须具备良好的聚敛关系。因子载荷（完全标准化解）既能反映测量误差的影响，又能显示个别题项反映潜变量的程度。一般认为，因子载荷（λ）是拟合效果的基本判断标准，λ >0.71 说明潜变量可以解释测量指标近 50% 的变异量，测量指标（项目）质量理想。判断因子载荷 λ 的截断值一般为 0.30，本书确定为 0.40。某标识能否被接受，还得考虑因子载荷的统计学意义，如其 $t>1.96$。

从标准化路径系数图 5－1 可知，无形资源的三个测量指标中，最小因子载荷为 0.80，大于 0.40 的最小标准，显示测量指标（项目）质量良好。因此，无形资源测量模型拟合理想，模型可以接受，即无形资源所设的三个测量指标，可以很好地用来测量无形资源的变异。

(2) 有形资源

有形资源包含四个测量指标：固定资产（R5）、存货（R6）、货币资金（R7）和应收账款（R8）。用 Lisrel 8.70 检验有形资源测量模型的拟合，模型的标准化路径系数如图 5 - 2 所示。

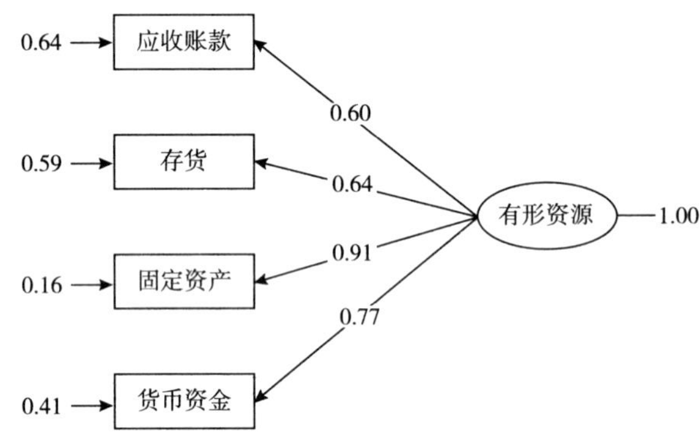

图 5 - 2 有形资源测量模型标准化路径系数

资料来源：作者整理。

从标准化路径系数图 5 - 2 可知，有形资源的四个测量指标中，最小的因子载荷为 0.60，大于 0.40 的最小标准，显示测量指标质量良好。在模型拟合方面，$P = 0.2562 > 0.05$，$RMSEA = 0.053 < 0.08$，显示模型拟合良好。因此，有形资源测量模型拟合可以接受，即有形资源所设的四个测量指标，可以很好地用来测量有形资源的变异。

5.4.2 成长能力测量模型检验

(1) 管理能力

管理能力包含三个测量指标：管理费用率（A4）、经营费用率（A5）和销售净利率（A7）。用 Lisrel 8.70 检验管理能力测量模型的拟合，模型的标准化路径系数如图 5 - 3 所示。

从标准化路径系数图 5 - 3 可知，管理能力的三个测量指标中，最小的因子载荷为 0.72，大于 0.40 的最小标准，显示测量指标质量良好。因此，管理能力测量模型拟合可以接受，即管理能力所设三个测量指标，可以很好地用来测量管理能力的变异。

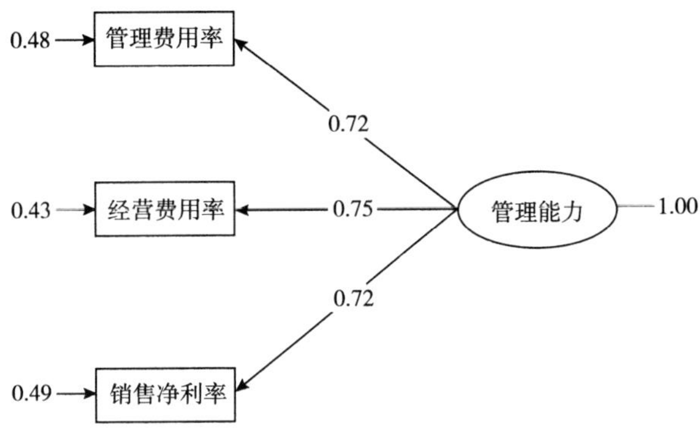

图5-3 管理能力测量模型标准化路径系数

资料来源：作者整理。

(2) 营运能力

营运能力包含四个测量指标：应收账款周转率（A9)、流动资产周转率（A10)、存货周转率（A11）和固定资产周转率（A12)。用Lisrel 8.70检验营运能力测量模型的拟合，模型的标准化路径系数如图5-4所示。

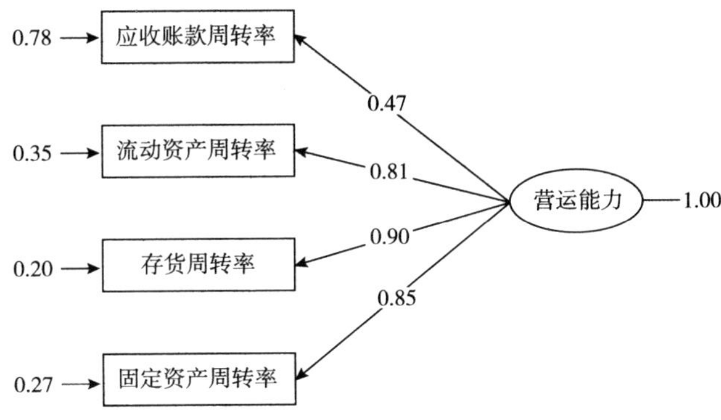

图5-4 营运能力测量模型标准化路径系数

资料来源：作者整理。

从标准化路径系数图5-4可知，营运能力的四个测量指标中，最小因子载荷为0.47，大于0.40的最小标准，显示测量指标质量良好。因此，营运能力测量模型拟合可以接受，即营运能力所设的四个测量指标，可以很好地用来测量营运能力的变异。

(3) 偿债能力

偿债能力包含四个测量指标：资产负债率（A14)、产权比率

(A15)、流动比率(A16)和速动比率(A17)。用 Lisrel 8.70 检验偿债能力测量模型的拟合,模型的标准化路径系数如图 5-5 所示。

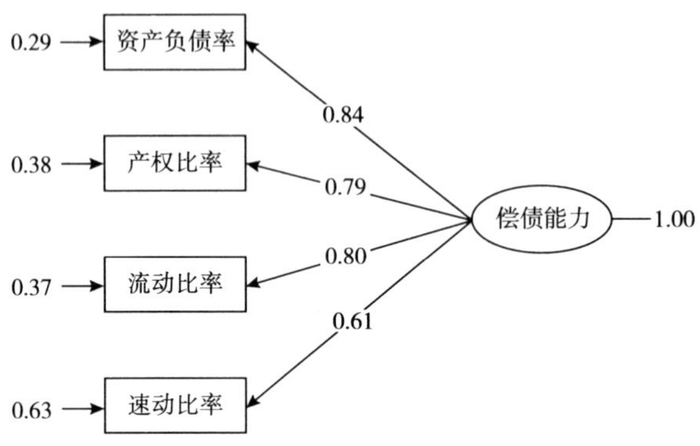

图 5-5 偿债能力测量模型标准化路径系数

资料来源:作者整理。

偿债能力最小的因子载荷为 0.61,大于 0.40 的最小标准,显示测量指标质量良好。在模型拟合方面,P = 0.3087 > 0.05,RMSEA = 0.037 < 0.05,显示模型拟合较为理想。因此,偿债能力测量模型拟合可以接受,即偿债能力所设的四个测量指标,可以很好地用来测量偿债能力的变异。

(4)盈利能力

盈利能力包含三个测量指标:净资产收益率(A18)、销售毛利润率(A19)和资产报酬率(A20)。用 Lisrel 8.70 检验盈利能力测量模型的拟合,模型的标准化路径系数如图 5-6 所示。

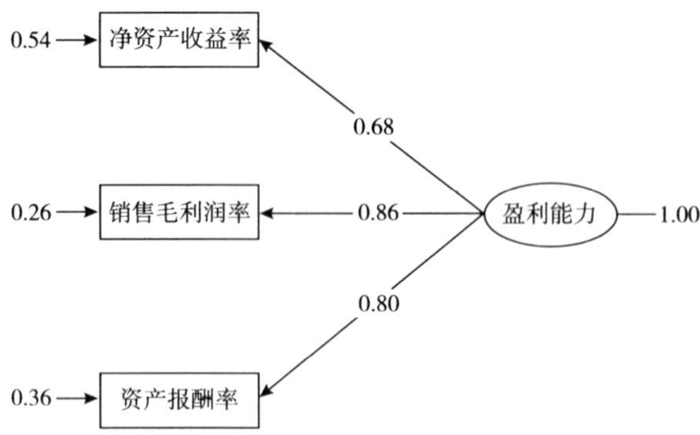

图 5-6 盈利能力测量模型标准化路径系数

资料来源:作者整理。

盈利能力最小的因素子荷为0.68，大于0.40的最小标准，显示测量指标质量良好。因此，盈利能力测量模型拟合可以接受，即盈利能力所设的三个测量指标，可以很好地用来测量盈利能力的变异。

5.4.3　成长环境测量模型检验

（1）科技环境支持力

科技环境支持力包含三个测量指标：区域人均专利数（E1）、区域中体育用品企业比重（E2）和年技术合同数（E3）。用Lisrel 8.70检验科技环境支持力测量模型的拟合，模型的标准化路径系数如图5－7所示。

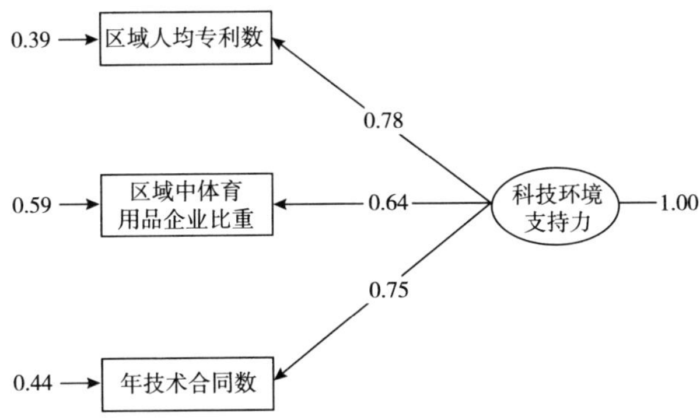

图5－7　科技环境支持力测量模型标准化路径系数

资料来源：作者整理。

科技环境支持力最小因子载荷为0.64，大于0.40的最小标准，显示测量指标质量良好。因此，科技环境支持力测量模型拟合可以接受，即科技环境支持力所设的三个测量指标，可以很好地用来测量科技环境支持力的变异。

（2）社会环境支持力

社会环境支持力包含三个测量指标：区域从业体育用品企业管理人员比重（E7）、区域人均教育投入（E8）和区域单位企业科学家与工程师数量（E9）。用Lisrel 8.70检验社会环境支持力测量模型的拟合，模型的标准化路径系数如图5－8所示。

社会环境支持力最小的因子载荷为0.52，大于0.40的最小标准，显示测量指标质量良好。因此，社会环境支持力测量模型拟合可以接受，即

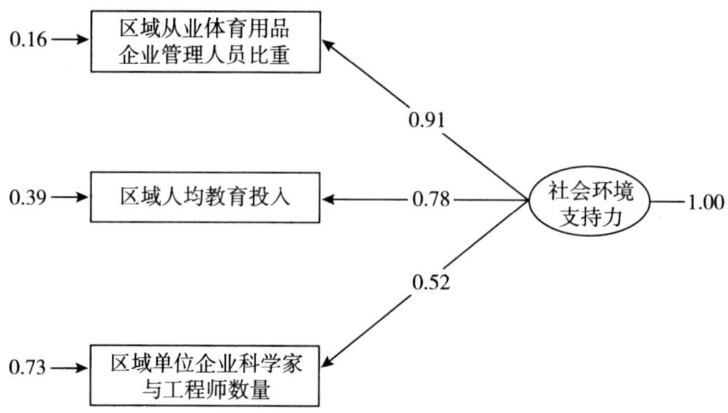

图 5-8　社会环境支持力测量模型标准化路径系数

资料来源：作者整理。

社会环境支持力所设的三个测量指标，可以很好地用来测量社会环境支持力的变异。

（3）经济环境支持力

经济环境支持力包含三个测量指标：区域人均工资水平（E10）、区域人均生产总值（E11）和区域人均消费水平（E12）。用 Lisrel 8.70 检验经济环境支持力测量模型的拟合，模型的标准化路径系数如图 5-9 所示。

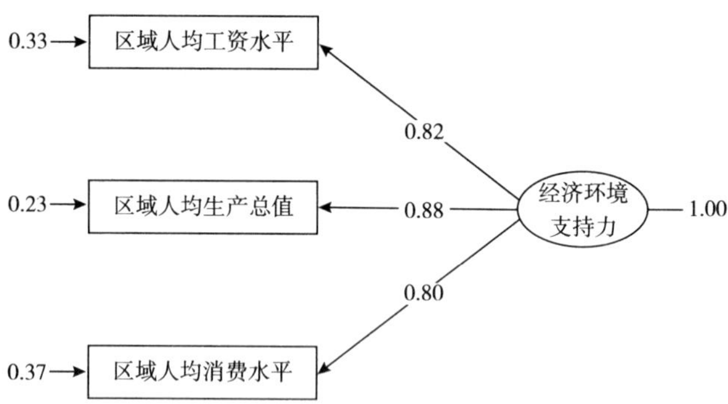

图 5-9　经济环境支持力测量模型标准化路径系数

资料来源：作者整理。

经济环境支持力最小的因子载荷为 0.80，大于 0.40 的最小标准，显示测量指标质量良好。因此，经济环境支持力测量模型拟合可以接受，即经济环境支持力所设的三个测量指标，可以很好地用来测量经济环境支持力的变异。

（4）环境适应力

环境适应力包含三个测量指标：经济贡献率（E13）、人均利税率（E14）和社会贡献率（E16）。用 Lisrel 8.70 检验环境适应力测量模型的拟合，模型的标准化路径系数如图 5－10 所示。

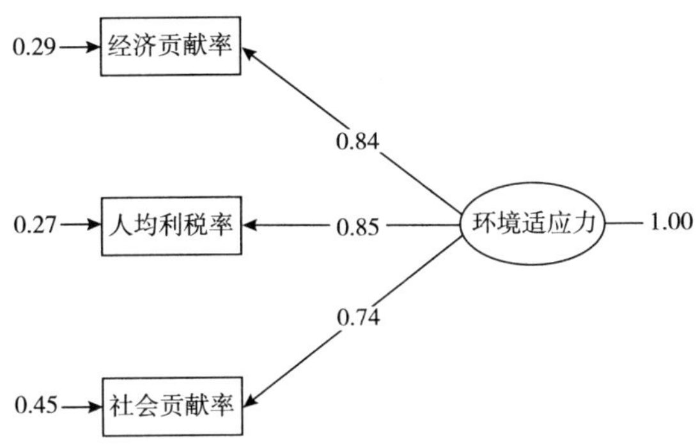

图 5－10　环境适应力测量模型标准化路径系数

资料来源：作者整理。

环境适应力最小的因子载荷为 0.74，大于 0.40 的最小标准，显示测量指标质量良好。因此，环境适应力测量模型拟合可以接受，即环境适应力所设的三个测量指标，可以很好地用来测量环境适应力的变异。

5.4.4　成长性测量模型检验结果汇总

根据前文测量模型检验结果可知，10 个成长指标的测量模型不需要修正都能顺利通过，其测量模型检验结果见表 5－3。

表 5－3　体育用品企业成长性测量模型检验结果

成长因子	成长指标	测量指标	结果
成长资源	无形资源	R1 无形资产 R2 无形资产增长率 R4 商誉	通过
	有形资源	R5 固定资产 R6 存货 R7 货币资金 R8 应收账款	通过

续表

成长因子	成长指标	测量指标	结果
成长能力	管理能力	A4 管理费用率 A5 经营费用率 A7 销售净利率	通过
	营运能力	A9 应收账款周转率 A10 流动资产周转率 A11 存货周转率 A12 固定资产周转率	通过
	偿债能力	A14 资产负债率 A15 产权比率 A16 流动比率 A17 速动比率	通过
	盈利能力	A18 净资产收益率 A19 销售毛利润率 A20 资产报酬率	通过
成长环境	科技环境支持力	E1 区域人均专利数 E2 区域中体育用品企业比重 E3 年技术合同数	通过
	社会环境支持力	E7 区域从业体育用品企业管理人员比重 E8 区域人均教育投入 E9 区域单位企业科学家与工程师数量	通过
	经济环境支持力	E10 区域人均工资水平 E11 区域人均生产总值 E12 区域人均消费水平	通过
	环境适应力	E13 经济贡献率 E14 人均利税率 E16 社会贡献率	通过

资料来源：作者整理。

总之，本节在无量纲化数据的基础上，根据测量模型检验结果，计算10个成长指标得分，用于构建体育用品企业成长性模型。

5.5　成长性评价模型

利用 Lisrel 8.70 软件构建体育用品企业成长性评价模型，对各变量进行模型识别、拟合与模型修正，并分析模型运行结果。所得模型的拟合结果如表 5-4 所示，模型的标准化路径系数如图5-11所示。

表 5-4　体育用品企业成长性评价模型拟合结果

	χ^2	df	χ^2/df	RMSEA	NNFI	CFI	SRMR
参考标准	—	—	1～2	<0.10 可接受	>0.90	>0.90	<0.08
模 型 值	63.68	32	1.99	0.103	0.889	0.895	0.079

资料来源：作者整理。

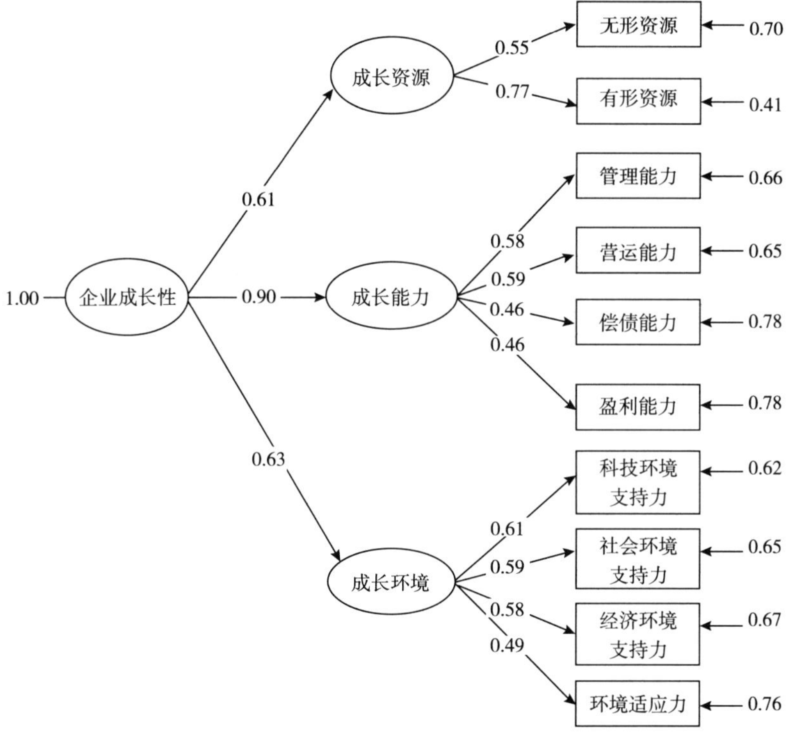

图 5-11　体育用品企业成长性评价模型标准化路径系数

资料来源：作者整理。

由表 5 - 4 可知，模型的 RMSEA = 0.103，比 0.10 的可接受标准稍大，其 90% 的置信区间为（0.094，0.112），涵盖 0.10 的可接受值；SRMR = 0.079 < 0.08 较理想；而 NNFI 和 CFI 两个拟合指数略小于 0.90，处于临界值附近。一般认为，对于拟合指数在临界值附近的模型，不必将临界值看得太绝对，[①] 当拟合指数在临界值附近时，应当综合多种方法对模型做出检验和修正，结合模型的理论背景和可解释程度，对最终拟合的模型进行多角度的讨论（温忠麟、侯杰泰，2008）。

本书所构建的体育用品企业成长性评价模型，经过相关文献研究和基础理论分析，通过问卷调研进行合理性统计论证，且路径系数、因子载荷和 χ^2/df 值都良好，拟合指数稍低而相差很小。因此，结合模型的理论背景和可解释程度，本书认为所建构的体育用品企业成长性评价模型可以接受。

由图 5 - 11 可知，成长能力的标准化路径系数为 0.90，为避免出现临界解的情况，对该路径系数进行检验，0.90 ± 1.96 × 0.03，即 0.8412 ~ 0.9588，未包含 1.00，说明该路径系数可以接受。

5.6 指标权重计算及评价过程

5.6.1 体育用品企业成长性指标权重计算

路径系数是结构方程模型路径分析的标准化回归系数。路径系数（因子载荷）的绝对值越大，说明其对下一维度的贡献越大。对图 5 - 11 标准化因子载荷及标准化路径系数进行归一化处理，并对各成长因子和成长指标进行权重分配，结果见表 5 - 5。

从表 5 - 5 可以分别得出成长因子、成长指标的权重，体育用品企业的成长能力因子贡献率是最大的，权重为 42.06%；其次是成长环境因子，权重为 29.43%；最后是成长资源因子，权重为 28.51%。在成长指标中，有形资源权重最大，为 16.63%。因此，体育用品企业上市公司应

① 在 SEM 分析中，检验和评价一个模型需要从多个方面进行，拟合指数只是其中的一个方面。在发现错误模型方面，检验路径参数、检视因子载荷或 R^2、检视残差矩阵、检视修正指数等，往往比检验拟合指数有更强的检验力。

重视提升企业能力，关注企业成长资源的获取及培育。

表 5－5　体育用品企业成长性评价指标体系权重分配结果

单位：%

	成长因子/权重	成长指标	权重
体育用品企业成长性评价指标体系	成长资源（28.51）	无形资源	11.88
		有形资源	16.63
	成长能力（42.06）	管理能力	11.67
		营运能力	11.87
		偿债能力	9.26
		盈利能力	9.26
	成长环境（29.43）	科技环境支持力	7.91
		社会环境支持力	7.65
		经济环境支持力	7.52
		环境适应力	6.35

资料来源：作者整理。

5.6.2　体育用品企业成长性评价过程

根据表 5－5 体育用品企业成长性评价指标权重，运用综合指数法得出成长资源因子、成长能力因子和成长环境因子指数及其成长指标指数，计算出其相应综合得分。

①对原始数据进行均值法无量纲化处理，均值法无量纲化可以很好地保留各指标变异程度的信息。计算方法如下：$x' = \frac{x}{\bar{x}}$。其中 x' 表示均值法无量纲化处理后所有体育用品企业各指标各年的数据，x 为所有体育用品企业各指标各年的原始数据，$\bar{x}$ 为所有体育用品企业各指标各年数据的平均数。

②将无量纲化后的数据进行加权平均，得到 10 个成长指标的综合数据。计算方法如下：$IB_i = \sum x'_{ij}A_j$，$(i = 1,2,3,\cdots,10;j = 1,2,\cdots,33)$。其中，$IB_i$ 表示 10 个成长指标的综合数据；A_j 表示 10 个成长指标下 33 个测量指标的各个权重。如：$IB_3 = x'_{48}A_8 + x'_{49}A_9 + x'_{410}A_{10}$。

③将得到的 10 个成长指标的综合数据进行加权平均，得到 3 个成长因子的综合数据。计算方法如下：$IT_i = \sum IB_{ij}D_j$，$(i = 1,2,3; j = 1,2,\cdots,10)$。其中，$IB_i$ 表示 10 个成长指标的综合数据；D_j 表示 3 个成长因子下的 10 个成长指标的权重。如：$IT_3 = IB_{37}D_7 + IB_{38}D_8 + IB_{39}D_9 + IB_{310}D_{10}$。

④最后得出体育用品企业成长性得分，计算方法为 $T = \sum_{i=1}^{3} IT_i e_i$，其中，$IT_i$ 表示 3 个成长因子，e_i 表示 3 个成长因子的权重。

5.7 静态成长性评价

5.7.1 体育用品企业静态成长性评价结果及分析

根据 5.6.2 描述的计算方式，本书计算获得 2009～2013 年体育用品企业成长性（G），以及成长资源（R）、成长能力（A）、成长环境（G）3 个成长因子的得分和排名，见表 5－6 至表 5－11。

表 5－6 2009 年体育用品企业成长性及 3 个成长因子得分和排名

企业名称	成长资源		成长能力		成长环境		成长性	
	得分	排名	得分	排名	得分	排名	得分	排名
中国动向	0.7134	4	0.7723	1	0.2456	4	1.7313	1
李　　宁	1.0352	1	0.4056	13	0.2456	6	1.6863	2
安踏体育	0.7764	3	0.5329	7	0.3122	1	1.6215	3
宝胜国际	1.0018	2	0.1761	18	0.2837	3	1.4616	4
361　度	0.3194	5	0.5004	9	0.3122	2	1.1320	5
匹克体育	0.2071	9	0.6001	5	0.1817	12	0.9889	6
中体国际	0.0740	12	0.7232	2	0.1817	9	0.9789	7
飞克国际	0.0487	14	0.6561	3	0.1817	10	0.8865	8
星泉国际	0.0347	16	0.6546	4	0.1817	11	0.8710	9
特步国际	0.2142	7	0.4749	10	0.1817	15	0.8708	10
青岛双星	0.3094	6	0.3227	15	0.2256	8	0.8578	11
鳄 莱 特	0.0574	13	0.5778	6	0.1817	13	0.8168	12
探 路 者	0.0322	17	0.4713	11	0.2456	5	0.7491	13

续表

企业名称	成长资源		成长能力		成长环境		成长性	
	得分	排名	得分	排名	得分	排名	得分	排名
喜 得 龙	0.1134	10	0.4444	12	0.1817	16	0.7395	14
喜 得 狼	0.0419	15	0.5122	8	0.1817	14	0.7359	15
中体产业	0.2109	8	0.2351	17	0.2456	7	0.6915	16
美克国际	0.0763	11	0.3909	14	0.1817	17	0.6490	17
泰亚股份	0.0304	18	0.3036	16	0.1817	18	0.5157	18
富 贵 鸟	—	—	—	—	—	—	—	—

资料来源：作者整理。

表5-7　2010年体育用品企业成长性及3个成长因子得分和排名

企业名称	成长资源		成长能力		成长环境		成长性	
	得分	排名	得分	排名	得分	排名	得分	排名
李　　宁	1.0500	1	0.4006	13	0.2766	5	1.7272	1
安踏体育	0.8674	3	0.5246	7	0.3078	2	1.6999	2
中国动向	0.7347	4	0.6536	1	0.2766	4	1.6649	3
宝胜国际	0.9381	2	0.2308	19	0.3212	1	1.4902	4
361　度	0.3408	5	0.5015	9	0.3078	3	1.1502	5
匹克体育	0.2572	7	0.5164	8	0.2047	14	0.9783	6
喜 得 龙	0.1402	10	0.5895	2	0.2047	9	0.9345	7
特步国际	0.2508	8	0.4716	11	0.2047	16	0.9272	8
青岛双星	0.3283	6	0.2808	18	0.2705	8	0.8796	9
星泉国际	0.0676	15	0.5698	3	0.2047	10	0.8421	10
鳄 莱 特	0.0639	16	0.5421	4	0.2047	11	0.8108	11
中体产业	0.2251	9	0.3089	16	0.2766	7	0.8106	12
飞克国际	0.0729	14	0.5310	6	0.2047	13	0.8086	13
喜 得 狼	0.0423	18	0.5412	5	0.2047	12	0.7883	14
泰亚股份	0.0502	17	0.4999	10	0.2047	15	0.7549	15
中体国际	0.0966	13	0.4339	12	0.2047	17	0.7353	16
探 路 者	0.0372	19	0.3985	14	0.2766	6	0.7124	17
美克国际	0.1189	11	0.3501	15	0.2047	18	0.6737	18
富 贵 鸟	0.1165	12	0.2962	17	0.2047	19	0.6175	19

资料来源：作者整理。

表 5-8 2011 年体育用品企业成长性及 3 个成长因子得分和排名

企业名称	成长资源		成长能力		成长环境		成长性	
	得分	排名	得分	排名	得分	排名	得分	排名
宝胜国际	1.2841	1	0.2689	17	0.3354	3	1.8885	1
安踏体育	0.9355	3	0.5024	8	0.3540	1	1.7920	2
李　宁	1.0341	2	0.2644	18	0.3322	8	1.6307	3
中国动向	0.6283	4	0.4118	12	0.3322	6	1.3723	4
中体国际	0.0933	13	1.0153	1	0.2344	9	1.3430	5
喜得龙	0.2125	10	0.8599	2	0.2344	10	1.3068	6
鳄莱特	0.0725	16	0.7569	3	0.2344	11	1.0638	7
361 度	0.4096	5	0.2932	15	0.3540	2	1.0568	8
特步国际	0.3157	7	0.4440	9	0.2344	16	0.9941	9
匹克体育	0.2933	8	0.4426	10	0.2344	17	0.9703	10
青岛双星	0.3432	6	0.2756	16	0.3329	4	0.9516	11
飞克国际	0.0831	14	0.5650	6	0.2344	14	0.8826	12
泰亚股份	0.0514	17	0.5854	4	0.2344	12	0.8712	13
星泉国际	0.0816	15	0.5489	7	0.2344	15	0.8649	14
喜得狼	0.0512	18	0.5690	5	0.2344	13	0.8545	15
中体产业	0.2166	9	0.2938	14	0.3322	7	0.8426	16
探路者	0.0506	19	0.4166	11	0.3322	5	0.7994	17
富贵鸟	0.1455	11	0.3893	13	0.2344	18	0.7692	18
美克国际	0.1164	12	0.2555	19	0.2344	19	0.6063	19

资料来源：作者整理。

表 5-9 2012 年体育用品企业成长性及 3 个成长因子得分和排名

企业名称	成长资源		成长能力		成长环境		成长性	
	得分	排名	得分	排名	得分	排名	得分	排名
宝胜国际	1.6959	1	0.2195	16	0.4010	17	2.3164	1
安踏体育	1.0297	2	0.3818	9	0.3913	18	1.8028	2
喜得龙	0.2895	9	0.9003	1	0.4415	2	1.6313	3
中国动向	0.6037	4	0.5563	5	0.4399	13	1.5999	4
鳄莱特	0.0812	18	0.7251	2	0.4415	3	1.2478	5
361 度	0.5052	5	0.3140	11	0.3913	19	1.2105	6
特步国际	0.3732	6	0.3710	10	0.4415	8	1.1857	7

续表

企业名称	成长资源		成长能力		成长环境		成长性	
	得分	排名	得分	排名	得分	排名	得分	排名
喜 得 狼	0. 1095	13	0. 6207	3	0. 4415	4	1. 1718	8
青岛双星	0. 3371	7	0. 2416	15	0. 5733	1	1. 1520	9
星泉国际	0. 0931	16	0. 5805	4	0. 4415	5	1. 1152	10
匹克体育	0. 3025	8	0. 3011	12	0. 4415	9	1. 0451	11
泰亚股份	0. 1190	12	0. 4810	6	0. 4415	6	1. 0415	12
富 贵 鸟	0. 1621	11	0. 4155	7	0. 4415	7	1. 0191	13
李　　宁	0. 6782	3	-0. 1931	19	0. 4399	16	0. 9250	14
探 路 者	0. 0709	19	0. 4015	8	0. 4399	14	0. 9122	15
中体产业	0. 2129	10	0. 2155	17	0. 4399	15	0. 8683	16
飞克国际	0. 0904	17	0. 2974	13	0. 4415	10	0. 8294	17
中体国际	0. 1008	15	0. 2752	14	0. 4415	11	0. 8175	18
美克国际	0. 1036	14	-0. 0753	18	0. 4415	12	0. 4698	19

资料来源：作者整理。

表 5-10　2013 年体育用品企业成长性及 3 个成长因子得分和排名

企业名称	成长资源		成长能力		成长环境		成长性	
	得分	排名	得分	排名	得分	排名	得分	排名
宝胜国际	1. 5558	1	0. 2154	12	0. 4104	15	2. 1816	1
安踏体育	1. 0126	2	0. 3716	7	0. 4015	16	1. 7857	2
中国动向	0. 5565	4	0. 6472	2	0. 4268	11	1. 6304	3
喜 得 龙	0. 2976	9	0. 6656	1	0. 5149	2	1. 4782	4
星泉国际	0. 1074	14	0. 6459	3	0. 5149	3	1. 2681	5
青岛双星	0. 3410	7	0. 2263	11	0. 6979	1	1. 2652	6
特步国际	0. 4139	6	0. 2920	8	0. 5149	6	1. 2208	7
李　　宁	0. 6382	3	0. 1446	16	0. 4268	14	1. 2096	8
富 贵 鸟	0. 2469	10	0. 4235	5	0. 5149	5	1. 1853	9
361　度	0. 4972	5	0. 2148	13	0. 4015	17	1. 1135	10
匹克体育	0. 3273	8	0. 2695	9	0. 5149	7	1. 1117	11
喜 得 狼	0. 1146	13	0. 4599	4	0. 5149	4	1. 0894	12
中体产业	0. 2276	11	0. 2604	10	0. 4268	13	0. 9148	13
探 路 者	0. 0916	16	0. 3857	6	0. 4268	12	0. 9040	14

续表

企业名称	成长资源		成长能力		成长环境		成长性	
	得分	排名	得分	排名	得分	排名	得分	排名
泰亚股份	0.1253	12	0.1711	15	0.5149	9	0.8113	15
中体国际	0.0917	15	0.1787	14	0.5149	8	0.7853	16
美克国际	0.0831	17	-0.4376	17	0.5149	10	0.1604	17
飞克国际	—	—	—	—	—	—	—	—
鳄莱特	—	—	—	—	—	—	—	—

资料来源：作者整理。

表 5-11 2009~2013 年体育用品企业成长性得分和排名

企业名称	2009 年		2010 年		2011 年		2012 年		2013 年	
	得分	排名	得分	排名	得分	排名	得分	排名	得分	排名
宝胜国际	1.4616	4	1.4902	4	1.8885	1	2.3164	1	2.1816	1
安踏体育	1.6215	3	1.6999	2	1.7920	2	1.8028	2	1.7857	2
中国动向	1.7313	1	1.6649	3	1.3723	4	1.5999	4	1.6304	3
喜得龙	0.7395	14	0.9345	7	1.3068	6	1.6313	3	1.4782	4
星泉国际	0.8710	9	0.8421	10	0.8649	14	1.1152	10	1.2681	5
青岛双星	0.8578	11	0.8796	9	0.9516	11	1.1520	9	1.2652	6
特步国际	0.8708	10	0.9272	8	0.9941	9	1.1857	7	1.2208	7
李宁	1.6863	2	1.7272	1	1.6307	3	0.9250	14	1.2096	8
富贵鸟	—	—	0.6175	19	0.7692	18	1.0191	13	1.1853	9
361 度	1.1320	5	1.1502	5	1.0568	8	1.2105	6	1.1135	10
匹克体育	0.9889	6	0.9783	6	0.9703	10	1.0451	11	1.1117	11
喜得狼	0.7359	15	0.7883	14	0.8545	15	1.1718	8	1.0894	12
中体产业	0.6915	16	0.8106	12	0.8426	16	0.8683	16	0.9148	13
探路者	0.7491	13	0.7124	17	0.7994	17	0.9122	15	0.9040	14
泰亚股份	0.5157	18	0.7549	15	0.8712	13	1.0415	12	0.8113	15
中体国际	0.9789	7	0.7353	16	1.3430	5	0.8175	18	0.7853	16
美克国际	0.6490	17	0.6737	18	0.6063	19	0.4698	19	0.1604	17
飞克国际	0.8865	8	0.8086	13	0.8826	12	0.8294	17	—	—
鳄莱特	0.8168	12	0.8108	11	1.0638	7	1.2478	5	—	—

资料来源：作者整理。

首先，从表 5 - 6 至表 5 - 11 可以看出，在体育用品企业成长性方面，宝胜国际、中国动向和安踏体育在 2009 ~ 2013 年 5 年内始终处于前四名，在成长性得分方面也是显著高于其他体育用品企业。这是因为这三家体育用品企业的成长资源和其他企业相比处于遥遥领先的地位，尤其是无形资源，这三家企业 2009 ~ 2013 年的无形资产所占比率和无形资产增长率数值是所有企业 2009 ~ 2013 年该项指标平均数的三倍以上。而对于成长能力和成长环境来说，虽然宝胜国际、中国动向和安踏体育未取得领先地位甚至处于劣势，但巨大的成长资源优势，让这三家企业在成长性方面处于领先地位。无形资源是不具实物形态而能带来经济利益的资产，包括土地使用权、商标权、专利权、著作权和商誉等，其价值不仅体现在自身实现所带来的经济价值上，而且体现在无形资源的竞争和模仿效应及其对创新、品牌的促进和保护作用上，无形资源对体育用品企业的成长越来越重要。

其次，成长能力处于领先地位的企业，其成长性排名也处于中上水平，成长能力对企业成长性的影响最大（权重为 42.06%，大于成长资源的 28.51% 和成长环境的 29.43%）。企业的成长能力，以管理能力和营运能力为主，管理能力和营运能力体现体育用品企业的现代运营管理水平，成长能力体现体育用品企业在特定成长环境下运作企业成长资源的能力，因而，成长能力对企业成长性有着重要的影响，是连接企业成长资源和成长环境的纽带。

最后，企业成长环境处于劣势的企业，其成长性排名也可能处于前列，比如宝胜国际和安踏体育，其 2013 年成长环境排名为第 15 位和第 16 位。这是因为成长环境得分之间差距不大，以 2013 年 19 家体育用品企业的成长环境得分为例，成长环境得分最高者为青岛双星（得分为 0.6979），第二为喜得龙（得分为 0.5149），宝胜国际和安踏体育的成长环境得分分别为 0.4104、0.4015，可以看出，各个企业成长环境得分之间并没有显著差距。

总体来看，不同体育用品企业之间成长性相差巨大，甚至出现两极分化的情况。体育用品企业成长资源、成长能力和成长环境三个因子应该相互协调、均衡成长，其中任何一方失衡都有可能影响企业健康成长。

5.7.2 体育用品企业成长资源分析

成长资源包含无形资源和有形资源两项成长指标。

（1）体育用品企业无形资源分析

根据5.6.2所描述的计算方式，可以得到体育用品企业2009～2013年无形资源的得分和排名情况，见表5－12。

表5－12　2009～2013年体育用品企业无形资源得分和排名

企业名称	2009年		2010年		2011年		2012年		2013年	
	得分	排名	得分	排名	得分	排名	得分	排名	得分	排名
宝胜国际	0.6438	2	0.6022	2	0.9013	1	1.2567	1	1.1330	1
安踏体育	0.4521	3	0.4933	3	0.5019	3	0.4910	2	0.4706	2
李　宁	0.8076	1	0.7558	1	0.6980	2	0.3931	3	0.3537	3
中国动向	0.2827	4	0.2812	4	0.2684	4	0.2525	4	0.2387	4
喜得龙	0.0272	8	0.0382	9	0.0937	5	0.1644	5	0.1637	5
361度	0.0803	5	0.0770	5	0.0928	6	0.0926	6	0.0906	6
泰亚股份	0.0141	13	0.0138	15	0.0150	16	0.0894	7	0.0880	7
富贵鸟	—	—	0.0393	8	0.0524	8	0.0802	8	0.0836	8
青岛双星	0.0627	6	0.0608	6	0.0598	7	0.0584	9	0.0568	9
喜得狼	0.0268	9	0.0244	11	0.0258	10	0.0501	10	0.0490	10
美克国际	0.0468	7	0.0457	7	0.0468	9	0.0473	11	0.0427	11
中体产业	0.0266	10	0.0261	10	0.0253	11	0.0270	12	0.0336	12
匹克体育	0.0091	14	0.0127	17	0.0151	15	0.0189	15	0.0217	13
中体国际	0.0026	16	0.0162	14	0.0158	14	0.0176	16	0.0167	14
星泉国际	0.0082	15	0.0131	16	0.0128	17	0.0126	17	0.0123	15
探路者	0.0006	17	0.0014	18	0.0023	18	0.0079	18	0.0075	16
特步国际	0.0006	18	0.0009	19	0.0009	19	0.0006	19	0.0010	17
飞克国际	0.0221	12	0.0223	12	0.0218	12	0.0213	13	—	—
鳄莱特	0.0225	11	0.0221	13	0.0217	13	0.0213	14	—	—

资料来源：作者整理。

由表5－12可知，宝胜国际、李宁、安踏体育和中国动向在无形资源上始终处于前四位，每年无形资源得分均高于0.23，匹克体育、中体国际、星泉国际、探路者、特步国际、飞克国际和鳄莱特等企业则在无形资源上处于劣势，每年无形资源得分均低于 0.023，有的企业甚至低于 0.01，可见，在无形资源的掌控上，两极分化极其严重。无形资源排名情况上，喜得龙和泰亚股份属于增长型，喜得龙的增速非常迅速，从 2009 年的 0.0272 增长到 2013 年的 0.1637，排名上，也从 2009 年的第 8 名上升至 2013 年第 5 名。

（2）体育用品企业有形资源分析

根据 5.6.2 所描述的计算方式，可以得到体育用品企业 2009 ~ 2013 年有形资源的得分和排名情况，见表 5 - 13。

表 5 - 13　2009 ~ 2013 年体育用品企业有形资源得分和排名

企业名称	2009 年		2010 年		2011 年		2012 年		2013 年	
	得分	排名	得分	排名	得分	排名	得分	排名	得分	排名
安踏体育	0.3243	3	0.3741	2	0.4336	1	0.5387	1	0.5420	1
宝胜国际	0.3580	2	0.3359	3	0.3829	2	0.4392	2	0.4228	2
特步国际	0.2137	7	0.2499	7	0.3148	6	0.3726	4	0.4129	3
361　度	0.2390	5	0.2638	6	0.3169	5	0.4126	3	0.4066	4
中国动向	0.4307	1	0.4535	1	0.3599	3	0.3512	5	0.3177	5
匹克体育	0.1980	8	0.2445	8	0.2782	8	0.2836	7	0.3056	6
李　宁	0.2275	6	0.2942	4	0.3361	4	0.2852	6	0.2846	7
青岛双星	0.2467	4	0.2675	5	0.2834	7	0.2787	8	0.2842	8
中体产业	0.1842	9	0.1990	9	0.1913	9	0.1859	9	0.1940	9
富贵鸟	—	—	0.0772	12	0.0931	11	0.0819	12	0.1633	10
喜得龙	0.0861	10	0.1020	10	0.1188	10	0.1251	10	0.1339	11
星泉国际	0.0265	16	0.0545	14	0.0688	14	0.0805	13	0.0951	12
探路者	0.0316	13	0.0358	18	0.0482	17	0.0630	15	0.0840	13
中体国际	0.0714	11	0.0805	11	0.0775	12	0.0832	11	0.0750	14
喜得狼	0.0151	18	0.0179	19	0.0254	19	0.0594	17	0.0656	15
美克国际	0.0296	14	0.0731	13	0.0696	13	0.0564	18	0.0405	16
泰亚股份	0.0163	17	0.0365	17	0.0364	18	0.0296	19	0.0374	17
飞克国际	0.0266	15	0.0506	15	0.0613	15	0.0691	14	—	—
鳄莱特	0.0349	12	0.0418	16	0.0508	16	0.0599	16	—	—

资料来源：作者整理。

由表5-13可知，成长性得分处于前四位的宝胜国际、安踏体育和中国动向在有形资源的掌握上，一直处于前列，每年得分均大于0.31，尤其是安踏体育和宝胜国际，均处于前三位。而喜得狼、美克国际、泰亚股份、飞克国际和鳄莱特则处于劣势，每年得分均小于0.08，可见，在有形资源的掌控上，和无形资源一样，两极分化严重。

（3）体育用品企业成长资源分析

根据5.6.2所描述的计算方式，可以得到体育用品企业2009～2013年成长资源的得分和排名情况，见表5-14。

表5-14 2009～2013年体育用品企业成长资源得分和排名

企业名称	2009年		2010年		2011年		2012年		2013年	
	得分	排名	得分	排名	得分	排名	得分	排名	得分	排名
宝胜国际	1.0018	2	0.9381	2	1.2841	1	1.6959	1	1.5558	1
安踏体育	0.7764	3	0.8674	3	0.9355	3	1.0297	2	1.0126	2
李宁	1.0352	1	1.0500	1	1.0341	2	0.6782	3	0.6382	3
中国动向	0.7134	4	0.7347	4	0.6283	4	0.6037	4	0.5565	4
361度	0.3194	5	0.3408	5	0.4096	5	0.5052	5	0.4972	5
特步国际	0.2142	7	0.2508	8	0.3157	7	0.3732	6	0.4139	6
青岛双星	0.3094	6	0.3283	6	0.3432	6	0.3371	7	0.3410	7
匹克体育	0.2071	9	0.2572	7	0.2933	8	0.3025	8	0.3273	8
喜得龙	0.1134	10	0.1402	10	0.2125	10	0.2895	9	0.2976	9
中体产业	0.2109	8	0.2251	9	0.2166	9	0.2129	10	0.2276	11
富贵鸟	—	—	0.1165	12	0.1455	11	0.1621	11	0.2469	10
泰亚股份	0.0304	18	0.0502	17	0.0514	17	0.1190	12	0.1253	12
喜得狼	0.0419	15	0.0423	18	0.0512	18	0.1095	13	0.1146	13
星泉国际	0.0347	16	0.0676	15	0.0816	15	0.0931	16	0.1074	14
中体国际	0.0740	12	0.0966	13	0.0933	13	0.1008	15	0.0917	15
探路者	0.0322	17	0.0372	19	0.0506	19	0.0709	19	0.0916	16
美克国际	0.0763	11	0.1189	11	0.1164	12	0.1036	14	0.0831	17
飞克国际	0.0487	14	0.0729	14	0.0831	14	0.0904	17	—	—
鳄莱特	0.0574	13	0.0639	16	0.0725	16	0.0812	18	—	—

资料来源：作者整理。

由表 5－14 可知，成长资源方面，企业历年得分和排名较为均衡，没有出现太大的波动情况，说明成长资源的获得不是一朝一夕的事情，需要经过长期积累。2012 年，飞克国际和鳄莱特的成长资源排名分别为第 17 名和第 18 名，在 19 家体育用品上市企业中处于倒数，飞克国际和鳄莱特的停牌，和成长资源的缺乏有着不可割裂的关系。

分析发现，成长资源较少的企业，如富贵鸟、泰亚股份、喜得狼、星泉国际、中体国际、探路者、美克国际、飞克国际和鳄莱特 9 家企业，除探路者地处北京外，其他 8 家均为泉州地区企业，泉州地区的 11 家体育用品上市企业，除了特步国际缓慢增长（从 2009 年的第 7 名上升到 2012 年、2013 年的第 6 名），其他 10 家企业所掌握的成长资源均较少，这说明泉州地区体育用品企业成长资源匮乏，企业没有将成长重心放在成长资源尤其是无形资源的扩张上。

5.7.3　体育用品企业成长能力分析

成长能力包含管理能力、营运能力、偿债能力和盈利能力四项成长指标。

（1）体育用品企业管理能力分析

根据 5.6.2 所描述的计算方式，可以得到体育用品企业 2009～2013 年管理能力的得分和排名情况，见表 5－15。

表 5－15　2009～2013 年体育用品企业管理能力得分和排名

企业名称	2009 年		2010 年		2011 年		2012 年		2013 年	
	得分	排名	得分	排名	得分	排名	得分	排名	得分	排名
喜得狼	0.1989	4	0.1936	1	0.2199	1	0.1909	1	0.1537	1
富贵鸟	—	—	0.1263	13	0.1422	6	0.1391	4	0.1370	2
星泉国际	0.1891	5	0.1637	4	0.1684	3	0.1561	2	0.1287	3
安踏体育	0.1519	10	0.1462	9	0.1372	7	0.1236	7	0.1240	4
中体产业	0.0860	16	0.1107	16	0.0915	14	0.0811	15	0.1162	5
青岛双星	0.1581	9	0.1448	10	0.1461	4	0.1242	6	0.1137	6
探路者	0.0886	15	0.0758	18	0.0861	15	0.0877	13	0.0967	7
特步国际	0.1280	12	0.1274	12	0.1204	11	0.0986	12	0.0912	8

续表

企业名称	2009 年		2010 年		2011 年		2012 年		2013 年	
	得分	排名	得分	排名	得分	排名	得分	排名	得分	排名
匹克体育	0.1759	6	0.1632	5	0.1249	10	0.0830	14	0.0753	9
中国动向	0.2009	3	0.1816	3	0.0437	19	0.0661	16	0.0746	10
喜 得 龙	0.1135	14	0.1142	15	0.1325	8	0.1072	8	0.0689	11
361 度	0.1702	7	0.1579	6	0.1023	13	0.1016	10	0.0518	12
宝胜国际	0.0332	18	0.0548	19	0.0684	17	0.0394	17	0.0498	13
泰亚股份	0.1228	13	0.1171	14	0.1287	9	0.1291	5	0.0451	14
李 宁	0.0817	17	0.0855	17	0.0529	18	-0.0943	18	0.0275	15
中体国际	0.2496	2	0.1885	2	0.1165	12	0.1001	11	-0.0001	16
美克国际	0.1583	8	0.1369	11	0.0839	16	-0.1312	19	-0.3912	17
鳄 莱 特	0.1331	11	0.1518	7	0.1454	5	0.1438	3	—	—
飞克国际	0.2506	1	0.1467	8	0.1972	2	0.1036	9	—	—

资料来源：作者整理。

由表 5-15 可知，在管理能力上，得分和排名均出现一定波动，如 2009 年泰亚股份的管理能力排名第 13 位，2011 年上升至第 9 位，2013 年又滑落至第 14 位。喜得狼和星泉国际的管理能力较为稳定，始终处于前五的水平，李宁的管理能力最弱，历年排名均在第 15 位及之后，说明李宁的管理水平有待提升。

（2）体育用品企业营运能力分析

根据 5.6.2 所描述的计算方式，可以得到体育用品企业 2009～2013 年营运能力的得分和排名情况，见表 5-16。

表 5-16　2009～2013 年体育用品企业营运能力得分和排名

企业名称	2009 年		2010 年		2011 年		2012 年		2013 年	
	得分	排名	得分	排名	得分	排名	得分	排名	得分	排名
喜 得 龙	0.1510	6	0.2013	1	0.2853	2	0.3149	1	0.2869	1
中体国际	0.3188	1	0.1124	12	0.7307	1	0.0510	17	0.1394	2
喜 得 狼	0.1195	13	0.1433	7	0.1562	5	0.2018	3	0.1315	3
星泉国际	0.1548	4	0.1643	3	0.1447	7	0.1410	4	0.1207	4
宝胜国际	0.0778	15	0.0926	16	0.1065	11	0.1310	5	0.1065	5

续表

企业名称	2009年		2010年		2011年		2012年		2013年	
	得分	排名	得分	排名	得分	排名	得分	排名	得分	排名
探路者	0.1436	8	0.1470	5	0.1630	4	0.1201	6	0.0980	6
富贵鸟	—	—	0.0584	18	0.0844	16	0.0900	10	0.0906	7
青岛双星	0.0882	14	0.1055	14	0.0996	13	0.0866	11	0.0777	8
安踏体育	0.1305	10	0.1359	9	0.1374	8	0.0945	8	0.0774	9
李宁	0.1353	9	0.1313	10	0.1013	12	0.0749	12	0.0689	10
中国动向	0.1470	7	0.1471	4	0.0942	14	0.0676	13	0.0640	11
特步国际	0.1232	11	0.1266	11	0.1268	9	0.0979	7	0.0637	12
匹克体育	0.1214	12	0.1104	13	0.0934	15	0.0528	16	0.0476	13
中体产业	0.0607	18	0.0994	15	0.1147	10	0.0576	15	0.0470	14
361度	0.1529	5	0.1411	8	0.0395	19	0.0618	14	0.0433	15
泰亚股份	0.0626	17	0.0553	19	0.0513	17	0.0443	18	0.0382	16
美克国际	0.0688	16	0.0651	17	0.0404	18	0.0239	19	0.0223	17
鳄莱特	0.1854	2	0.1445	6	0.1743	3	0.2115	2	—	—
飞克国际	0.1772	3	0.1875	2	0.1533	6	0.0907	9	—	—

资料来源：作者整理。

由表5－16可知，在营运能力上，得分和排名出现较大的波动，如中体国际2009～2013年营运能力排名分别为第1、12、1、17、2名，宝胜国际2009～2013年营运能力排名分别为第15、16、11、5、5名，说明营运能力可以在较短时间内获得较大的提升，同时，也有可能迅速下降，这和营运能力本身构成有关。营运能力包含的测量指标为应收账款周转率、存货周转率、流动资产周转率和固定资产周转率，这些周转率中，应收账款和存货的周转不仅与企业自身管理、营运水平相关，而且与外部经济环境、整体供应链形势相关，所以营运能力得分和排名出现较大波动具有客观必然性。

（3）体育用品企业偿债能力分析

根据5.6.2所描述的计算方式，可以得到体育用品企业2009～2013年偿债能力的得分和排名情况，见表5－17。

表 5－17　2009～2013 年体育用品企业偿债能力得分和排名

企业名称	2009 年		2010 年		2011 年		2012 年		2013 年	
	得分	排名	得分	排名	得分	排名	得分	排名	得分	排名
中国动向	0.2843	1	0.1886	2	0.2168	4	0.3585	2	0.4460	1
星泉国际	0.0321	14	0.0808	10	0.1044	7	0.1700	5	0.2863	2
喜得龙	0.0826	8	0.1559	3	0.3185	3	0.4135	1	0.2693	3
喜得狼	0.0349	10	0.0478	14	0.0624	13	0.1087	6	0.1060	4
匹克体育	0.1738	2	0.1150	5	0.1131	6	0.0996	8	0.0858	5
中体国际	0.0898	7	0.0919	7	0.1303	5	0.1006	7	0.0743	6
富贵鸟	—	—	0.0233	18	0.0257	17	0.0349	16	0.0646	7
安踏体育	0.1172	5	0.1009	6	0.0864	9	0.0561	14	0.0640	8
美克国际	0.0336	12	0.0617	12	0.0753	11	0.0831	9	0.0632	9
361 度	0.0478	9	0.0726	11	0.0754	10	0.0603	13	0.0630	10
泰亚股份	0.0278	15	0.2662	1	0.3555	1	0.2427	4	0.0612	11
探路者	0.1355	4	0.0856	9	0.0551	14	0.0645	11	0.0562	12
特步国际	0.1097	6	0.0894	8	0.0676	12	0.0669	10	0.0501	13
宝胜国际	0.0343	11	0.0436	15	0.0412	15	0.0379	15	0.0398	14
李宁	0.0323	13	0.0338	16	0.0297	16	0.0204	18	0.0324	15
中体产业	0.0247	17	0.0258	17	0.0255	18	0.0272	17	0.0315	16
青岛双星	0.0180	18	0.0169	19	0.0165	19	0.0179	19	0.0196	17
鳄莱特	0.1585	3	0.1421	4	0.3260	2	0.2741	3	—	—
飞克国际	0.0270	16	0.0569	13	0.0889	8	0.0636	12	—	—

资料来源：作者整理。

由表 5－17 可知，在偿债能力上，中国动向排名始终处于前四位，而宝胜国际和安踏体育则较为落后。在成长资源的分析中，中国动向、宝胜国际和安踏体育排名均处于前四位，三者都掌握了较多的无形资源和有形资源，而在偿债能力上，宝胜国际和安踏体育却靠后，这是因为宝胜国际和安踏体育的资产负债率和产权比率较高。

（4）体育用品企业盈利能力分析

根据 5.6.2 所描述的计算方式，可以得到体育用品企业 2009～2013 年盈利能力的得分和排名情况，见表 5－18。

表 5-18　2009～2013 年体育用品企业盈利能力得分和排名

企业名称	2009 年		2010 年		2011 年		2012 年		2013 年	
	得分	排名	得分	排名	得分	排名	得分	排名	得分	排名
探路者	0.1036	11	0.0901	12	0.1124	8	0.1292	2	0.1348	1
富贵鸟	—	—	0.0883	13	0.1370	2	0.1516	1	0.1313	2
星泉国际	0.2786	1	0.1609	1	0.1314	3	0.1135	4	0.1102	3
安踏体育	0.1333	6	0.1416	4	0.1414	1	0.1076	5	0.1061	4
特步国际	0.1139	10	0.1282	8	0.1292	5	0.1076	6	0.0870	5
喜得狼	0.1589	3	0.1566	2	0.1305	4	0.1194	3	0.0687	6
中体产业	0.0637	16	0.0730	15	0.0621	13	0.0495	13	0.0658	7
中国动向	0.1401	5	0.1363	6	0.0570	14	0.0641	12	0.0626	8
匹克体育	0.1290	9	0.1278	9	0.1113	10	0.0657	9	0.0607	9
361 度	0.1295	8	0.1300	7	0.0760	12	0.0903	8	0.0568	10
喜得龙	0.0974	13	0.1182	10	0.1236	7	0.0646	11	0.0406	11
泰亚股份	0.0903	14	0.0614	16	0.0500	17	0.0649	10	0.0266	12
宝胜国际	0.0308	18	0.0398	18	0.0528	16	0.0112	17	0.0194	13
李宁	0.1563	4	0.1501	3	0.0805	11	-0.1941	19	0.0158	14
青岛双星	0.0584	17	0.0136	19	0.0135	19	0.0130	16	0.0153	15
中体国际	0.0650	15	0.0411	17	0.0378	18	0.0236	15	-0.0349	16
美克国际	0.1302	7	0.0864	14	0.0559	15	-0.0511	18	-0.1319	17
鳄莱特	0.1008	12	0.1037	11	0.1113	9	0.0957	7	—	—
飞克国际	0.2013	2	0.1400	5	0.1257	6	0.0395	14	—	—

资料来源：作者整理。

由表 5-18 可知，在盈利能力上，探路者、富贵鸟增长较快，李宁则从 2009 年的第 4 名、2010 年的第 3 名，滑落至 2011 年的第 11 名，2012 和 2013 年的盈利能力排名分别为第 19 名和第 14 名，飞克国际的盈利能力从 2009 年的第 2 名，每年递减，至 2012 年滑落至第 14 名，盈利能力较直观地反映了企业的成长状况。

（5）体育用品企业成长能力分析

根据 5.6.2 所描述的计算方式，可以得到体育用品企业 2009～2013 年成长能力的得分和排名情况，见表 5-19。

表 5－19　2009～2013 年体育用品企业成长能力得分和排名

企业名称	2009 年		2010 年		2011 年		2012 年		2013 年	
	得分	排名	得分	排名	得分	排名	得分	排名	得分	排名
喜得龙	0.4444	12	0.5895	2	0.8599	2	0.9003	1	0.6656	1
中国动向	0.7723	1	0.6536	1	0.4118	12	0.5563	5	0.6472	2
星泉国际	0.6546	4	0.5698	3	0.5489	7	0.5805	4	0.6459	3
喜得狼	0.5122	8	0.5412	5	0.5690	5	0.6207	3	0.4599	4
富贵鸟	—	—	0.2962	17	0.3893	13	0.4155	7	0.4235	5
探路者	0.4713	11	0.3985	14	0.4166	11	0.4015	8	0.3857	6
安踏体育	0.5329	7	0.5246	7	0.5024	8	0.3818	9	0.3716	7
特步国际	0.4749	10	0.4716	11	0.4440	9	0.3710	10	0.2920	8
匹克体育	0.6001	5	0.5164	8	0.4426	10	0.3011	12	0.2695	9
中体产业	0.2351	17	0.3089	16	0.2938	14	0.2155	17	0.2604	10
青岛双星	0.3227	15	0.2808	18	0.2756	16	0.2416	15	0.2263	11
宝胜国际	0.1761	18	0.2308	19	0.2689	17	0.2195	16	0.2154	12
361 度	0.5004	9	0.5015	9	0.2932	15	0.3140	11	0.2148	13
中体国际	0.7232	2	0.4339	12	1.0153	1	0.2752	14	0.1787	14
泰亚股份	0.3036	16	0.4999	10	0.5854	4	0.4810	6	0.1711	15
李宁	0.4056	13	0.4006	13	0.2644	18	－0.1931	19	0.1446	16
美克国际	0.3909	14	0.3501	15	0.2555	19	－0.0753	18	－0.4376	17
鳄莱特	0.5778	6	0.5421	4	0.7569	3	0.7251	2	—	—
飞克国际	0.6561	3	0.5310	6	0.5650	6	0.2974	13	—	—

资料来源：作者整理。

由表 5－19 可知，喜得龙的成长能力上升迅速，从 2009 年的第 12 位，上升至 2010 年的第 2 位，并在后续年份一直保持领先；中体国际的成长能力则处于波动状态，2009～2013 年的成长能力排名分别为第 2、12、1、14、14 位；飞克国际的成长能力处于逐渐下滑状态，从 2009 年的第 3 位，滑落至 2012 年的第 13 位，其盈利能力也是逐年递减，加上飞克国际的成长资源较弱，可掌控的成长资源非常少，偿债能力也处于劣势，因而，飞克国际的停牌在预料之中。

5.7.4　体育用品企业成长环境分析

成长环境包含科技环境支持力、社会环境支持力、经济环境支持力和环境适应力四项成长指标。

（1）体育用品企业科技环境支持力分析

根据 5.6.2 所描述的计算方式，可以得到体育用品企业 2009 ~ 2013 年科技环境支持力的得分和排名情况，见表 5 - 20。

表 5 - 20　2009 ~ 2013 年体育用品企业科技环境支持力得分和排名

地点	2009 年		2010 年		2011 年		2012 年		2013 年	
	得分	排名	得分	排名	得分	排名	得分	排名	得分	排名
青岛	0.0493	4	0.0580	5	0.0683	4	0.1500	2	0.1725	1
厦门	0.0921	1	0.0996	2	0.1295	1	0.1537	1	0.1592	2
泉州	0.0357	5	0.0438	4	0.0578	5	0.1282	3	0.1544	3
北京	0.0620	3	0.0773	3	0.0868	3	0.1131	4	0.1496	4
上海	0.0897	2	0.1088	1	0.1023	2	0.1111	5	0.1053	5

资料来源：作者整理。

由表 5 - 20 可知，在科技环境支持力上，厦门处于领先地位，这是因为福建拥有 11 家体育用品上市企业，形成体育用品产业集群，而厦门风景优美，环境怡人，容易吸引人才进驻，所以厦门的科技环境支持力处于领先地位。

（2）体育用品企业社会环境支持力分析

根据 5.6.2 所描述的计算方式，可以得到体育用品企业 2009 ~ 2013 年社会环境支持力的得分和排名情况，见表 5 - 21。

表 5 - 21　2009 ~ 2013 年体育用品企业社会环境支持力得分和排名

地点	2009 年		2010 年		2011 年		2012 年		2013 年	
	得分	排名	得分	排名	得分	排名	得分	排名	得分	排名
泉州	0.0372	5	0.0457	5	0.0455	5	0.1379	1	0.1487	1
青岛	0.0734	3	0.0608	4	0.0708	4	0.1185	2	0.1361	2
厦门	0.1267	1	0.1155	1	0.1068	1	0.1059	3	0.1095	3
上海	0.0753	2	0.0790	2	0.0816	3	0.0900	4	0.0886	4
北京	0.0586	4	0.0637	3	0.0905	2	0.0837	5	0.0881	5

资料来源：作者整理。

由表 5 - 21 可知，在社会环境支持力上，城市间的排名处于波动状态，至 2012 年和 2013 年形成了较为稳定的排名，泉州处于领先地位，这主要是因为泉州体育用品产业集群趋于成熟、体育产业政策逐步完善，所以泉州区域从业体育用品企业管理人员比重和其他城市逐步拉开差距，占据遥遥领先的地位。

（3）体育用品企业经济环境支持力分析

根据5.6.2所描述的计算方式，可以得到体育用品企业2009～2013年经济环境支持力的得分和排名情况，见表5－22。

表5－22　2009～2013年体育用品企业经济环境支持力得分和排名

地点	2009年		2010年		2011年		2012年		2013年	
	得分	排名	得分	排名	得分	排名	得分	排名	得分	排名
北京	0.0998	1	0.1087	1	0.1238	1	0.1366	1	0.1486	1
上海	0.0844	2	0.0924	2	0.1020	2	0.1080	2	0.1110	2
厦门	0.0790	3	0.0758	3	0.0890	3	0.0992	3	0.1051	3
青岛	0.0278	5	0.0689	4	0.0795	4	0.0885	4	0.0980	4
泉州	0.0491	4	0.0557	5	0.0676	5	0.0428	5	0.0828	5

资料来源：作者整理。

由表5－22可知，在经济环境支持力上，城市间排名较为稳定，除2009年泉州领先青岛外，其他年份，第1名至第5名均依次为北京、上海、厦门、青岛和泉州。这说明北京、上海的区域人均工资水平、区域人均生产总值和区域人均消费水平处于5个城市甚至全国领先地位。

（4）体育用品企业环境适应力分析

根据5.6.2所描述的计算方式，可以得到体育用品企业2009～2013年环境适应力的得分和排名情况，见表5－23。

表5－23　2009～2013年体育用品企业环境适应力得分和排名

地点	2009年		2010年		2011年		2012年		2013年	
	得分	排名	得分	排名	得分	排名	得分	排名	得分	排名
青岛	0.0751	1	0.0828	1	0.1143	1	0.2164	1	0.2913	1
泉州	0.0597	2	0.0595	2	0.0635	2	0.1327	2	0.1290	2
上海	0.0343	3	0.0411	3	0.0495	3	0.0920	4	0.1056	3
北京	0.0253	4	0.0270	4	0.0311	4	0.1064	3	0.0404	4
厦门	0.0145	5	0.0169	5	0.0287	5	0.0325	5	0.0276	5

资料来源：作者整理。

由表 5－23 可知，体育用品企业环境适应力方面，城市间排名较为稳定，青岛和泉州始终处于前 2 名，青岛双星 2009～2013 年始终处于盈利状态，而泉州地区体育用品企业较多，反映了青岛和泉州两地经济贡献率、人均利税率和社会贡献率处于前列。

（5）体育用品企业成长环境分析

根据 5.6.2 所描述的计算方式，可以得到体育用品企业 2009～2013 年成长环境的得分和排名情况，见表 5－24。

表 5－24　2009～2013 年体育用品企业成长环境得分和排名

地点	2009 年		2010 年		2011 年		2012 年		2013 年	
	得分	排名	得分	排名	得分	排名	得分	排名	得分	排名
青岛	0.2256	4	0.2705	4	0.3329	3	0.5733	1	0.6979	1
泉州	0.1817	5	0.2047	5	0.2344	5	0.4415	2	0.5149	2
北京	0.2456	3	0.2766	3	0.3322	4	0.4399	3	0.4268	3
上海	0.2837	2	0.3212	1	0.3354	2	0.4010	4	0.4104	4
厦门	0.3122	1	0.3078	2	0.3540	1	0.3913	5	0.4015	5

资料来源：作者整理。

由表 5－24 可知，在成长环境方面，城市间的排名处于波动状态，至 2012 年和 2013 年，形成了比较稳定的排名，青岛和泉州处于领先地位。青岛的领先地位有三个原因，第一，青岛在区域中体育用品企业比重上占据领先，第二，青岛环境适应力始终处于领先地位，第三，青岛的其他环境指标也不会太弱。而泉州得益于较成熟的体育用品产业集群，依赖产业集群优势，泉州的成长环境排名从 2009～2011 年的第 5 位上升到 2012～2013 年的第 2 位。

5.8　动态成长性评价

5.8.1　体育用品企业动态成长性评价结果及分析

体育用品企业动态成长可分为持续成长和中断成长，横向分析体育用品企业成长过程，需要延伸时间跨度。

本书提出一种分类方法。首先，把 2009～2013 年企业成长性排名记为 X_1、X_2、X_3、X_4、X_5，计算其年增长率，目的是得出新排名的增量，即：

$$I_i = -(X_{i+1} - X_i)/X_i \qquad (i=1,\ 2,\ 3,\ 4,\ 5)$$

其次，根据年增长率 I_i，分别计算其增长率均值（Mean）和标准差（SD）。企业成长性纵向比较的主要依据，就是增长率均值和标准差。

最后，用统计学方法将体育用品企业 2009～2013 年 5 年的动态成长性，分成如下六类。

A 类，稳定增长型。Mean > 0，且 SD < Average（SD）；

B 类，波动增长型。Mean > 0，且 SD > Average（SD）。

A 类与 B 类企业增长率均值都大于零，增长率方差 < 平均方差，属于正增长的公司。其中。A 类稳定增长型企业相对稳定，5 年内有一定成长；B 类波动增长型企业，5 年内有成长但增长率波动幅度较大。

C 类，平稳负增长型。Mean < 0，且 SD < Average（SD）；

D 类，波动负增长型。Mean < 0，且 SD > Average（SD）。

C 类与 D 类企业增长率均值都小于零，属于负增长。其中。C 类体育用品企业平稳负增长，D 类体育用品企业则波动负增长。

E 类，平稳保持型。Mean = 0，且 SD < Average（SD）；

F 类，波动保持型。Mean = 0，且 SD > Average（SD）。

E 类与 F 类企业增长率均值都等于零，属于保持型。其中，E 类企业平稳保持，F 类则波动保持。2009～2013 年体育用品企业动态成长性分类情况如图 5－12 所示。

图 5－12　2009～2013 年体育用品企业动态成长性分类

资料来源：作者整理。

根据以上分类标准，19家样本体育用品企业可以归结为四类，稳定增长型8家，分别是宝胜国际、安踏体育、喜得龙、青岛双星、特步国际、富贵鸟、泰亚股份和鳄莱特；波动增长型2家，分别是星泉国际和中体产业；平稳负增长型6家，分别是361度、匹克体育、喜得狼、探路者、美克国际和飞克国际；波动负增长型3家，分别是中国动向、李宁和中体国际（见表5-25）。其中，10家增长型企业（8家稳定增长型+2家波动增长型），成长方式比较健康；而9家负增长型企业（6家平稳负增长型+3家波动负增长型），大多只注重规模扩张，而忽视资源积累和环境变化，产品库存积压严重，效益低下，有的甚至倒闭。

表5-25　2009~2013年体育用品企业动态成长性类别

增长类型	企业名称	排名				
		2009年	2010年	2011年	2012年	2013年
稳定增长型	宝胜国际	4	4	1	1	1
	安踏体育	3	2	2	2	2
	喜得龙	14	7	6	3	4
	青岛双星	11	9	11	9	6
	特步国际	10	8	9	7	7
	富贵鸟	—	19	18	13	9
	泰亚股份	18	15	13	12	15
	鳄莱特	12	11	7	5	—
波动增长型	星泉国际	9	10	14	10	5
	中体产业	16	12	16	16	13
平稳负增长型	361度	5	5	8	6	10
	匹克体育	6	6	10	11	11
	喜得狼	15	14	15	8	12
	探路者	13	17	17	15	14
	美克国际	17	18	19	19	17
	飞克国际	8	13	12	17	—
波动负增长型	中国动向	1	3	4	4	3
	李宁	2	1	3	14	8
	中体国际	7	16	5	18	16

资料来源：作者整理。

此外，体育用品企业成长性具有随机行走特点，只有不断把握体育用品发展前沿，不断改革创新并适时推动转型升级的企业，才有可能摆脱企业成长生命周期危机。

5.8.2 体育用品企业动态成长性评价个案分析

（1）典型稳定增长型企业——鳄莱特

鳄莱特地处泉州晋江，2008 年于新加坡上市，2009～2012 年企业成长性处于稳定增长状态，但 2014 年停牌，未能在 2014 年初及时公布 2013 年年报。为了对鳄莱特的现状有较全面的认识，根据表 5－6 至表 5－11 整理出鳄莱特成长资源、成长能力、成长环境和成长性四年的得分与其他体育用品企业最大得分对照情况，如图 5－13 至图 5－16 所示。

从体育用品企业成长资源来看，鳄莱特的得分非常低，四年内鳄莱特成长资源的得分分别为 0.0574、0.0639、0.0725、0.0812，其排名分别为第 13、16、16、18 名，得分和排名均非常靠后。说明鳄莱特所拥有的成长资源非常有限（见图 5－13）。

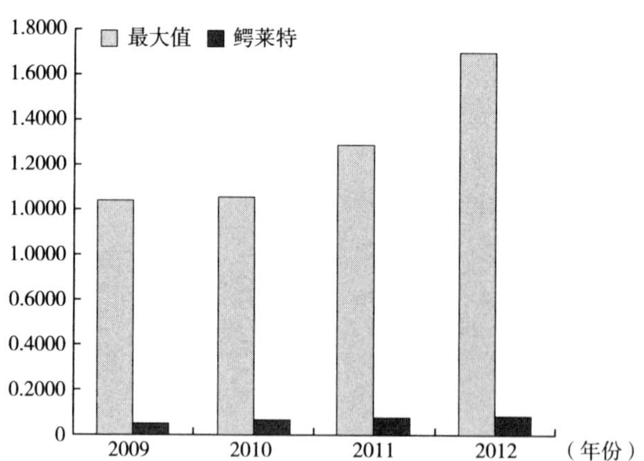

图 5－13　2009～2012 年鳄莱特成长资源得分对照

资料来源：作者整理。

从体育用品企业成长能力来看，鳄莱特四年的排名分别为第 6、4、3、2 名，其排名较靠前，且属于稳定增长（见图 5－14）。

从成长环境来看，在 19 家企业所处的 5 座城市中，鳄莱特所处的泉州 2012 年排名居第 2 位，仅次于青岛（青岛双星属地）（见图 5－15）。

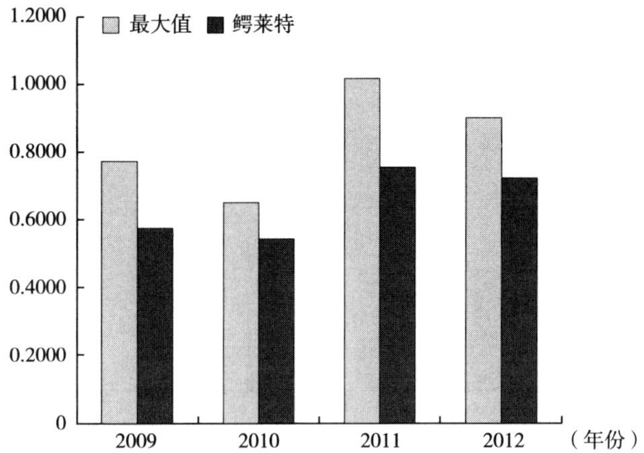

图5-14 2009～2012年鳄莱特成长能力得分对照

资料来源：作者整理。

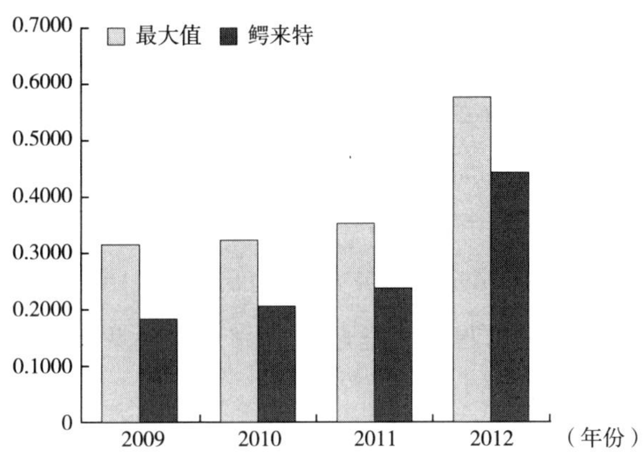

图5-15 2009～2012年鳄莱特成长环境得分对照

资料来源：作者整理。

总体来看，2009～2012年鳄莱特成长性排名分别为第12、11、7、5名，处于稳定增长态势。在拥有极少成长资源的情况下，依靠自身优秀的成长能力，鳄莱特的成长性逐步提升。鳄莱特违背了成长资源、成长能力和成长环境三者之间必须均衡发展的规律，忽视了自身资源的积累，醉心于提高成长能力，2013年6月通过发债募得1.34亿元，而自身资源不足，无法及时支付利息，导致2013年末出现资金危机，最终停牌（见图5-16）。

（2）典型波动增长型企业——星泉国际

星泉国际地处泉州晋江，2009年于马来西亚上市，2009～2013年企

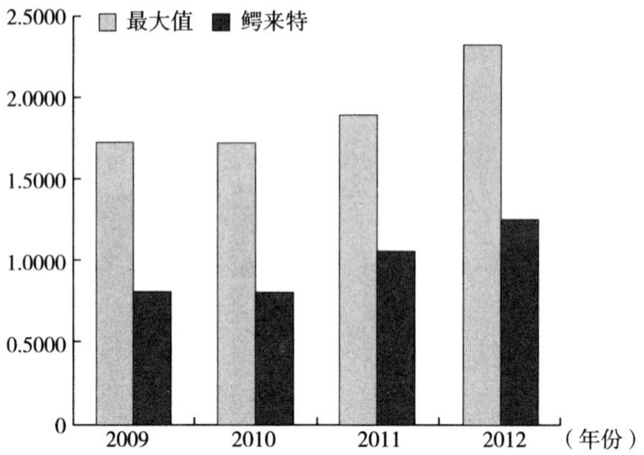

图 5－16　2009～2012 年鳄莱特成长性得分对照

资料来源：作者整理。

业成长性处于波动增长状态。为了对星泉国际的现状有较全面的认识，根据表 5－6 至表 5－11 整理出星泉国际成长资源、成长能力、成长环境和成长性 2009～2013 年 5 年的得分与其他体育用品企业最大得分对照情况，如图 5－17 至图 5－20 所示。

从体育用品企业成长资源来看，星泉国际得分非常低，其成长资源的得分分别为 0.0347、0.0676、0.0816、0.0931、0.1074，排名分别为第 16、15、15、16、14 名，得分和排名均很靠后。说明星泉国际所拥有的成长资源非常有限（见图 5－17）。

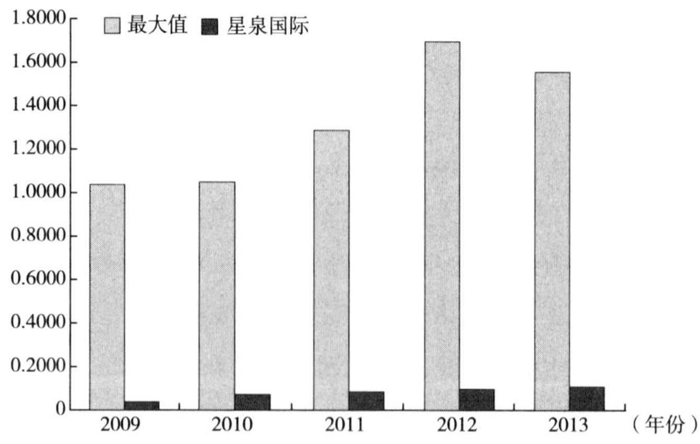

图 5－17　2009～2013 年星泉国际成长资源得分对照

资料来源：作者整理。

从体育用品企业成长能力来看，星泉国际5年的排名分别为第4、3、7、4、3名，其排名属于波动增长，考虑到2012年后全球经济下滑，其成长能力的得分下降属于正常现象。星泉国际的成长能力得分与所有体育用品企业成长能力的最大值相差较小，2013年差距最小，和最大值0.6656差距甚微（见图5-18）。

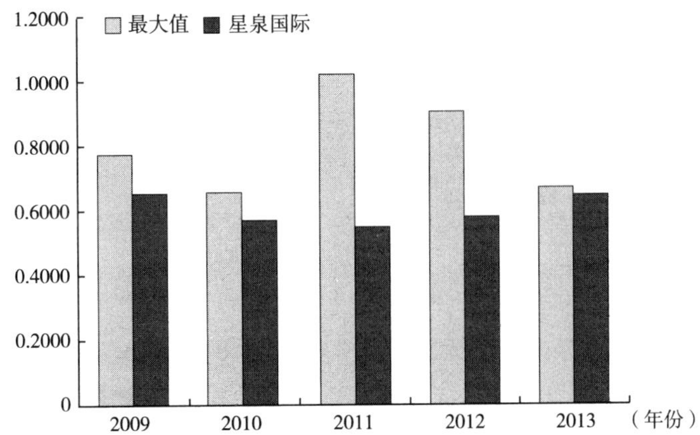

图5-18　2009~2013年星泉国际成长能力得分对照

资料来源：作者整理。

从成长环境来看，星泉国际所处的泉州在2009~2011年，成长环境相对较差，但在2012~2013年崛起，在19家企业所处的5座城市中，排名第2位，仅次于青岛双星所处的青岛（见图5-19）。

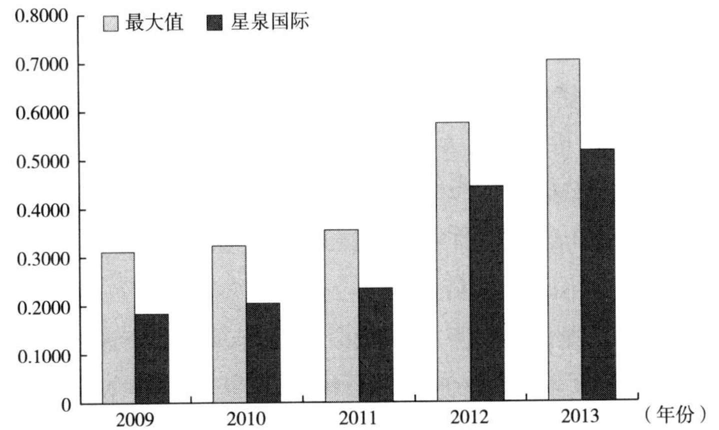

图5-19　2009~2013年星泉国际成长环境得分对照

资料来源：作者整理。

总体来看，2009～2013年星泉国际成长性排名分别为第9、10、14、10、5名，处于波动增长态势。星泉国际所拥有的成长资源非常少，对成长能力的依赖性较强，星泉国际的管理能力和营运能力均尚可；在偿债能力方面，2009～2011年偿债能力较差，主要是因为星泉国际这一阶段的发展，更依赖于外部融资；在盈利能力方面，星泉国际整体水平较高，5年的盈利能力均处于前5名的位置。星泉国际成长能力虽然较强，但受制于成长资源，因此提高企业资源拥有量是星泉国际可持续发展的关键（见图5－20）。

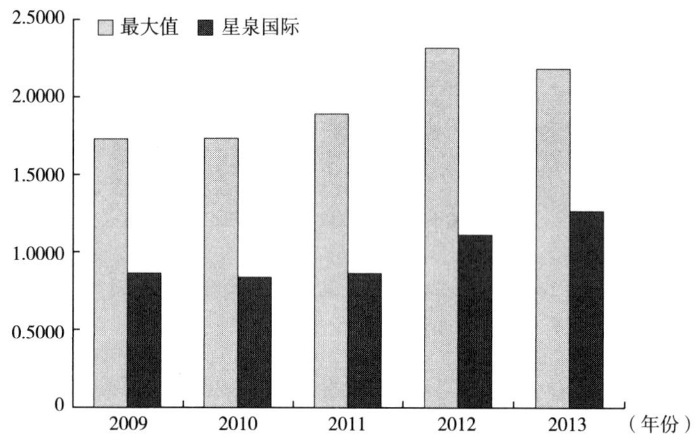

图5－20　2009～2013年星泉国际成长性得分对照

资料来源：作者整理。

（3）典型平稳负增长型企业——361度

361度地处福建厦门，2008年于香港上市，2009～2012年企业成长性处于平稳负增长状态。为了对361度的现状有较全面的认识，根据表5－6至表5－11整理出361度成长资源、成长能力、成长环境和成长性在2009～2013年5年的得分与其他体育用品企业最大得分对照情况，如图5－21至图5－24所示。

从体育用品企业成长资源来看，361度5年内成长资源的得分分别为0.3194、0.3408、0.4096、0.5052、0.4972，其排名非常稳定，始终处于第5位。说明361度拥有较丰富的成长资源（见图5－21）。

从体育用品企业成长能力来看，361度5年的排名分别为第9、9、

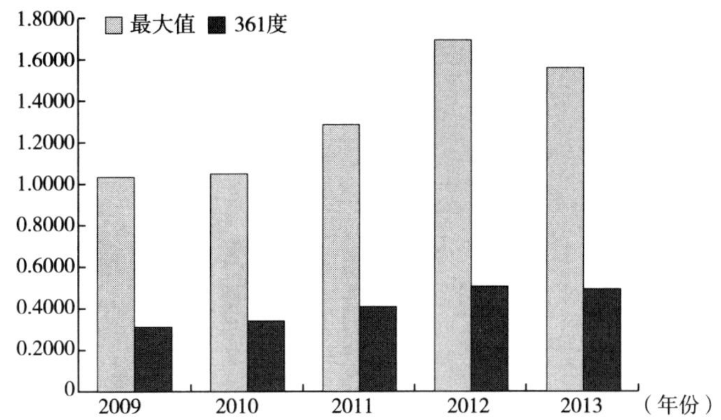

图 5-21　2009~2013 年 361 度成长资源得分对照

资料来源：作者整理。

15、11、13 名，其排名处于下滑态势，其中，以营运能力下滑最为严重，2009~2013 年排名分别为第 5、8、19、14、15 名，可见 361 度的成长能力乏力，有待提升（见图 5-22）。

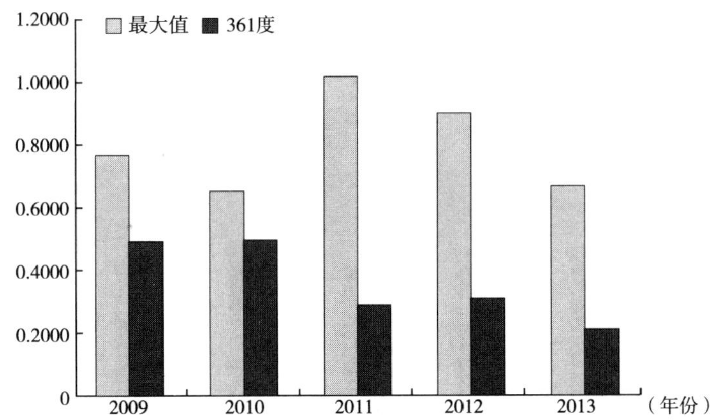

图 5-22　2009~2013 年 361 度成长能力得分对照

资料来源：作者整理。

从成长环境来看，361 度所处的厦门在 2009~2011 年相对领先，但在 2012~2013 年，厦门与泉州、青岛相比，不再拥有区域领先优势（如图 5-23 所示）。

总体来看，2009~2013 年 361 度成长性排名分别为第 5、5、8、6、10 名，处于平稳负增长态势。361 度未能凭借成长资源和成长环境优势，成长能力反而逐年下滑，使企业成长性处于平稳负增长状况。其可能原因

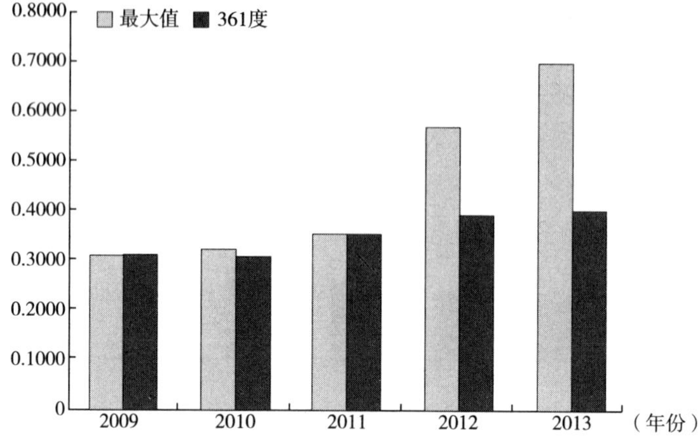

图 5-23　2009~2013 年 361 度成长环境得分对照

资料来源：作者整理。

是，逐年增加的应收账款在一定程度上阻碍了 361 度营运能力的提升，导致其未能成为稳定增长型的企业（见图 5-24）。

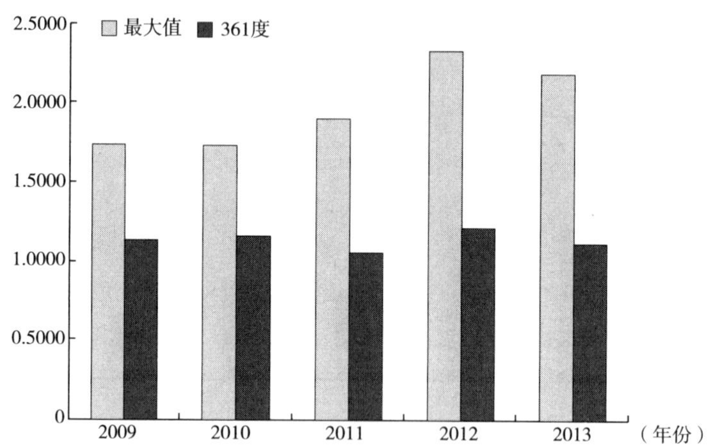

图 5-24　2009~2013 年 361 度成长性得分对照

资料来源：作者整理。

（4）典型波动负增长型企业——李宁

李宁属于老牌体育用品企业，成立于 1990 年，2004 年于香港上市，2009~2013 年企业成长性处于波动负增长状态。为了对李宁的现状有较全面的认识，根据表 5-6 至表 5-11 整理出李宁成长资源、成长能力、成长环境和成长性 2009~2013 年 5 年的得分与其他体育用品企业最大得分对照情况，如图 5－25 至图 5－28 所示。

从企业成长资源来看，李宁的得分虽然呈递减趋势（5 年内其排名分别为第 1、1、2、3、3 名），但排名一直处于前 3 位，说明李宁仍然掌握着较多的成长资源（见图 5－25）。

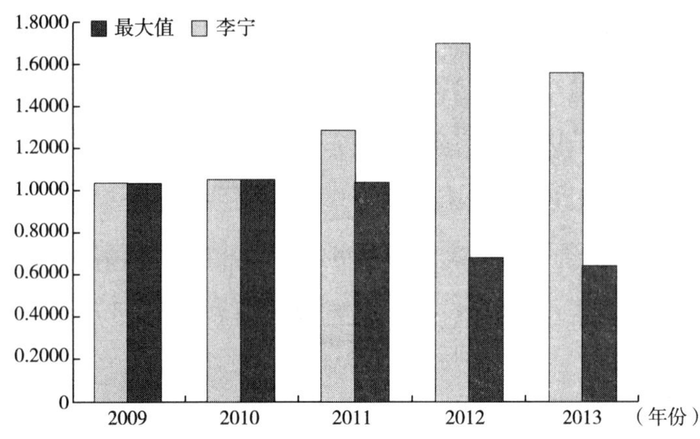

图 5－25　2009～2013 年李宁成长资源得分对照

资料来源：作者整理。

从企业成长能力来看，李宁的成长能力逐年下降，且下降情况较为严重，2012 年的成长能力甚至为负值，仔细分析李宁的盈利情况，发现李宁五年销售净利率和净资产收益率下降非常严重，尤其是净资产收益率，从 2009 年的 36.24% 降到 2012 年的 －121.28%，2013 年回升至 －13.39%，销售净利率也从 2009 年的 11.56% 下降到 2012 年的 －29.29%，2013 年回升至 －6.17%；2009～2013 年，李宁的存货和应收账款均有大幅度的增加，由于体育用品企业整体市场较为饱和，库存压力大，李宁的销售净利率和净资产收益率大幅度下滑，加上大规模关闭门店和战略调整，李宁 2011～2013 年的成长能力严重下滑（见图 5－26）。

从成长环境来看，2009～2011 年李宁所处的北京在成长环境方面占据一定优势，但在 2012～2013 年，由于青岛和泉州的崛起，北京的体育用品企业成长环境优势减弱（见图 5－27）。

总体来看，2009～2013 年李宁成长性排名分别为第 2、1、3、14、8 名，整体处于下降态势，在 2013 年有所回暖。1990 年成立伊始，李宁维

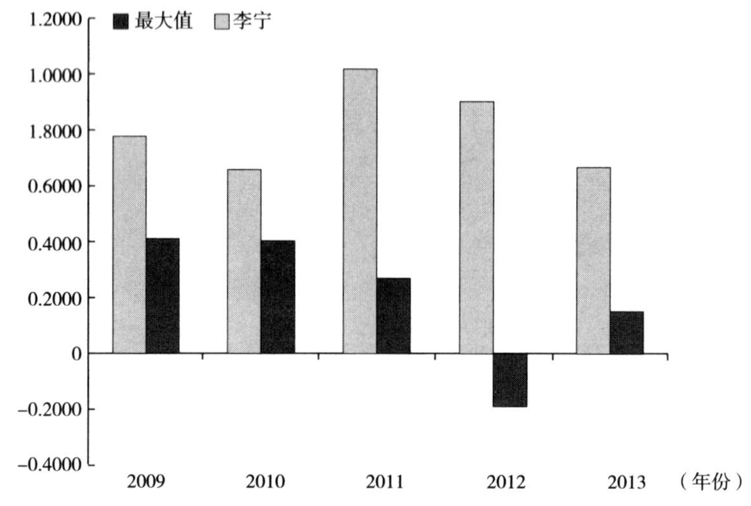

图 5－26　2009～2013 年李宁成长能力得分对照

资料来源：作者整理。

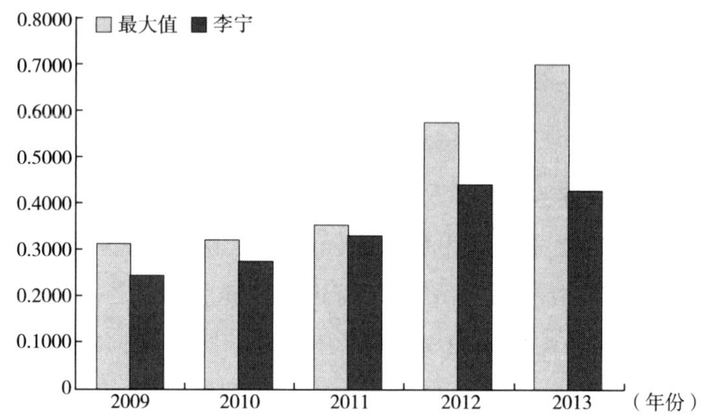

图 5－27　2009～2013 年李宁成长环境得分对照

资料来源：作者整理。

持高速增长状态，2010 年营业额高达 94.78 亿元。然而，2012～2014 年，连续 3 年亏损，成长乏力，2014 年亏损高达 8.2 亿元。李宁成长性得分和排名下滑的主要原因是成长能力尤其是营运和管理能力严重下降，其成长能力下降的主要症结在于销售净利率和净资产收益率的下降。可见，提升销售净利率，减少库存和减轻应收账款压力，是李宁求变的关键（见图 5－28）。

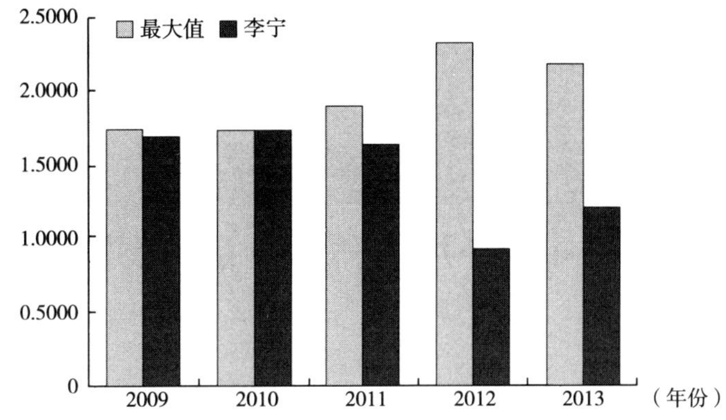

图 5－28　2009～2013 年李宁成长性得分对照

资料来源：作者整理。

5.9　本章小结

本章对收集到的 19 家体育用品上市企业的 130 份数据，运用多层次因子结构方程模型方法构建体育用品企业成长性评价体系，得出成长性指标权重表，根据得出的指标权重，运用综合指数法得出 19 家企业 2009～2013 年成长资源、成长能力、成长环境、成长性的得分及排名。研究发现宝胜国际、安踏体育和中国动向始终处于成长性的前四名之内。

对 19 家体育用品上市企业 2009～2013 年的成长数据进行静态评价分析，以及动态评价及个案分析，发现宝胜国际、安踏体育拥有强大的成长资源优势，随着企业的发展和社会的进步，成长资源对体育用品企业成长越来越重要。同时，成长资源、成长能力和成长环境三者应呈鼎立之势，均衡成长，任何一方的不足，都可能导致企业成长的停滞甚至破产。

第6章　体育用品企业成长性预测

第5章体育用品企业成长性实证研究得出了19家样本企业2009～2013年的成长性得分和排名，在此基础上，本章引入灰预测模型，对体育用品企业2014年和2015年的成长性进行预测，并分析体育用品企业的成长性发展趋势。

6.1　国内外企业成长性预测研究概况

国外学者对企业成长性的预测主要采用二维法进行研究，预测企业成长方向为持续成长或中断成长。二维法指的是在对企业进行SWOT分析（优势、劣势、机遇、威胁）后，预测企业的成长分类，属于持续成长或者属于中断成长。当市场竞争过于激烈时，若企业无法提升自身的竞争地位，则企业处于维持或收割策略，即中断成长，所谓“收割策略”指的是计划性地退出市场、收回现金，这种做法有利于企业重新配置自身的成长资源。对企业的成长性而言，不同的分析结果会带来不同的策略，企业的管理层应审慎评估自身所处的环境和所掌握的资源，再根据企业的优势和劣势，采取不同的策略。

国内学者对成长性的预测研究主要是采用多维法：趋于上升型、趋于下滑型和波动发展型。趋于上升型指的是企业成长性排名走势大体上升或者处于前列，总体趋势表明其正向成长；趋于下滑型是指企业的排名走势大体处于下滑趋势或者持续处于排名靠后的状态，说明其成长性是负的；波动发展型是指企业的排名波动范围特别大，包括突变式前进和后退，成长性排名非常不稳定。具体到技术网络共生进化模式，可以分为渐进模式、过渡模式和变革模式（Kash and Rycoft，2000）。张玉明、杨益琳（2011）运用神经网络方法构建了创新型中小企业成长性预测模型，进而根据分析结果揭示企业成长差异的主要原因。

6.2　预测方法的选择与灰预测模型步骤

6.2.1　体育用品企业成长性预测方法选择

灰色系统理论是20世纪80年代由华中理工大学（现华中科技大学）邓聚龙教授首先提出并创立的。灰色模型是通过少量的、不完全的信息，建立灰色微分预测模型，对事物发展规律做出模糊性的长期描述，灰色模型是从灰色系统中抽象出来的模型。灰色预测模型在较少数据的基础上即可建立预测模型，它的优点是：①不需要大样本；②计算工作量小；③样本数据不需要有规律性分布；④可用于短期、中长期预测；⑤灰色预测准确性高。

灰色系统理论能对小样本、少数据，进行有效处理，可避免受访者意见不同造成的折中现象及调查结果受异常值的影响。对于一个模糊系统来说，传统的预测方法就会失去作用。邓聚龙教授提出的灰色系统理论，可有效改善上述有关数据“质”与“量”的问题（吴汉雄等，1996）。因此，使用此方法来预测体育用品企业成长性较为适当。灰色理论与模糊理论、概率统计的比较汇整见表6-1，此表可显示出三者在本质内涵、数学基础、数学运算方式、数据多寡、数据分布及完成目标等方面的差异性（温坤礼，2002）。

表6-1　灰色理论、模糊理论及概率统计的差异性

项　目	灰色理论	模糊理论	概率统计
本质内涵	小样本且不确定	认知上不确定	大样本且不确定
数学基础	灰朦胧集（hazy set）	模糊集（fuzzy set）	康托尔集（cantor set）
数学运算方式	生成方法	取边界值	统计方法
数据多寡	少数据状态	经验数值状态	多数据状态
数据分布	任意的分布	函数的分布	典型的分布
完成目标	现实的规律	认知的表达	历史的统计规律

资料来源：本研究整理。

6.2.2 灰预测模型

（1）灰色系统基本概念

若一个系统的内部特征是完全已知的，即系统的信息是充足完全的，我们称之为白色系统。若一个系统的内部信息是一无所知的，一团漆黑，只能从它同外部的联系来观测研究，这种系统便是黑色系统。灰色系统介于二者之间，灰色系统的一部分信息是已知的，另一部分是未知的。

灰色系统理论以“部分信息已知、部分信息未知”的“小样本”“贫信息”不确定性系统为研究对象。通过鉴别系统因素之间发展趋势的相似或相异程度，并通过对原始数据的生成处理来寻求系统变动的规律。生成数据序列有较强的规律性，可以用它来建立相应的微分方程模型，从而预测事物未来的发展趋势和未来状态。

（2）灰色预测建模过程

①生成数。分为累加生成数（AGO）与累减生成数（IAGO）。

累加生成数：1 - AGO 指一次累加生成。

记原始序列为

$$X^{(0)} = \{x^{(0)}(1), x^{(0)}(2), \cdots, x^{(0)}(n)\}$$

生成序列为

$$X^{(1)} = \{x^{(1)}(1), x^{(1)}(2), \cdots, x^{(1)}(n)\}$$

上标“0”表示原始序列，上标“1”表示一次累加生成序列。其中，

$$x^{(1)}(k) = \sum_{i=0}^{k} x^{(0)}(i) = x^{(1)}(k-1) + x^{(0)}(k)$$

累减生成数（IAGO）是累加生成的逆运算。

记原始序列为 $X^{(1)} = \{x^{(1)}(1), x^{(1)}(2), \cdots, x^{(1)}(n)\}$，对 $X^{(1)}$ 做一次累减生成，则得生成序列 $X^{(0)} = \{x^{(0)}(1), x^{(0)}(2), \cdots, x^{(0)}(n)\}$，其中，$x^{(0)}(k) = x^{(1)}(k) - x^{(1)}(k-1)$，规定 $x^{(1)}(0) = 0$。

累加生成与累减生成之间的关系如下所示：

$$X^{(0)} \xrightarrow{1-AGO} X^{(1)} \xrightarrow{IAGO} X^{(0)}$$

②GM（1，1）模型。

令 $X^{(0)}$ 为 GM（1，1）建模序列

$$X^{(0)} = \{x^{(0)}(1), x^{(0)}(2), \cdots, x^{(0)}(n)\}$$

$X^{(1)}$ 为 $X^{(0)}$ 的 1 - AGO 序列

$$X^{(1)} = \{x^{(1)}(1), x^{(1)}(2), \cdots, x^{(1)}(n)\},$$

$$x^{(1)}(k) = \sum_{i=1}^{k} x^{(0)}(i), k = 1, 2, \cdots, n$$

令 $Z^{(1)}$ 为 $X^{(1)}$ 的紧邻均值（MEAN）生成序列

$$Z^{(1)} = \{z^{(1)}(2), z^{(1)}(3), \cdots, z^{(1)}(n)\},$$

$$z^{(1)}(k) = 0.5x^{(1)}(k) + 0.5x^{(1)}(k-1)$$

则 GM（1，1）的定义型，即 GM（1，1）的灰微分方程模型为：

$$x^{(0)}(k) + az^{(1)}(k) = b \qquad \text{公式（6.1）}$$

模型符号含义为：

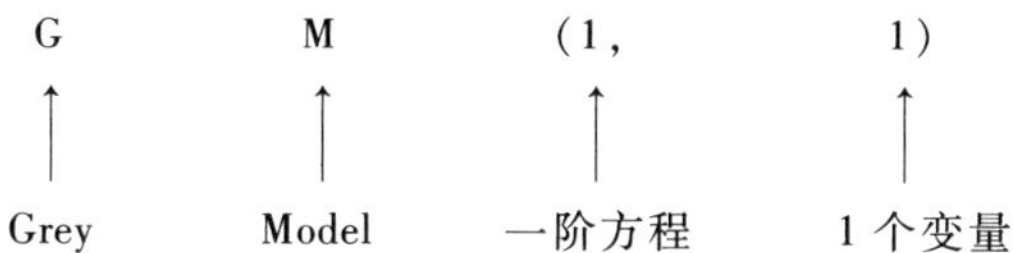

式中 a 称为发展系数，b 为灰色作用量。设 $\hat{\alpha}$ 为待估参数向量，即 $\hat{\alpha} = (a, b)^T$，则灰微分方程公式（6.1）的最小二乘估计参数列满足

$$\hat{\alpha} = (B^T B)^{-1} B^T Y_n$$

其中，

$$B = \begin{bmatrix} -z^{(1)}(2) & 1 \\ -z^{(1)}(3) & 1 \\ \vdots & \vdots \\ -z^{(1)}(n) & 1 \end{bmatrix}, Y_n = \begin{bmatrix} x^{(0)}(2) \\ x^{(0)}(3) \\ \vdots \\ x^{(0)}(n) \end{bmatrix}$$

称

$$\frac{dx^{(1)}}{dt} + ax^{(1)} = b \qquad \text{公式 (6.2)}$$

为灰色微分方程 $x^{(0)}(k) + az^{(1)}(k) = b$ 的白化方程，也叫影子方程。

如上所述，则有

白化方程 $\frac{dx^{(1)}}{dt} + ax^{(1)} = b$ 的解也称时间响应函数为

$$\hat{x}^{(1)}(t) = \left[x^{(1)}(0) - \frac{b}{a}\right]e^{-at} + \frac{b}{a}$$

GM（1，1）灰色微分方程 $x^{(0)}(k) + az^{(1)}(k) = b$ 的时间响应序列为

$$\hat{x}^{(1)}(k+1) = \left[x^{(1)}(0) - \frac{b}{a}\right]e^{-ak} + \frac{b}{a}, k = 1,2,\cdots,n$$

取 $x^{(1)}(0) = x^{(0)}(1)$，则

$$\hat{x}^{(1)}(k+1) = \left[x^{(0)}(1) - \frac{b}{a}\right]e^{-ak} + \frac{b}{a}, k = 1,2,\cdots,n$$

还原值

$$\hat{x}^{(0)}(k+1) = \hat{x}^{(1)}(k+1) - \hat{x}^{(1)}(k) \qquad \text{公式 (6.3)}$$

上式即为预测方程。

灰色预测模型建立后，需要针对该模型所得的预测数列，进行精确度检验，以了解预测值与实际值之间的误差，本书以邓聚龙（1986，1999）所研究的残差检验法（Residual Checking）进行预测模型精度检验，其具体方法如下。

残差大小检验，即对模型值和实际值的残差进行逐点检验。首先按模型计算 $\hat{x}^{(1)}(i+1)$，将 $\hat{x}^{(1)}(i+1)$ 累减生成 $\hat{x}^{(0)}(i)$，最后计算原始序列 $x^{(0)}(i)$ 与 $\hat{x}^{(0)}(i)$ 的绝对残差序列

$$\Delta^{(0)} = \{\Delta^{(0)}(i), i = 1,2,\cdots,n\}, \Delta^{(0)}(i) = |x^{(0)}(i) - \hat{x}^{(0)}(i)|$$

及相对残差序列

$$\phi = \{\phi_i, i = 1,2,\cdots,n\}, \phi_i = \left[\frac{\Delta^{(0)}(i)}{x^{(0)}(i)}\right]\%$$

并计算平均相对残差

$$\bar{\phi} = \frac{1}{n}\sum_{i=1}^{n}\phi_i$$

精确度为 $1-\bar{\phi}$，若平均精确度大于 90%（平均相对误差小于 10%），则此模型的预测效果良好（邓聚龙，1999）。

6.3 成长性预测模型构建及结果分析

利用一阶灰色预测模型 GM（1，1）对体育用品企业 2009～2013 年的成长数据进行建模，采用灰色系统理论建模软件 7.0（可在“南京航空航天大学灰色系统研究所”网站注册下载），并对模型进行校验。下文以青岛双星为例，用其 2009～2013 年的成长性来预测 2014 年和 2015 年的成长值，步骤如下。

①原始数据序列：

$$x^{(0)} = [0.8578, 0.8796, 0.9516, 1.1520, 1.2652]$$

②根据公式（6.1）计算原始数列的累加生成值：

$$x^{(1)} = [0.85780, 1.73740, 2.68900, 3.84100, 5.10620]$$

③利用公式（6.2）计算参数 a 和 b：$a=-0.1283$，$b=0.7013$。

④利用公式（6.3）得出预测模型 GM（1，1）的 $x^{(0)}(k)$，构建 GM（1，1）预测模型，得到的预测结果与实际值比较见表 6－2。

表 6－2 青岛双星 GM（1，1）模型预测结果

年　份	实际值	预测值
2009	0.8578	0.8578
2010	0.8796	0.8657
2011	0.9516	0.9842
2012	1.1520	1.1189
2013	1.2652	1.2721
2014		1.4462
2045		1.6442

资料来源：本研究整理。

根据残差校验方法公式，计算得出的残差检验的平均相对误差为2.1053%，模型精度为97.89%，大于90%，说明预测效能良好（见表6－3）。

表6－3 青岛双星GM（1，1）预测模型残差检验结果

序　号	实际数据	模拟数据	残　差	相对模拟误差（%）	平均相对误差（%）
1	0.8796	0.8657	0.0139	1.5808	2.7943
2	0.9516	0.9842	－0.0326	3.4251	
3	1.1520	1.1189	0.0331	2.8723	
4	1.2652	1.2721	－0.0069	0.5430	

资料来源：本研究整理。

数据图形模拟结果如图6－1所示。

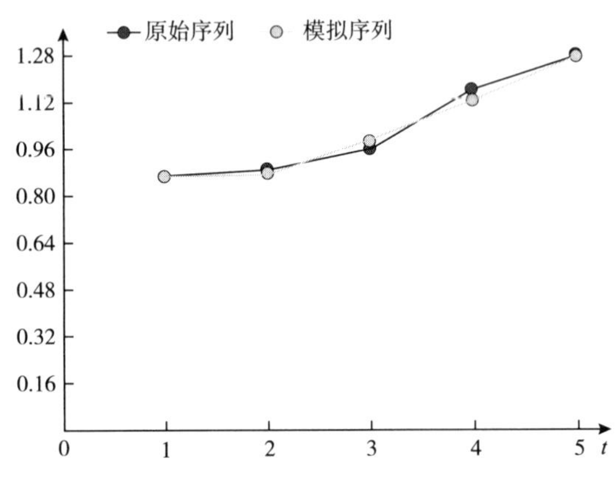

图6－1 青岛双星GM（1，1）模型的构建

资料来源：本研究整理。

由表6－2和GM（1，1）模型构建图6－1可知，本次灰色预测模型预测效果良好。将其他18家体育用品企业2009～2013年的数据作为原始序列，进行预测模型建模并预测2014年的值。同样，使用2009～2014年的数据构建GM（1，1）模型预测2015年的值。依此方法，可得其他18家体育用品企业2014年和2015年的成长性预测情况，其他18家样本体育用品企业的实际值、预测值、平均相对误差具体见表6－4。

表 6－4 2014 年和 2015 年体育用品企业成长性预测模型构建和检验结果

公司名称		2009 年	2010 年	2011 年	2012 年	2013 年	检验		预测	
							平均相对误差（%）	结果	2014 年	2015 年
宝胜国际	实际值	1.4616	1.4902	1.8885	2.3164	2.1816	7.4254	良好	2.6340	2.9697
	预测值	1.4616	1.6300	1.8378	2.0721	2.3362				
安踏体育	实际值	1.6215	1.6999	1.7920	1.8028	1.7857	1.5572	良好	1.8373	1.8650
	预测值	1.6215	1.7305	1.7566	1.7831	1.8100				
中国动向	实际值	1.7313	1.6649	1.3723	1.5999	1.6304	5.9822	良好	1.6082	1.6250
	预测值	1.7313	1.7313	1.5424	1.5586	1.5749				
喜得龙	实际值	0.7395	0.9345	1.3068	1.6313	1.4782	6.8991	良好	1.6077	1.6170
	预测值	0.7395	0.7395	1.0518	1.3021	1.4601				
星泉国际	实际值	0.8710	0.8421	0.8649	1.1152	1.2681	3.9780	良好	1.4708	1.7131
	预测值	0.8710	0.7993	0.9309	1.0842	1.2628				
青岛双星	实际值	0.8578	0.8796	0.9516	1.1520	1.2652	2.1053	良好	1.4462	1.6442
	预测值	0.8578	0.8657	0.9842	1.1189	1.2721				
特步国际	实际值	0.8708	0.9272	0.9941	1.1857	1.2208	2.4321	良好	1.3739	1.5158
	预测值	0.8708	0.9273	1.0230	1.1287	1.2453				
李宁	实际值	1.6863	1.7272	1.6307	0.9250	1.2096	12.8503	不合格	0.8982	0.7629
	预测值	1.6863	1.6863	1.7259	1.4659	1.2451				
富贵鸟	实际值	—	0.6175	0.7692	1.0191	1.1853	2.7956	良好	1.4704	1.8072
	预测值	—	0.6175	0.7921	0.9735	1.1964				
361 度	实际值	1.1320	1.1502	1.0568	1.2105	1.1135	4.4061	良好	1.1437	1.1481
	预测值	1.1320	1.1262	1.1306	1.1349	1.1393				

续表

公司名称		2009 年	2010 年	2011 年	2012 年	2013 年	检验		预测	
							平均相对误差（%）	结果	2014 年	2015 年
匹克体育	实际值	0.9889	0.9783	0.9703	1.0451	1.1117	1.7534	良好	1.1523	1.2076
	预测值	0.9889	0.9550	1.0009	1.0490	1.0994				
喜得狼	实际值	0.7359	0.7883	0.8545	1.1718	1.0894	6.8775	良好	1.3071	1.4749
	预测值	0.7359	0.8064	0.9099	1.0267	1.1585				
中体产业	实际值	0.6915	0.8106	0.8426	0.8683	0.9148	0.4121	良好	0.9472	0.9853
	预测值	0.6915	0.8087	0.8413	0.8752	0.9105				
探路者	实际值	0.7491	0.7124	0.7994	0.9122	0.9040	3.0927	良好	1.0133	1.0985
	预测值	0.7491	0.7339	0.7956	0.8624	0.9348				
泰亚股份	实际值	0.5157	0.7549	0.8712	1.0415	0.8113	8.5511	良好	0.9276	0.9285
	预测值	0.5157	0.5157	0.7269	0.8472	0.8989				
中体国际	实际值	0.9789	0.7353	1.3430	0.8175	0.7853	20.9403	不合格	0.8415	0.8121
	预测值	0.9789	0.9700	0.9361	0.9034	0.8719				
美克国际	实际值	0.6490	0.6737	0.6063	0.4698	0.1604	21.1006	不合格	0.2167	0.1606
	预测值	0.6490	0.6490	0.7170	0.5316	0.3941				
飞克国际	实际值	0.8865	0.8086	0.8826	0.8294	—	3.3304	良好		
	预测值	0.8865	0.8301	0.8402	0.8504					
鳄莱特	实际值	0.8168	0.8108	1.0638	1.2478	—	2.3807	良好		
	预测值	0.8168	0.8309	1.0219	1.2568					

资料来源：本研究整理。

由表 6－4 可知，使用灰色预测模型对体育用品企业成长性进行预测过程中，李宁、中体国际、美克国际 3 家体育用品企业的平均相对误差大于 10%（预测精确度小于 90%），意味着预测效果偏差，预测结果不合格。主要是因为这 3 家企业成长性得分存在较大的波动性，无论是灰色预测的均值 GM（1，1）模型、原始差分 GM（1，1）模型，还是离散 GM（1，1）模型，均不能达到平均相对误差低于 10% 的预测效果。

其他 14 家企业（飞克国际和鳄莱特 2013 年停牌，故未包含在内）2009～2013 年模型计算值与实际值甚为拟合，预测结果精确度均在 90% 以上，中体产业的残差检验精度最高，因而通过模型得到的预测结果具有很高的可信度，预测出的数值可供体育用品企业成长规划做预估，以上预测和分析基本符合我国体育用品企业实际情况，具有一定的现实意义，显示我国体育用品企业近几年将会继续保持一定增长的势头。

由于李宁、中体国际和美克国际的灰色预测精度未能合格，飞克国际和鳄莱特 2013 年停牌，复牌时间未定，在进行 2014 年和 2015 年的排名时，剔除这 5 家企业（见表 6－5）。

表 6－5 体育用品企业 2014 年和 2015 年预测结果

公司名称	2013 年		2014 年		2015 年		备 注
	成长值	排名	成长值	排名	成长值	排名	
宝胜国际	2.1816	1	2.6340	1	2.9697	1	
安踏体育	1.7857	2	1.8373	2	1.8650	2	
富贵鸟	1.1853	9	1.4704	6	1.8072	3	
星泉国际	1.2681	5	1.4708	5	1.7131	4	
青岛双星	1.2652	6	1.4462	7	1.6442	5	
中国动向	1.6304	3	1.6082	3	1.6250	6	
喜得龙	1.4782	4	1.6077	4	1.6170	7	
特步国际	1.2208	7	1.3739	8	1.5158	8	
喜得狼	1.0894	12	1.3071	9	1.4749	9	
匹克体育	1.1117	11	1.1523	10	1.2076	10	
361 度	1.1135	10	1.1437	11	1.1481	11	
探路者	0.9040	14	1.0133	12	1.0985	12	
中体产业	0.9148	13	0.9472	13	0.9853	13	

续表

公司名称	2013 年		2014 年		2015 年		备　注
	成长值	排名	成长值	排名	成长值	排名	
泰亚股份	0.8113	15	0.9276	14	0.9285	14	
李　宁	1.2096	8	—		—		预测不合格
中体国际	0.7853	16	—		—		预测不合格
美克国际	0.1604	17	—		—		预测不合格
飞克国际	—		—		—		停牌
鳄莱特	—		—		—		停牌

资料来源：本研究整理。

由表 6-5 的预测结果可以看出 2014 年和 2015 年样本体育用品企业的成长走势，其动态成长性规律可以分为 3 种类型：趋于上升型、趋于下滑型和保持稳定型。趋于上升型是指 2014 年和 2015 年的排名趋势是大体上升或者两年间持续处于前列的体育用品企业，如富贵鸟、喜得狼等，趋于下滑型如中国动向、匹克体育等，保持稳定型如宝胜国际和安踏体育。总体而言，宝胜国际和安踏体育始终占据前 2 的位置，而探路者、中体产业、泰亚股份则始终处于末位，富贵鸟和喜得狼则上升势头迅猛，尤其是富贵鸟，2015 年有望位列第 3。

对于富贵鸟和星泉国际而言，需要注意成长资源和成长能力两者的均衡发展，富贵鸟和星泉国际所掌握的成长资源都较弱，要避免出现资源缺失而引起的成长障碍，尤其是目前体育用品企业之间竞争力逐渐变强，整体经济形势不甚乐观，福建体育用品业洗牌已不可避免，泰亚股份、诺奇、霍普莱斯、鳄莱特等上市公司出现资金链断裂，这不只是富贵鸟和星泉国际需要注意的问题，所有体育用品企业都应注重成长资源和成长能力的均衡发展，防止出现鳄莱特成长能力强而成长资源弱所引起的资金链问题，最终导致停牌现象。

第7章　结果分析与对策

本章深入分析前几章实证研究结果，并以实证研究结果为依据，提出促进体育用品企业健康成长的对策。

7.1　实证研究结果分析

本研究前几章有关我国体育用品企业成长性评价研究的实证，由以下四个步骤组成：第一步，根据问卷调研及收集的体育用品上市企业相关数据，对评价指标体系进行合理性验证；第二步，对成长资源、成长能力、成长环境和成长性之间的关系模型进行拟合，构建体育用品企业成长性评价结构方程模型；第三步，以成长性评价结构方程模型为基础，对我国体育用品企业成长性进行静态和动态评价，并对李宁、星泉国际、鳄莱特和361度四家体育用品上市企业进行个案分析；第四步，运用灰预测模型方法GM（1，1），对我国体育用品上市企业2014年和2015年的成长性进行预测。

7.1.1　成长指标合理性验证结果

（1）成长资源验证性因子分析

体育用品企业成长资源验证性因子分析模型拟合结果显示，各类拟合指数均达到要求，模型可以接受。模型的收敛效度检验结果中，无形资源、有形资源、品牌资源和人力资源的平均变异萃取量（AVE）分别为0.6045、0.5786、0.6191和0.6617，均超过0.50的理想水平。另外，所有成长资源指标之间自相关系数显著不等于1.00，因为相关系数95%置信区间都不涵盖1.00，除了无形资源和有形资源，其他成长资源指标之间AVE的平均值are AVE均大于相关系数的平方，显示各构念具有可接受的区辨力。分析结果显示，成长资源下各成长指标之间具有较理想的聚敛效度和区辨效度。

（2）成长能力验证性因子分析

体育用品企业成长能力验证性因子分析模型拟合结果显示，各类拟合指数均达到要求，模型可以接受。模型的收敛效度检验结果中，创新能力、管理能力、营运能力、偿债能力、盈利能力和市场预期能力的平均变异萃取量（AVE）分别为0.5070、0.6044、0.5786、0.5631、0.3883和0.6146，除盈利能力外，其他均超过0.50的理想水平。另外，所有成长能力指标之间自相关系数显著不等于1.00，因为相关系数95%置信区间都不涵盖1.00，除营运能力和管理能力、营运能力和偿债能力外，其他成长能力指标之间AVE的平均值are AVE均大于相关系数的平方，显示各构念具有可接受的区辨力。分析结果显示，成长能力下各成长指标之间具有较理想的聚敛效度和区辨效度。

（3）成长环境验证性因子分析

体育用品企业成长环境验证性因子分析模型拟合结果显示，各类拟合指数均达到要求，模型可以接受。模型的收敛效度检验结果中，科技环境支持力、融资环境支持力、社会环境支持力、经济环境支持力、环境适应力的平均变异萃取量（AVE）分别为0.6062、0.6274、0.6618、0.6513和0.5332，均超过0.50的理想水平。另外，环境适应力和科技环境支持力之间的相关性较强，相关系数为0.83，融资环境支持力和社会环境支持力之间的相关性较弱，相关系数为0.58。所有成长环境指标之间自相关系数显著不等于1.00，因为相关系数95%置信区间都不涵盖1.00，除了环境适应力和科技环境支持力、环境适应力和社会环境支持力，其他成长环境指标之间AVE的平均值are AVE均大于相关系数的平方，显示各构念具有可接受的区辨力。分析结果显示，成长环境下各成长指标之间具有较理想的聚敛效度和区辨效度。

7.1.2　成长资源、成长能力、成长环境和成长性之间关系验证结果

成长资源、成长能力、成长环境和成长性之间关系的全模型分析是从统计角度进行合理性论证的重点，目的是探索体育用品企业成长性评价指标体系。针对本部分研究，本研究提出15个成长指标，研究结果显示，有11个成长指标获得通过，其余4个未获通过。

（1）成长资源和成长性之间关系验证结果分析

成长资源下共有4个成长指标，分别是无形资源、有形资源、品牌资源和人力资源。从成长资源和企业成长性关系模型检验结果可知，人力资源和企业成长性之间路径系数 t 值小于1.96，对体育用品企业成长性影响不显著。无形资源和企业成长性之间路径系数为0.19，有形资源和企业成长性之间的路径系数为0.33，品牌资源和企业成长性之间的路径系数为0.37，这三者和企业成长性之间的路径系数 t 值均大于1.96，都是正值且达到95%的显著性。因此，无形资源、有形资源、品牌资源对体育用品企业成长性有正向影响。

（2）成长能力和成长性之间关系验证结果分析

成长能力下共有6个成长指标，分别是创新能力、管理能力、营运能力、偿债能力、盈利能力和市场预期能力。从成长能力和企业成长性模型检验结果可知，创新能力、市场预期能力和企业成长性之间路径系数 t 值（绝对值）都小于1.96，对体育用品企业成长性影响不显著。管理能力和企业成长性之间的路径系数为0.18，营运能力和企业成长性之间的路径系数为0.30，偿债能力和企业成长性之间的路径系数为0.39，盈利能力和企业成长性之间的路径系数为0.25，这四者和企业成长性之间的路径系数 t 值均大于1.96，都是正值且达到95%的显著性。因此，管理能力、营运能力、偿债能力、盈利能力对体育用品企业成长性有正向影响。

（3）成长环境和成长性之间关系验证结果分析

成长环境下共有5个成长指标，分别是科技环境支持力、融资环境支持力、社会环境支持力、经济环境支持力和环境适应力。从成长环境和企业成长性模型检验结果可知，融资环境支持力和企业成长性之间路径系数 t 值（绝对值）小于1.96，对体育用品企业成长性影响不显著。科技环境

支持力和企业成长性之间路径系数为0.27，社会环境支持力和企业成长性之间路径系数为0.21，经济环境支持力和企业成长性之间路径系数为0.18，环境适应力和企业成长性之间路径系数为0.31，这四者和企业成长性之间的路径系数 t 值均大于1.96，都是正值且达到95%的显著性。因此，科技环境支持力、社会环境支持力、经济环境支持力、环境适应力对体育用品企业成长性有正向影响。

综上，本书首先从理论和统计两个角度，对所构建的体育用品企业成长性评价指标体系进行系统的合理性验证；其次，根据统计数据的完整性和可获得性标准，剔除“品牌资源”成长指标；最后，确定体育用品企业成长性评价指标体系，包括成长资源、成长能力、成长环境3个成长因子，以及无形资源、有形资源、管理能力、营运能力、偿债能力、盈利能力、科技环境支持力、社会环境支持力、经济环境支持力、环境适应力10个成长指标。体育用品企业成长性评价指标体系合理性验证结果见表7-1。

表7-1　体育用品企业成长性评价指标体系合理性验证结果

成长因子	理论合理性验证的成长指标	统计合理性验证结果	合理性验证最终结果
成长资源	无形资源	√	√
	有形资源	√	√
	品牌资源	√	×
	人力资源	×	×
成长能力	创新能力	×	×
	管理能力	√	√
	营运能力	√	√
	偿债能力	√	√
	盈利能力	√	√
	市场预期能力	×	×
成长环境	科技环境支持力	√	√
	融资环境支持力	×	×
	社会环境支持力	√	√
	经济环境支持力	√	√
	环境适应力	√	√

资料来源：本研究整理。

7.1.3　体育用品企业静态成长评价结果

（1）体育用品企业成长资源结果分析

成长资源方面，成长资源的获得不是一朝一夕的事情，需要经过长期积累，而且成长资源分布情况两极分化较为严重。2012 年飞克国际和鳄莱特的成长资源排名分别为第 17、18 位，在 19 家体育用品上市企业中分别处于倒数第 3 位和倒数第 2 位，飞克国际和鳄莱特的停牌，与成长资源的缺乏有着不可割裂的关系。

分析发现，成长资源较少的企业，如喜得狼、星泉国际、探路者、中体国际、富贵鸟、美克国际、泰亚股份、飞克国际、鳄莱特这 9 家企业，除探路者地处北京外，其他 8 家均为泉州地区企业。泉州地区的 11 家体育用品企业，除特步国际外，其他 10 家企业所掌握的成长资源均较少，特步国际的成长资源也是逐步增长的，从 2009 年的排名第 7 位提升至 2013 年的排名第 6 位。这一方面说明泉州地区体育用品企业成长资源匮乏；另一方面说明泉州地区体育用品企业没有将成长重心放在成长资源的扩张上。

（2）体育用品企业成长能力结果分析

和成长资源不同，成长能力中的营运能力可以在较短时间内获得较大的提升，同时，也有可能迅速下降。

喜得龙的成长能力上升迅速，从 2009 年的第 12 位，上升至 2010 年的第 2 位，并在后续年份一直保持领先；中体国际的成长能力则一直处于波动状态，2009 ~ 2013 年的成长能力排名分别为第 2、12、1、14、14 位；飞克国际的成长能力逐渐下滑，从 2009 年的第 3 位下降至 2012 年的第 13 位，其盈利能力也是逐年递减的，加上飞克国际的成长资源较弱，可掌控的成长资源非常少，在偿债能力上也处于劣势，因而，飞克国际的停牌在预料之中。

（3）体育用品企业成长环境结果分析

在成长环境方面，城市间的排名处于波动状态，至 2012 年和 2013 年，形成了比较稳定的排名，青岛和泉州处于领先地位。青岛的领先地位，一是因为青岛在区域中体育用品企业比重上占据领先，二是因为青岛环境适应力始终处于领先地位，三是因为青岛的其他环境指标较好。而泉州主要依靠其体育用品产业集群优势，泉州的成长环境排名从2009～2011年的第5位上升到2012～2013年的第2位。

（4）体育用品企业成长性结果分析

首先，宝胜国际、中国动向和安踏体育的企业成长性在2009～2013年5年内始终处于前4名，在成长性得分方面显著高于其他体育用品企业。这是因为宝胜国际、中国动向和安踏体育的成长资源尤其是无形资源，遥遥领先于其他企业。虽然这三家企业的成长能力和成长环境未取得领先地位，但巨大的成长资源优势，足以让它们在成长性上处于领先地位。在全球化高科技市场竞争时代，企业科技创新和品牌创意至关重要，无形资源包括商标权、专利权、土地使用权、著作权和商誉等，对体育用品企业成长越来越重要。

其次，成长能力处于领先地位的企业，其成长性排名基本上处于中上水平，成长能力对企业成长性的影响最大（权重为42.06%，大于成长资源的28.50%和成长环境的29.44%）。现代企业运营管理水平主要体现在管理能力和营运能力上。在特定成长环境下，成长能力的高低直接体现为运作成长资源和适应成长环境的能力，而体育用品企业的成长能力也以管理能力和营运能力为主，因而，成长能力对体育用品企业成长性具有重要影响，是连接企业成长资源和成长环境的纽带。

最后，企业成长环境处于劣势的企业，其成长性排名也可能处于前列，这是因为成长环境得分之间差距不大，以2013年19家体育用品企业的成长环境得分为例，成长环境得分最高者为青岛双星（得分为0.6979），第2名为喜得龙（得分为0.5149），宝胜国际和安踏体育的成长环境得分分别为0.4104和0.4015，可以看出，各个企业成长环境得分之间并没有显著差距。

7.1.4 体育用品企业动态成长评价及个案分析结果

本书分类研究显示，19家样本体育用品企业中，稳定增长型8家，波动增长型2家，平稳负增长型6家，波动负增长型3家。其中，10家体育用品企业属于增长型，成长方式呈健康状态；9家处于负增长状态，经济效益不佳。有的体育用品企业专注于规模扩张，库存积压严重，未能处理好企业规模与效益的关系；有的体育用品企业成长性具有随机行走特点。只有那些适时把握体育用品产业发展前沿、持续改革创新的体育用品企业，才有希望推动企业转型升级，持续健康成长，立于不败之地。

（1）典型稳定增长型企业——鳄莱特

2009～2012 年鳄莱特成长性排名分别为第 12、11、7 和 5 位，处于稳定增长态势。在拥有极少成长资源的情况下，依靠自身优秀的成长能力，鳄莱特的成长性一步一步提升，从而取得持续稳定增长。值得警醒的是，鳄莱特因为醉心于提高成长能力，忽视自身资源的积累，2013 年 6 月通过发债募得 1.34 亿元，而成长资源不足，无法及时支付利息，导致 2013 年末出现资金问题，最终停牌。

（2）典型波动增长型企业——星泉国际

2009～2013 年星泉国际成长性排名分别为第 9、10、14、10 和 5 位，处于波动增长态势。星泉国际所拥有的成长资源较少，对成长能力的依赖性较强，星泉国际的管理能力和营运能力均尚可；偿债能力方面，2009～2011 年偿债能力较差，主要是因为星泉国际的发展在这一阶段更依赖于外部融资情况；在盈利能力方面，星泉国际整体水平较高，5 年的盈利能力均处于前五水平。虽然星泉国际成长能力较强，但受制于成长资源有限，逐步提高自身所拥有的资源是星泉国际的发展所在。

（3）典型平稳负增长型企业——361 度

361 度拥有一定的成长资源，相对安踏、宝胜国际等企业差距较大，但和其他企业如星泉国际、鳄莱特等相比，成长资源处于领先地位。成长能力方面，361 度处于下滑态势，其中，以营运能力下滑最为严重。2009～2013 年 361 度成长性排名分别为第 5、5、8、6 和 10 位，处于平稳负增长态势。

在拥有的成长资源较为乐观的情况下，361 度的成长能力总体下滑，未能凭借自身的成长资源和成长环境优势逐步发展，反而处于平稳负增长状态。可能是逐年增加的应收账款在一定程度上阻碍了 361 度营运能力的提升，导致其未能成为稳定增长型企业。

(4) 典型波动负增长型企业——李宁

2009~2013年李宁成长性排名分别为第2、1、3、14和8位，处于下降态势。成长能力方面，李宁的成长能力呈下降态势，且下降情况较为严重，2012年的成长能力甚至为负值。2009~2013年，李宁的存货和应收账款均有大幅度的增加，由于体育用品企业整体市场较为饱和，库存压力大，李宁的销售净利率和净资产收益率大幅度下滑，加上大规模关闭门店和战略调整，李宁2011年、2012年和2013年的成长能力严重下滑。

李宁成长性得分和排名的下滑主要是由于李宁成长能力的下降，尤其是销售净利率和净资产收益率的下降，提升销售净利率，逐步减少库存和减轻应收账款压力，将是李宁摆脱困难的关键。

7.1.5 体育用品企业成长性预测结果

运用灰色预测模型对企业成长性进行预测，结果显示，李宁、中体国际和美克国际3家体育用品企业的平均相对误差大于10%（预测精确度小于90%），意味着预测效果存在偏差，灰色预测精度未能合格，飞克国际和鳄莱特2013年停牌，复牌时间待定，因而，在进行2014年和2015年的排名时，必须剔除这5家企业。其余14家体育用品企业2009~2013年模型计算值与实际值甚为拟合，预测结果精确度均在90%以上，因而通过模型得到的预测结果具有很高的可信度，预测出的数值可供体育用品企业成长规划做预估，以上预测和分析基本符合我国体育用品企业实际情况，具有一定的现实意义。

另外，根据预测结果可知，2014年和2015年样本体育用品企业的成长走势，其动态成长性规律可以分为3种类型：趋于上升型、趋于下滑型和保持稳定型。对于富贵鸟和星泉国际而言，需要注意成长资源和成长能力两者的均衡发展，富贵鸟和星泉国际所掌握的成长资源都较弱，要避免出现资源缺失而引起的成长障碍，尤其是目前体育用品企业之间竞争力逐渐变强，整体经济形势不甚乐观，福建体育用品业洗牌已不可避免，泰亚股份、诺奇、霍普莱斯、鳄莱特等上市公司都出现资金链断裂，这不只是富贵鸟和星泉国际需要注意的问题，所有的体育用品企业都应注重成长资源和成长能力的均衡发展，防止出现鳄莱特成长能力强而成长资源弱所引起的资金链问题，最终导致停牌现象。

7.2　促进我国体育用品企业健康成长的对策

我国体育用品企业成长性主要通过成长资源、成长能力、成长环境三个因子来体现，其中成长资源的权重为28.50%，成长能力的权重为42.06%，成长环境的权重为29.44%，从上述实证结果分析可知，成长能力成为我国体育用品企业成长性的最显著因子，而成长资源和成长环境同样不可或缺。由成长资源、成长能力、成长环境与体育用品企业成长性之间的全模型分析可知，成长资源中的无形资源、有形资源，成长能力中的盈利能力、管理能力、营运能力、偿债能力，成长环境中的科技环境支持力、社会环境支持力、经济环境支持力、环境适应力对体育用品企业成长性有正向影响。针对以上实证结论，提出相应提高我国体育用品企业成长性的对策和建议。

7.2.1　追求成长资源、成长能力和成长环境三个方面的均衡发展

体育用品企业在发展过程中可以根据体育用品企业成长性研究报告，及时调整发展战略，使其立于不败之地。企业成长资源富足，才能健康发展，一旦匮乏就应抓紧时间统筹资源，否则就可能出现成长乏力。例如，飞克国际和鳄莱特的成长资源排名，2012年分别位居19家样本企业的第17位和第18位，2013年两家企业都被停牌。成长能力匮乏，也同样难以健康成长。比如，李宁公司成长能力历年排名均在第13位及之后，特别是2011年和2012年，突然分别降到第18位和第19位。成长能力低落是导致李宁公司波动负增长的主要原因。增强李宁公司成长能力，就有可能使该公司转亏为赢。可见，体育用品企业既要重视成长性综合评价排名，又要探究成长资源、成长能力和成长环境各成长因子的全面均衡发展。

体育用品企业成长资源、成长能力和成长环境三个因子的成长，应该相互协调、均衡发展，其中任何一方失衡，都有可能影响企业健康成长。总之，体育用品企业成长能力和成长资源必须相辅相成，企业规模扩张不

可偏离营运、盈利和管理等成长能力的提升，企业提高成长能力也不可忽视自身规模和构成。

7.2.2 重视体育用品企业成长资源尤其是无形资源的开发和利用

体育用品企业成长资源的挖掘，尤其是无形资源如科技创新和知识产权等的构造，对体育用品企业持续成长具有主要作用。随着经济全球化、网络化和知识化的推进，市场竞争的加剧，许多知名企业生产加工和货物配送等业务环节创造的价值不断降低，企业核心业务逐渐转向研究开发、品牌创新、产权经营等高附加值、高利润的业务领域，将生产加工和物流配送业务劳动密集型环节外包经营。体育用品企业不仅要重视有形资源，更要重视开发利用无形资源，因为无形资源才是获得经济效益的关键。比如，2005 年安踏体育创建“运动科学实验室”，该实验室属于我国首家高端体育用品研发机构，其宗旨是以科技引领品牌，用世界一流的专业运动设备来打造专业运动产品。研发机构成立后，申请了多项专利，快速丰富了安踏体育的成长资源。可见，安踏体育公司的综合成长性排名始终处在前 4 名，与其深挖成长资源具有密不可分的关系。

（1）制定无形资源开发利用战略目标

体育用品企业除了制定整体发展战略，还要制定无形资源开发利用战略，确定企业无形资源开发利用的种类和结构，并形成无形资源开发利用的目标体系。体育用品企业无形资源开发利用目标应符合以下原则：社会责任性，目标应与社会经济发展目标相协调，有益于增进社会整体利益；层次性，目标要按照轻重缓急程度区分各项目标主次关系；可靠性，目标要与体育用品企业的资源条件和市场环境相适应，即经过努力能够实现；阶段性，目标要分阶段提出具体要求；协调性，各具体目标之间协调一致。

（2）培育企业品牌资产，建立健全无形资源创新和保护机制

品牌是用以识别经营者的产品或服务，并使之与竞争对手的产品或服务相区别的商业名称及标志，包括文字、标记、符号、图案、颜色等要素及其组合。品牌资产是与某一特定品牌紧密联系，通过为消费者和企业提供附加利益，从而超过商品或服务本身利益的价值。品牌资产具有无形

性、难以准确计量、使用中增值、波动性和营销绩效衡量性等基本特征。国际知名企业的品牌资产价值，往往超过其有形资源价值。体育用品企业应积极培育企业品牌资产，建立健全无形资源尤其是品牌资产的创新机制。据宇博智业市场研究中心发布的《2014 年全球最有价值品牌 TOP100》可知，阿迪达斯品牌资产价值高达 70.02 亿美元，排名从 2013 年的第 63 位上升到 2014 年的第 55 位，其资产价值比 2013 年增长 15%。总之，培育企业品牌资产，已成为体育用品无形资源创新的关键。

体育用品企业创新驱动发展，离不开重视产权。保护知识产权，就是保护创新。然而，随着网络购物的快速发展，体育用品网络假货[①]纷纷出现，严重侵犯体育用品企业的知识产权。网络假货侵害消费者的利益，影响企业品牌资产的持续发展。因此，企业及有关政府部门应从微观层面出发，一方面抑制个人卖假行为，另一方面建立健全知识产权保护机制，用法律武器保护企业的品牌资产，以达到在全社会层面治理网络假货的目的。

(3) 培育专业知识人才，营造无形资源开发利用的外部环境

体育用品及其生产具有明显的行业特征，它需要具有体育专业知识的人才。因此，无形资源的开发经营特别要重视创意人才的培育和开发，最大限度地调动创意人才和知识员工的积极性和创造性，并建立健全无形资源的管理制度和创新机制，减少核心员工的流失。

无形资源的开发利用，源于企业、政府和社会的协同管理。如健全的市场经济竞争秩序、完善的保护无形资源的法律法规、积极稳妥的对外开放政策等，都是体育用品无形资源开发利用和管理的主要外部条件。此外，国家应积极鼓励科研院所和高等学校开展企业无形资源开发理论研究，以建立适合我国国情的体育用品无形资源开发理论体系。

7.2.3　不断提升体育用品企业的成长能力

企业在成长的过程中，面临着很多不确定性，原阶段的制度及流程管

① 网络假货是指在互联网交易中真货的替代品，具体包括仿造知名品牌的仿冒品，卖家商品描述与实际商品不符的伪劣品，以及未经正规销售渠道进入市场的非正品。

理的升级可能使企业拥有巨大发展机遇，如市场前景潜力巨大、财务状况全面改观等，当然也可能使企业进入“中等规模陷阱”，企业未完全站稳脚跟，无法获得有效突破，吃创业期的“老本”，最终失去先行优势，被后来者淘汰。企业的成长能力是企业突破现状进入增长轨道或者跌入失败泥潭的关键因素。企业不仅要有好的成长资源，也得有好的成长能力，才能使其健康发展，企业只有不断提高自己的成长能力，才能更好地统筹现有资源，挖掘潜在资源，构造独特资源，使其与成长环境更和谐，更快速地发展。

体育用品企业成长能力的提高可以从提高体育用品企业经营者的管理水平入手，企业可以高薪聘请有能力、高水平的管理者对企业进行管理；可以采用“走出去，请进来”的政策来提升现有经营管理者的能力，如定期组织经营管理者到各知名企业参观、访问，到各高校、相应研究机构学习，进行充电，丰富管理者的专业知识，提高其决策能力、分析问题及解决问题的能力、协调及合作能力和管理能力。定期邀请一些经营管理专家来企业讲学，传授先进的经营管理经验，帮忙解决企业面临的管理困难。企业管理能力包括营运能力、偿债能力和盈利能力的提高，有利于合理组织产供销，合理配置人、财、物各种生产要素，以尽量少的劳动消耗和物质消耗，生产出尽可能多的符合社会需要的产品和服务。因此体育用品企业合理制定企业的管理体制和经营形式，设置管理机构，配备管理人员，全面分析评价体育用品企业生产经营的经济效益，开展体育用品企业经营诊断，根据市场环境的现实从而做出相应的决策和实践，将有利于体育用品企业健康成长。

7.2.4 改善体育用品企业成长环境

在本研究中体育用品企业的成长环境评价指标有科技环境支持力、社会环境支持力、经济环境支持力和环境适应力，提高体育用品企业成长环境指标的数值，需要国家、地方政府相关机构和企业的通力合作。国家和地方政府应出台相应的法律和政策促进体育用品企业的发展，体育用品企业应针对其行业特点，优化企业成长环境指标因素。

（1）完善体育用品企业发展的行业管理体系

目前我国体育用品行业管理不规范，存在多头管理现象，各方关系尚未理顺。体育用品尤其是竞技比赛体育用品的消费者，主要是体育运动及其爱好者，而他们对体育用品有着专门的高标准要求，其他行业难以及时把握和适应这种变化。比如，运动鞋类制造业就存在多头管理的现象，胶鞋由化工部门管理，皮鞋由轻工部门管理，运动鞋和旅游鞋由企业所在地主管部门管理，以及布鞋由轻工和纺织两个部门分头管理。又如，中国体育用品相关协会各自为政，分别管理其主导产品。具体来说，中国文教体育用品协会主管体育器材，中国皮革协会主管各种球类等，中国针织工业协会主管运动服装、护具等，中国橡胶工业协会主管胶底运动鞋等，中国钟表协会主管秒表等，以及中国自行车协会主管山地、公路自行车等。这些行业协会各有其主导产品，而体育用品所占比例小，导致各行业协会对体育用品的管理十分零散，或干脆不管。另外，行业的统计范围、分类也没有比较统一的认识，规范统一的行业指标统计体系尚未建立。这些现象广泛存在，对体育用品企业发展非常不利，国家应尽快出台我国体育用品企业相关行业管理规定及行政法规，让企业有法可依，促进其健康发展。

（2）提供体育用品企业健康发展的金融环境

现行的地方金融政策形式单一，且银行等金融机构不考虑体育用品企业的成长周期，银行的到期抽贷直接导致体育用品企业的停牌甚至倒闭。银行应改变形式单一的经营理念，结合国家政策及体育用品企业的融资需要，从以下渠道为体育用品企业融资，即银行可以与财政、担保公司、公募基金、私募基金、风头公司和保险公司等机构结合，形成立体化的相互保障的体育用品企业金融资金供应源，充分解决体育用品企业紧迫的资金短缺问题。银行需根据体育用品企业的发展战略、规划及相关贷款资料，提供可持续的金融供应服务，促进体育用品企业的高效、健康与可持续发展。

（3）整合区域周边资源，构建区域创新网络

体育用品企业成长环境因子下的科技环境支持力、社会环境支持力、经济环境支持力和环境适应力指标中，包含区域人均专利数、区域中体育用品企业比重、区域从业体育用品企业管理人员比重等相关衡量变量，以及体育用品企业创新能力的有限性和体育资源的稀缺性等特征，为企业、

社会服务机构、地方政府等组织及个人提出了整合区域周边资源、构建区域创新网络的客观要求。区域创新网络各类非政府主体中，体育用品企业是直接参与创新活动的最主要行为主体，体育用品企业在公司选址时就应考虑所选的地方是否具备有利于企业成长的科研机构、地方政府和金融机构等组织。区域创新网络内的地方政府、科研机构和金融服务组织等行为主体，通过提供创新环境和服务条件，间接影响体育用品企业参与创新活动的过程。因此，构建区域创新网络，一方面，需要促进体育用品企业的集聚化发展，优化体育用品企业空间布局；另一方面，针对体育用品企业配套服务滞后的问题，大学和科研机构、中介服务机构、金融机构等要为企业的成长提供持续的服务支持，改善其成长环境。

（4）促进体育用品企业与其他业态综合化纵深化发展

体育用品企业应当加强与其他相关产业，如文化创意产业、房地产业和商贸流通业等的联系，促进体育用品企业与其他产业的综合发展。从目前的相关信息来看，体育用品企业与体育类金融、健康产品、装备制造、营销和医疗等行业都有着巨大的发展潜力，而交叉产业的紧密联系又为体育用品企业的规模化发展开拓空间和渠道。相关部门应当就体育用品企业发展的需求进行详细调研，打造以体育用品企业为核心的周边产业集群，优化体育服务业、体育用品企业及相关产业的产业结构，并通过市场化手段，共同提升体育用品企业的经济效益与社会效益。

第8章　主要结论与研究展望

本章总结本书理论研究的主要结论、实证研究的主要结论和创新之处，并指出本书的不足及未来研究方向。

8.1　主要结论

首先，本书系统梳理和评价相关文献研究，阐述体育用品企业成长性相关基础理论，构建体育用品企业成长性“RAE－G”评价理论模型；其次，采用专家访谈法、问卷调查法以及结构方程模型等方法，从理论角度和统计角度，分别验证体育用品企业成长性评价指标体系的合理性，最终确定体育用品企业成长性评价指标体系；再次，以我国19家体育用品上市公司为样本，运用结构方程模型对样本企业进行实证分析，综合评价体育用品企业的成长性，并对体育用品企业2014年和2015年的成长性情况进行预测；最后，在分析全书研究结果的基础上，提出促进体育用品企业健康成长的对策建议。

8.1.1　理论研究的主要结论

理论研究部分旨在界定与研究主题相关的概念，构建体育用品企业成长性“RAE－G”（资源－能力－环境－成长性）评价理论模型，所得结论分述如下。

（1）厘清体育用品企业概念

体育用品企业是以体育用品的生产销售为主要内容的企业或近似组织。由于是新兴产业，学界对体育用品企业的定义尚未形成统一的见解，容易造成相关概念的混淆，本书介绍了体育用品的发展历史，厘清了体育用品、体育用品产业、体育用品企业及其成长性等概念。

（2）构建体育用品企业成长性“RAE－G”评价理论模型

本书在系统综述相关文献研究，阐述体育用品企业成长性相关理论基础上，构建体育用品企业成长性“RAE－G”评价理论模型，并根据该评价理论模型设计《体育用品企业成长性评价研究》问卷，问卷内容包括成长资源、成长能力和成长环境 3 个因子，15 个成长指标和 51 个测量指标，其中，成长资源因子由无形资产、有形资产增长率等 14 个测量指标组成，成长能力因子由净资产收益率、销售毛利润率、资产报酬率等 21 个测量指标组成，成长环境因子由经济贡献率、人均利税率、合同履约率等 16 个测量指标组成，为开发测量量表、收集实证数据提供学理基础。

8.1.2 实证研究的主要结论

（1）体育用品企业成长性评价指标合理性验证结果

本书以体育用品相关方面专家和体育用品企业正式工作人员，包含体育用品企业基层、中层、高层员工为调研对象获取第一手数据，调研数据可信度高。对调研数据展开实证研究，所得结论如下：成长资源、成长能力和成长环境的验证性因子分析结果显示各模型拟合较为良好，可以接受，且成长资源、成长能力和成长环境 3 个因子下各测量指标之间的关系符合本书所设计的理论关系，模型可以接受。而由成长资源、成长能力、成长环境与体育用品企业成长性之间的全模型分析可知，成长资源中的无形资源、有形资源和品牌资源，成长能力中的盈利能力、管理能力、营运能力和偿债能力，成长环境中的环境适应力、科技环境支持力、社会环境支持力、经济环境支持力共 11 个成长指标，对体育用品企业成长性有正向影响，可以作为体育用品企业成长性评价指标。而成长资源中的人力资源，成长能力中的创新能力、市场预期能力，以及成长环境中的融资环境支持力，对体育用品企业成长性影响不显著，予以剔除。通过统计合理性验证，体育用品企业成长性评价指标体系包括 3 个成长因子、11 个成长指标和 39 个测量指标。

（2）经筛选确定体育用品成长性评价指标体系

理论构建的评价指标可能存在意义重复、数目过多、不易操作、可比性差等问题，需要对理论构建的评价指标按照一定原则和方法进行筛选，以最后确定评价指标。逐个分析统计合理性验证确定的 11 个成长指标，首先，必须剔除存在数据残缺的“品牌知名度”和“品牌满意度”2 项测量指标，发现品牌资源只剩下一项“品牌数量”测量指标，单项测量指标难以解释品牌资源的变异，因而删除品牌资源这一成长指标。其次，管理能力的“市场占有率”测量指标，一方面存在数据难以收集的问题，另一方面也难以衡量，而管理费用率、经营费用率和销售净利率 3 个指标可以解释管理能力的变异，因而，可以剔除“市场占有率”这一测量指标。最后，无形资源的“专利数量”和环境适应力的“合同履约率”这 2 项测量指标也存在数据难以收集的问题，而无形资源、环境适应力各自的另外 3 个指标都能解释各自的变异。因而，剔除“专利数量”和“合同履约率”这 2 项测量指标。至此，最终筛选确定了包括 3 个成长因子、10 个成长指标和 33 个测量指标的我国体育用品成长性评价指标体系。

（3）各测量模型的检验结果

本书通过收集我国 19 家体育用品上市公司的相关数据对测量指标体系中的无形资源、有形资源、管理能力、营运能力、偿债能力、盈利能力、科技环境支持力、社会环境支持力、经济环境支持力和环境适应力等 10 个测量模型进行检验，结果显示，均无须修正而顺利通过。可见，体育用品企业成长性评价结构方程模型拟合效果良好，可以接受。

（4）对中国 19 家体育用品上市公司成长性进行综合评价

在体育用品企业成长性方面，宝胜国际、中国动向和安踏体育在 2009 ~ 2013 年 5 年内始终处于前四名，且在成长性得分方面也显著高于其他体育用品企业；根据 2009 ~ 2013 年成长性得分排名结果，体育用品企业排名的波动不大，除李宁、特步国际、361 度、飞克国际和鳄莱特外，其他体育用品企业排名均较为稳定，说明体育用品企业的成长较为均衡稳定；从体育用品企业动态成长分析来看，样本体育用品企业中稳定增长型有宝胜国际、安踏体育、喜得龙、泰亚股份、青岛双星、特步国际、富贵鸟和鳄莱特 8 家企业，平稳负增长型有 361 度、匹克体育、喜得狼、探路者、美克国际和飞克国际6家企业，波动增长型有星泉国际和中体产业2家企业，波动负增长型有中国动向、李宁和中体国际3家企业。

（5）预测模型结果

从预测模型的结果分析可以看出2014年和2015年样本体育用品企业的成长走势，其动态成长性规律可以分为3种类型：趋于上升型、趋于下滑型和保持稳定型。趋于上升型是指2014年和2015年的排名趋势是大体往上走或者两年间持续处于前列的体育用品企业，如富贵鸟和喜得狼等，趋于下滑型如中国动向和匹克体育等，保持稳定型如宝胜国际和安踏体育。总体而言，宝胜国际和安踏体育始终占据前2的位置，而探路者、中体产业和泰亚股份则始终处于末位，富贵鸟和喜得狼则上升势头迅猛，尤其是富贵鸟，2015年有望位列第3。

8.2 创新之处

本书围绕研究主题，继承和综合国内外学者的研究成果并借鉴成熟的分析方法，通过文献梳理和理论分析等步骤，提出本书的理论模型，通过问卷调研获得第一手数据，收集样本上市公司统计数据，应用结构方程模型方法检验评价理论模型和各测量模型的有效性和合理性。在借鉴前人研究成果的基础上，尝试性地展开创新，创新之处主要体现在以下四个方面。

8.2.1 提出体育用品企业成长性“RAE－G”评价理论模型

本书提出体育用品企业成长性“RAE－G”（资源－能力－环境－成长性）评价理论模型，延伸和扩展了企业成长性评价理论研究。过去的企业成长性评价模型只关注企业内环境能力评价指标体系的构建，而忽视外环境评价指标体系的构建。本书提出的体育用品企业成长性“RAE－G”评价理论模型，企业内外环境评价指标体系相结合，即企业成长资源和成长能力形成公司的竞争优势及战略，并和企业所处的成长环境交互影响（支撑）共同决定企业成长性。总之，该评价理论模型更具科学性和合理性。

8.2.2　开发并验证体育用品企业成长性评价指标体系

本书不仅对体育用品企业成长性“RAE－G”评价理论模型进行理论合理性论证，而且严格按照管理研究问卷开发流程，经过专家调研、预调研和正式调研等步骤，对收集的研究数据进行结构方程模型验证，筛选及确定体育用品企业成长性评价指标体系，为评价实证研究奠定坚实基础，使体育用品企业成长性“RAE－G”评价理论模型及其评价指标体系更加严谨、科学，具有一定创新性。

8.2.3　实证分析体育用品企业成长性综合得分与排名

收集中国 19 家体育用品上市企业 130 个样本数据，运用多层次因子结构方程模型方法，计算体育用品企业成长性指标权重，并得出 19 家体育用品上市企业 2009～2013 年 5 年成长性综合得分与排名，对体育用品上市企业成长性进行静态、动态评价及个案分析，有利于助推体育用品企业乃至整个体育产业的健康发展。

8.2.4　引入灰预测模型预测体育用品企业成长性

引入灰预测模型预测我国体育用品上市公司的成长性，可以为体育用品企业的发展提供前瞻性决策参考，促进其快速可持续发展。

8.3　存在的不足及研究展望

8.3.1　本书存在的不足

体育用品企业成长性评价在理论上要进一步深入研究，本书验证了体育用品企业成长性评价指标的合理性，构建了体育用品企业成长性评价指标体系及实证评价并预测其成长性，努力做到定性研究和定量研究紧密结合，但仍然存在不足之处。

（1）问卷方面

问卷设计方面，受时间和精力所限，本书专家问卷的访谈对象以福建的高校、科研机构和体育用品企业三类专家为主，其他省份专家基本没有涉及，专家调研结果的代表性受到限制。另外，在正式问卷调研中发现，从事体育用品企业工作的受访者平均文化水平不高，这在一定程度上影响了调研结果的准确性。

（2）样本量较少

体育用品上市企业近几年才出现，多数企业上市年限较短，样本企业数量较少，中国大陆所有体育用品上市公司共19家，样本的时间跨度也较小，只选取了2009～2013年的数据，尽管本书根据样本量和数据情况采用合适的评价和预测方法，但也可能对研究结论造成影响。

8.3.2 研究展望

本书开启的只是体育用品企业评价研究的一个小窗口，希望能给我国体育用品企业健康成长带来有益启示，我国体育用品企业成长性评价的研究有待于进一步深入，未来研究可以从以下两方面推进。

（1）拓展研究广度

建立定性和定量相结合、综合考量内外部影响因素的我国体育用品企业综合评价体系。

（2）挖掘研究深度

网络经济和知识经济时代背景下，体育用品产业业态越来越多，体育用品企业也越来越多样，有针对性地研究不同业态体育用品企业的成长性，是值得努力研究的课题。

参考文献

奥利弗·威廉姆森，2002，《资本主义经济制度》，北京：商务印书馆。

鲍新中、李晓非，2010，《基于时序数据的高技术企业成长性分析》，《科学学研究》第2期。

蔡宝家，2006，《区域体育用品产业集群实证研究》，《上海体育学院学报》第30卷第1期。

陈颇，2009，《我国区域体育用品制造业经营管理绩效的综合评价——基于2003—2007年全国22个地区的实证研究》，《天津体育学院学报》第2期。

陈颇，2010，《我国区域体育用品制造业企业竞争力的比较研究》，《中国体育科技》第46卷第2期。

陈晓红、彭佳、吴小瑾，2004，《基于突变级数法的中小企业成长性评价模型研究》，《财经研究》第11期。

丛茂国，2013，《企业成长的判断标准与非常规成长的类型》，《东北大学学报》（社会科学版）第1期。

崔璐、钟书华，2011，《基于层次分析－灰色关联度综合评价法的高新技术中小企业成长性测度》，《科技进步与对策》第24期。

邓聚龙，1986，《灰色预测与决策》，武汉：华中理工大学出版社。

邓聚龙，1999，《灰预测模型方法与应用》，台北：高立出版集团。

丁伯根，1988，《经济政策：原理与设计》，北京：商务印书馆。

杜慕群，2003，《资源、能力、外部环境、战略与竞争优势的整合研究》，《管理世界》第10期。

范柏乃、沈荣芳、陈德棉，2001，《中国风险企业成长性评价指标体系研究》，《科研管理》第1期。

方敏，2009，《结构方程模型下的信度检验》，《中国卫生统计》第5期。

菲利普·科特勒，2000，《营销管理——分析、计划、执行和控制》（第九版），上海：上海人民出版社。

冯德雄，2008，《企业适应性成长研究》，武汉：武汉理工大学出版社。

高俊山、李晓非、赵祥，2008，《基于时序样本的高技术企业与传统企业成长性比较研究》，《科学管理研究》第3期。

侯杰泰、温忠麟、成子娟，2004，《结构方程模型及其应用》，北京：教育科学出版社。

胡菀菀，2008，《我国上市公司行业成长性托宾Q分析》，硕士学位论文，华中科技大学。

黄海燕、杨丽丽，2011，《我国体育产业结构的综合定量与优化分析》，《体育科学》第11期。

黄亨奋、丁佳玲、吕庆华，2014，《体育用品企业出口能力关键影响因素实证研究》，《管理世界》第10期。

黄建，2006，《企业持续成长评价和预警研究：理论、方法与实证分析》，博士学位论文，厦门大学。

江亮、饶平，2010，《产业链战略视阈下我国体育用品制造业的潜在危机与谋划》，《北京体育大学报》第33卷第10期。

姜同仁、刘娜，2014，《中国体育用品外贸出口发展方式的转变》，《上海体育学院学报》第38卷第2期。

江小涓，1996，《经济转轨时期的产业政策——对中国经验的实证分析与前景展望》，上海：上海人民出版社。

靳昌松、刘江涛，2008，《我国上市中小企业成长性模型实证研究》，《哈尔滨理工大学学报》第3期。

蓝志勇、范柏乃，2008，《公共管理研究与定量分析方法》，北京：科学出版社。

雷勇、谭延林、张小红，2005，《二维判断模型在企业成长性评估中的应用》,《企业技术开发》第24卷第8期。

李柏洲、孙立梅,2006,《基于β调和系数法的中小型高科技企业成长性评价研究》,《哈尔滨工程大学学报》第12期。

李斌、刘志华,2007,《中国体育用品品牌扩展策略研究》,《河北体育学院学报》第2期。

李长鑫、张玉超,2012,《中国体育用品业国际竞争力的知识产权影响因素分析》,《天津体育学院学报》第27卷第6期。

李长鑫、张玉超、杨文娟,2013,《浅析知识产权与我国体育用品业的关系及作用》,《商业时代》第21期。

李超、刘芳、何忠伟、白燕飞,2014,《基于层次分析法的上市乳品企业成长性评价研究》,《中国食物与营养》第20卷第8期。

李定珍、唐红涛、杨皤,2007,《我国上市零售企业成长性评价实证研究——基于因子分析法》,《财贸经济》第11期。

李怀祖,2004,《管理研究方法论》(第2版),西安:西安交通大学出版社。

李汶纪,2003,《新制度主义理论与产业政策分析框架探讨》,《社会科学研究》第1期。

李骁天,2006,《对我国体育用品业垄断与竞争现状的分析》,硕士学位论文,北京体育大学。

李骁天、王莉,2008,《对我国体育用品业垄断与竞争现状的分析——以市场行为为切入点》,《北京体育大学学报》第31卷第12期。

李屹峰、杨丽芳,2006,《我国体育用品企业经营现状及发展对策研究》,《首都体育学院学报》第18卷第5期。

厉无畏,2008,《创意产业:转变经济发展方式的策动力》,上海:上海社会科学院出版社。

梁益琳、张玉明,2011,《基于仿生学的创新型中小企业高成长机制实证研究——来自中国中小上市公司的数据》,《经济经纬》第6期。

林建君、李文静,2013,《我国体育产业政策效应的评价研究》,《体育科学》第33卷第2期。

林仁川、黄福才,1997,《闽台文化交融史》,福州:福建教育出版社。

林如海、彭维湘，2009，《企业创新理论及其对企业创新能力评价意义的研究》，《科学学与科学技术管理》第11期。

刘建刚、连桂红，2007，《山东省体育用品制造业市场结构的实证研究》，《山东体育学院学报》第6期。

刘瑾、王新平，2009，《浙江民营科技型体育企业发展研究》，《体育文化导刊》第7期。

刘南昌，2006，《强国产业论——产业政策若干理论问题研究》，北京：经济科学出版社。

刘晓柏，2011，《基于主成分分析的农业上市公司成长性评价》，《科技创业月刊》第12期。

刘玉兰、鲍方芳、张毅超，2009，《基于博弈论对我国体育用品贸易发展的分析》，《山东体育学院学报》第26卷第11期。

楼小飞、张林，2007，《中国体育用品业发展的瓶颈、模式与路径选择》，《体育科学》第10期。

陆祖鹤，2006，《文化产业发展方略》，北京：社会科学文献出版社。

罗赤平、郑志强，2004，《体育用品产业结构分析》，《山东体育学院学报》第20卷第4期。

罗秋菊、陈可耀，2011，《基于扎根理论的民营会展企业成长路径研究——以广州光亚展览公司为例》，《旅游学刊》第26卷第7期。

吕庆华，2015，《中国创意城市评价》，北京：光明日报出版社。

吕庆华、任磊，2013，《文化企业成长性评价实证研究》，《江南大学学报》（人文社会科学版）第12卷第4期。

吕庆华、余丹丹，2013，《我国上市百货企业成长性评价实证研究》，《天津商业大学学报》第33卷第1期。

吕庆华、郑淑蓉、陈伟、高翔，2014，《品牌依恋对运动鞋品牌忠诚的影响机理：运动鞋品牌承诺的中介作用》，《上海体育学院学报》第38卷第5期。

吕淑金，2009，《BP神经网络在中小企业成长性评价的应用》，《财经界》（学术版）第5期。

马歇尔，1965，《经济学》（上下卷），北京：商务印书馆。

马修·D. 尚克，2003，《体育营销学：战略性观点》，北京：清华大学出版社。

闽健、朱道辉，2010，《提升我国体育用品业自主创新能力的对策与建议》，《成都体育学院学报》第36卷第4期。

未小刚，2013，《基于DEA-Malmquist指数的我国体育用品上市公司经营效率研究》，《西安体育学院学报》第30卷第2期。

牛建高，2009，《民营企业投融资与资本结构实证研究：以河北省为例》，上海：上海人民出版社。

潘四凤，2010，《全球价值链下中国体育用品产业集群升级研究》，《体育与科学》第5期。

彭罗斯，2007，《企业成长理论》，赵晓译，上海：上海人民出版社。

邱皓政、林碧芳，2009，《结构方程模型的原理与应用》，北京：中国轻工业出版社。

舒辉，2003，《论企业创新能力的基本结构及培育途径》，《工业技术经济》第2期。

史江涛、杨金凤，2006，《结构方程建模方法（SEM）在我国管理学研究中的应用现状分析》，《经济管理》第2期。

宋常，2007，《财务分析学》，北京：中国人民大学出版社。

孙金花，2008，《中小企业环境绩效评价体系研究》，博士学位论文，哈尔滨工业大学。

汤捷、张运生，2008，《基于GEP的知识型企业成长性评价实证研究》，《科学管理研究》第12期。

汤学俊，2006，《企业可持续成长研究》，博士学位论文，南京航空航天大学。

童莹娟、陶文渊、丛湖平，2012，《我国东部省份体育产业的行业结构布局及政策研究》，《体育科学》第2期。

王静一，2015，《消费者参与对体育品牌企业社会责任活动效果的影响机制研究》，《体育科学》第35卷第2期。

王莉，2007，《对我国体育用品产业市场结构特征的研究》，《体育科学》第27卷第5期。

王莉、吴伟，2008，《产业组织理论下的我国体育用品产业市场行为特征与市场绩效分析》，《天津体育学院学报》第23卷第6期。

王娜、赵湘莲，2008，《商业生态系统核心企业绩效评价指标体系构建》，《商业时代》第1期。

王胜利，2014，《中国体育用品行业市场前瞻与投资预测分析报告》，深圳：前瞻产业研究院。

王学珠、刘宇、王苏，2008，《基于模糊综合评价的企业成长性研究》，《业务技术》第5期。

王雪，2014，《基于消费者感知的体育用品品牌定位实证研究》，硕士学位论文，天津商业大学。

王瑛芳，2010，《企业成长性主成分分析——以环保行业上市公司为例》，《中国管理信息化》第10期。

王忠云、张海燕，2011，《基于生态位理论的民族文化旅游产业演化发展研究》，《内蒙古社会科学》（汉文版）第2期。

王竹，2005，《企业成长性模型及评估体系研究》，《科研管理》第1期。

魏德样、黄彩华、雷雯，2012，《中、外体育用品上市公司盈利能力的特征分析与预测模型构建——基于PLS回归和OPLS－DA方法的分析》，《体育科学》第32卷第10期。

温坤礼，2002，《灰预测原理与应用》，台北：全华科技图书股份有限公司。

温忠麟、侯杰泰，2008，《检验的临界值：真伪差距多大才能辨别？——评〈不同条件下拟合指数的表现及临界值的选择〉》，《心理学报》第40卷第1期。

翁彪、李明峰、林耀生，2009，《福建省体育产业政策和产业布局》，《体育科学研究》第3期。

吴诚，2005，《论体育用品品牌生命周期与营销策略》，《首都体育学院学报》第17卷第5期。

吴诚、朱晓东，2006，《试论中国体育用品的品牌战略》，《辽宁体育科技》第28卷第2期。

吴汉雄、邓聚龙、温坤礼，1996，《灰色分析入门》，台北：高立出版集团。

吴明隆，2000，《SPSS 统计应用实务》，北京：中国铁道出版社。

吴明隆，2010，《问卷统计分析实务——SPSS 操作与应用》，重庆：重庆大学出版社。

吴延年、陈卓、李建军，2010，《中国体育用品上市公司品牌竞争力评价》，《体育科学》第 1 期。

席玉宝、金涛，2006，《正确认识和界定体育用品与体育用品业》，《北京体育大学学报》第 29 卷第 7 期。

席玉宝、刘应、金涛，2005，《我国体育用品产业集群的现状与发展研究》，《体育科学》第 25 卷第 6 期。

向绍信，2014，《我国体育用品产业升级路径研究》，《天津体育学院学报》第 29 卷第 5 期。

谢丽娜、李秀梅、童莹娟，2008，《论体育用品企业的品牌战略》，《体育文化导刊》第 3 期。

谢洪伟、张红艳，2009，《基于全球价值链理论的区域体育用品制造产业集群升级研究——以福建晋江为例》，《南京体育学院学报》第 5 期。

邢尊明、周良君，2015，《我国地方体育产业引导资金政策实践、配置风险及效率改进——基于 8 个省、自治区、直辖市的实证调查及分析》，《体育科学》第 35 卷第 4 期。

许玲，2011，《我国体育用品产业结构问题研究》，《体育科学》第 31 卷第 5 期。

许敏雄，2009，《基于 SCP 框架的我国体育用品制造业特征分析》，《北京体育大学学报》第 32 卷第 10 期。

许萍、刘洪，2007，《基于行为视角的企业适应力界定》，《科学学与科学技术管理》第 28 卷第 3 期。

亚当·斯密，1972，《国民财富的性质和原因的研究》（上下册），北京：商务印书馆。

杨光，2013，《中国体育用品上市公司经营业绩评价研究——基于上市公司的财务数据分析》，《西安体育学院学报》第 5 期。

杨京钟、吕庆华、易剑东，2012，《体育用品产业政策效率的影响因素：来自福建泉州的证据》，《体育科学》第2期。

杨明、郭良奎，2007，《我国体育用品产业集群发展及政府政策研究》，《体育与科学》第28卷第3期。

杨明、李留东，2008，《基于全球价值链的我国体育用品产业升级路径及对策研究》，《中国体育科技》第3期。

杨明、陶娟，2014，《中国体育用品制造产业集群品牌研究》，《体育科学》第34卷第8期。

杨明、王新平，2008，《我国体育用品产业集群升级模式及其实施构想》，《天津体育学院学报》第23卷第6期。

杨宜苗，2010，《业态战略、企业规模、资本结构与零售企业成长——以零售上市公司为样本》，《财贸研究》第21卷第1期。

易丹辉，2008，《结构方程模型方法与应用》，北京：中国人民大学出版社。

易剑东，2002，《社会资本与当代中国体育用品企业成长》，博士学位论文，北京体育大学。

约翰·穆勒，1991，《政治经济学原理及其在社会哲学中的若干应用》（上、下卷），北京：商务印书馆。

约翰·郝金斯，2010，《创意生态——思考产生好点子》，李明译，台北：典藏艺术家庭有限公司。

曾洪萍，2007，《论产业政策的实施机制》，《管理科学》第5期。

詹新寰，2013，《中国体育用品产业上市公司营运资金结构对企业绩效的影响——基于对我国17家体育用品产业上市公司的实证研究》，《武汉体育学院学报》第47卷第9期。

张林玲、戴朝，2012，《基于钻石模型的我国体育产业政策体系研究》，《成都体育学院报》第37卷第2期。

张青，2003，《我国体育用品产业的组织结构战略创新》，《西安体育学院学报》第20卷第5期。

张卫华、赵铭军，2005，《指标无量纲化方法对综合评价结果可靠性的影响及其实证分析》，《统计与信息论坛》第3期。

张思强、卞继红、陈素琴，2008，《财务管理理论与实务》，北京：中国农业大学出版社。

张玉明、梁益琳，2011，《创新型中小企业成长性评价与预测研究——基于我国创业板上市公司数据》，《山东大学学报》（哲学社会科学版）第5期。

周岩松，2014，《体育用品企业创新能力与品牌竞争力研究》，《广州体育学院学报》第34卷第3期。

周毅、刘常林，2013，《基于生态位态势理论的我国区域体育产业发展特征研究》，《体育科学》第33卷第11期。

周云涛，2009，《全球价值链下我国体育用品产业升级的研究》，《北京体育大学学报》第32卷第8期。

周云涛、储建新、白震，2010，《全球价值链视角下我国体育用品产业升级的调研分析》，《武汉体育学院学报》第7期。

周征，2000，《我国体育用品业的现状分析和发展对策》，《山东体育学院学报》第16卷第2期。

Amit, R. & Schoemaker, P. J. H. 2006. "Strategic Assets and Organizational Rent." *Strategic Management Journal* 1: 33 – 46.

Barney, J. B. 2001. "Is The Resource – Based 'View' A Useful Perspective For Strategic Management Research? ." *Academy of Management Review* 1: 41 – 56.

Burns, T. E. & Stalker, G. M. 1961. "The Management of Innovation." University of Illinois at Urbana – Champaign's Academy for Entrepreneurial Leadership Historical Research Reference in Entrepreneurship.

Campello, M. , John R. Graham, & Campbell R. Harvey. 2010. "The Real Effects of Financial Constraints: Evidence from A Financial Crisis." *Journal of Financial Economics* 3: 470 – 487.

Chu, Yun – han. 1989. "State Structure and Economic Adjustment of East Asian Newly Industrializing Countries." *International Organization* 43: 647 – 672.

Cristiano, Ciappei & Christian, Simoni. 2002. "Drivers of New Product Success in the Italian Sport Shoe Cluster of Montebelluna." *Journal of Fashion*

Marketing and Management: 20 – 25.

Daniel, Okimoto. 1989. *Between MITI and the Market.* California: Stanford University Press.

Das, T. K. & Teng, B. S. 2000. "A Resource Based Theory of Strategic Alliances." *Journal of Management* 1: 31 – 61.

Davidsson, P. & Wiklund, J. 2000. "Conceptual and Empirical Challenges in the Study of Firm Growth." In *The Blackwell Handbook of Entrepreneurship*, edited by Sexton, D. & Landstorm, H., pp. 26 – 44.

D'AVENI, R. A. 1994. *Hyper competition: Managing the Dynamics of Strategic Maneuvering.* New York: Free Press.

Delmar, F. 1997. "Measuring Considerations and Empirical Result." In *Entrepreneurship and SME Research: On its Way to the Next Millenniuum* Donckel, edited by R. Miettinen A., pp. 199 – 216.

Dr. Robert F. DeVellis. 1991. Scale Development, *Theory and Application* (*Applied Social Research Methods*). California: Sage Publications.

Eisenhardt, K. M. & Martin, J. A. 2000. "Dynamic Capabilities: What Are They?." *Strategic Management Journal* 10 – 11: Special Issue 21: 1105 – 1121.

Fagiolo, G., Napoletano, M., & Roventini, A. 2008. "Are Output Growth – Rate Distributions Fat – Tailed Some Evidence from OECD Countries." *Journal of Applied Econometrics* 5: 639 – 669.

Florida, R. 2002. *The Rise of Creative Class.* New York: Basic Books.

Florida, R. 2003a. *The Rise of the Creative Class: And How It's Transforming Work Leisure Community and Everyday Life.* New York: Basic Books.

Florida, R. 2003b. "Cities and the Creative Class." *City & Community* 1: 3 – 19.

Florida, R. 2009. *Who's Your City? How the Creative Economy Is Making Where to Live the Most Important Decision of Your Life.* New York: Basic Books.

Florida, R. 2012. *The Rise of the Creative Class – Revised and Expanded.* New York: Basic Books.

Florida, R. and Tinagli, I. 2004. "Europe in the Creative Age." Pittsburgh/London: Carnegie Mellon Software Industry Center Carnegie - Mellon Software Industry Center and Demos.

Ford, J. D. & Schellenberg, D. A. 1982. "Conceptual Issues of Linkage in The Assessment of Organizational Performance." *Academy of Management Review*: 49 - 58.

Greiner, L. E. 1972. "Evolution and Revolution as Organizations Grow." *Harvard Business Review*, Brighton.

Gaver, D. L. 1993. "New Firm Growth and Financial Structure." *International Business Review* 6: 346 - 359.

Hall, R. 2006. "The Strategic Analysis of Intangible Resources." *Strategic Management Journal* 2: 135 - 144.

Hamel, Gary & Heene, Aimé. 1994. *Competence - based Competition*. New York: John Wiley & Sons.

Howkins, J. 2001. *The Creative Economy: How People Make Money from Ideas*. London: The Penguin Press.

Hoyle, R. H. 1995. *Structural Equation Modeling: Concepts, Issues and Applications*. Thousand Oaks, CA: Sage.

Hugo, O. & Garnsey, E. 2005. "Problem - solving and Competence Creation in New Firms." *Managerial and Decision Economics* 26: 139 - 148.

Ilinitch, A. Y., D'Aveni, R. A., & Lewin, A. Y. 1996. "New Organizational Forms and Strategies for Managing in Hypercompetitive." *Organization Science* 3: 211.

Joseph, A. S. 1951. *The Theory of Economic Development*. Cambridge: Harvard University Press.

Joseph, Maguire. 2005. *Power and Global Sport*. New York: The Routledge Press.

Jum, C. N. 1978. *Psychometric Theory*. New York: McGraw - Hill College.

Kaiser, H. F. 1974. "An Index of Factorial Simplicity." *Psychometrika* 1: 31 - 36.

Kallunki, J. P. , Pyykkö, E. , & Laamanen, T. 2009. "Stock Market Valuation, Profitability and R&D Spending of the Firm: the Effect of Technology Mergers and Acquisitions." *Journal of Business Finance & Accounting* 7 - 8: 838 - 862.

Kash, D. E. & Rycoft, R. W. 2000. "Patterns of Innovating Complex Technologies: A Framework for Adaptive Network Strategies." *Research Policy* 7 - 8.

Kevin Lane Keller. 1998. *Strategic Brand Management.* Upper Saddle River: Prentice Hall Inc.

Kim, H. & Lee, P. M. 2008. "Ownership Structure and the Relationship between Financial Slack and R&D Investments: Evidence from Korean Firms." *Organization Science* 3: 404 - 418.

Krugman, P. 1991. *Geography and Trade.* Cambridge, MA: MII Press.

Lavie, D. 2006. "Capability Reconfiguration: An Analysis of Incumbent Responses to Technological Change." *Academy of Management Review* 1: 153 - 174.

Lev, B. 2001. *Intangibles: Management, Measurement, and Reporting.* Washington: Brookings Inst Press.

Lippman, S. & Rumelt, R. 1982. "Uncertain Imitability: An Analysis of Interfirm Differences in Efficiency under Competition." *Bell Journal of Economics* 2: 418 - 438.

Lopez - Garcia, P. & Puente, S. 2007. "A Comparison of the Determinants of Survival of Spanish Firms across Economic Sectors." In *Entrepreneurship, Industrial Location and Economic Growth*, edited by Arauzo - Carod J. M. and Manjon - Antolin M. C. , pp. 161 - 183. UK: Edward Elgar Publishing Limited.

Luthans, F. 1973. "The Contingency Theory of Management: A Path Out of the Jungle." *General Information* 3: 67 - 72.

MacCallum, R. C. , Browne, M. W. , & Sugawara, H. W. 1996. "Power Analysis and Determination of Sample Size for Covariance Structure

Modeling." *Psychological Methods* 1.

Miehael L. Dertouzos, Richard K. Lester, & Robert M. Solow. 1989. *Made in America: Regaining the Productive Edge.* Cambridge: The MIT Press.

Nicholls, J. A. F., Roslow, S., & Laskey, H. A. 2011. "Sports Event Sponsorship for Brand Promotion." *Journal of Applied Business Research* 4: 35 - 40.

Nunnally, J. 1978. *Psy chometric Methods.* New York: MCGraw - Hill Book Co..

Pamm, Kellett & Roslyn, Russell. 2009. "A Comparison Between Mainstream and Action Sport Industries in Australia: A Case Study of the Skateboarding Cluster." *Sport Management Review* 12: 66 - 78.

Penrose, E. T. 1959. *The Theory of the Growth of the Firm.* Oxford: Oxford University Press.

Phillips, D. J. 2009. "Organizational Genealogies and The Persistence of Gender Inequality: The Caseof Silicon Valley Law Firms." *Administrative Science Quarterly* 50: 440 - 472.

Porter, M. E. 1990. "The Competitive Advantage of Nations." *Harvard Business Review* 68: 73 - 93.

Prahalad, C. K. & Hamel, G. 1993. "The Core Competence of the Corporation." *Organization of Transnational Corporations* 11: 359.

Prahalad, C. K. & Hamel, G. 2002. "The Core Competence of the Corporate Emergence of Intra - industry Differential Firm Performance: Insights from A Simulation Study." *Strategic Management Journal* 2: 97 - 125.

Romer, P. M. 1986. "Increasing Returns and Long - Run Growth." *Journal of Political Economy* 5: 1002 - 1037.

Romer, P. M. 1993. "Economic Growth." In *Warner Books: The Fortune Encyclopedia of Economic*, edited by Henderson D. R., pp. 183 - 189.

Rudd, A. & Johnson, R. B. 2010. "A Call for More Mixed Methods in Sport Management Research." *Sport Management Review* 1: 14 - 24.

Seroa, da Motta R. 2006. "Analyzing the Environmental Performance of the Brazilian Industrial Sector." *Ecological Economics* 2: 269 - 281.

Steiger, J. H. 1990. "Structure Model Evaluation and Modification: An Interval Estimation Approach." *Multivariate Behavioral Research* 25: 173 - 180.

Teece, D. J. 2007. "Explicating Dynamic Capabilities: the Nature and Microfoundations of (sustainable) Enterprise Performance." *Strategic Management Journal* 13: 1319 - 1350.

Teece, D. J. 2009. *Dynamic Capabilities and Strategic Management: Organizing for Innovation and Growth.* USA: Oxford University Press.

Wiklund, J., Patzelt, H., & Shepherd, D. A. 2009. "Building An Integrative Model of Small Business Growth." *Small Business Economics* 4: 351 - 374.

Zollo, M. & Winter, S. G. 2002. "Deliberate Learning and the Evolution of Dynamic Capabilities." *Organization Science* 3: 339 - 351.

Zott, C. 2002. "Dynamic Capabilities and the Emergence of Intra - industry Differential Firm Performance: Insights from A Simulation Study." *Strategic Management Journal* 2: 97 - 125.

图书在版编目(CIP)数据

中国体育用品企业成长性评价研究 / 黄亨奋著. --
北京：社会科学文献出版社，2021.7
（华侨大学哲学社会科学文库．教育学系列）
ISBN 978 - 7 - 5201 - 6152 - 7

Ⅰ.①中… Ⅱ.①黄… Ⅲ.①体育用品 - 制造工业 -
工业企业管理 - 研究 - 中国 Ⅳ.①F426.89

中国版本图书馆 CIP 数据核字（2020）第 026280 号

华侨大学哲学社会科学文库 · 教育学系列
中国体育用品企业成长性评价研究

著　　者 / 黄亨奋

出 版 人 / 王利民
责任编辑 / 崔晓璇　张建中

出　　版 / 社会科学文献出版社 · 政法传媒分社（010）59367156
地址：北京市北三环中路甲 29 号院华龙大厦　邮编：100029
网址：www.ssap.com.cn
发　　行 / 市场营销中心（010）59367081　59367083
印　　装 / 北京玺诚印务有限公司

规　　格 / 开　本：787mm × 1092mm　1/16
印　张：15　字　数：237 千字
版　　次 / 2021 年 7 月第 1 版　2021 年 7 月第 1 次印刷
书　　号 / ISBN 978 - 7 - 5201 - 6152 - 7
定　　价 / 89.00 元